Filosofia do direito

CONSELHO EDITORIAL DE FILOSOFIA

Maria Carolina dos Santos Rocha (Presidente). Professora e Doutora em Filosofia Contemporânea pela ESA/Paris e UFRGS/Brasil. Mestre em Sociologia pela Escola de Altos Estudos em Ciências Sociais (EHESS)/Paris.

Fernando José Rodrigues da Rocha. Doutor em Psicolinguística Cognitiva pela Universidade Católica de Louvain, Bélgica, com pós-doutorados em Filosofia nas Universidades de Kassel, Alemanha, Carnegie Mellon, EUA, Católica de Louvain, Bélgica, e Marne-la-Valle, França, Professor Associado do Departamento de Filosofia da Universidade Federal do Rio Grande do Sul.

Lia Levy. Professora Adjunta do Departamento de Filosofia da Universidade Federal do Rio Grande do Sul. Doutora em História da Filosofia pela Universidade de Paris IV-Sorbonne, França. Mestre em Filosofia pela UFRJ.

Nestor Luiz João Beck. Diretor de Desenvolvimento da Fundação ULBRA. Doutor em Teologia pelo Concordia Seminary de Saint Louis, Missouri, EUA, com pós-doutorado em Teologia Sistemática no Instituto de História Europeia em Mainz, Alemanha. Bacharel em Direito, Licenciado em Filosofia.

Roberto Hofmeister Pich. Doutor em Filosofia pela Universidade de Bonn, Alemanha. Professor do Programa de Pós-Graduação em Filosofia pela PUCRS.

Valerio Rohden. Doutor e livre-docente em Filosofia pela Universidade Federal do Rio Grande do Sul, com pós-doutorado na Universidade de Münster, Alemanha. Professor titular de Filosofia na Universidade Luterana do Brasil.

I54f	Ingram, David.
	    Filosofia do direito : conceitos-chave em filosofia / David Ingram ; tradução: José Alexandre Durry Guerzoni ; revisão técnica: Mateus Boldin. – Porto Alegre : Artmed, 2010.
	    248 p. ; 23 cm.
	
	    ISBN 978-85-363-2392-3
	
	    1. Direito. 2. Filosofia. I. Título.
	
	    CDU 340.11

Catalogação na publicação: Ana Paula M. Magnus – CRB-10/Prov-009/10

Filosofia do direito

CONCEITOS-CHAVE EM FILOSOFIA

David Ingram
Professor de Filosofia na Loyola University, Chicago.

Tradução
José Alexandre Durry Guerzoni
*Mestre em Lógica e Filosofia da Ciência
e Doutor em Filosofia pela UNICAMP.*

Consultoria, supervisão e revisão técnica desta edição:
Mateus Baldin
*Advogado. Mestre em Direito pela
Universidade Federal do Rio Grande do Sul.*

2010

Obra originalmente publicada sob o título *Law: key concepts in philosophy*
ISBN 0-8264-7822-0

© David Ingram, 2006.
Published by arrangement with the Continuum International Publishing Group.

Capa
Paola Manica

Preparação do original
Marcos Vinícius Martim da Silva

Editora Sênior – Ciências Humanas
Mônica Ballejo Canto

Projeto e editoração
Armazém Digital® Editoração Eletrônica – Roberto Carlos Moreira Vieira

Reservados todos os direitos de publicação, em língua portuguesa, à
ARTMED® EDITORA S.A.
Av. Jerônimo de Ornelas, 670 – Santana
90040-340 – Porto Alegre, RS
Fone: (51) 3027-7000 Fax: (51) 3027-7070

É proibida a duplicação ou reprodução deste volume, no todo ou em parte, sob quaisquer formas ou por quaisquer meios (eletrônico, mecânico, gravação, fotocópia, distribuição na Web e outros), sem permissão expressa da Editora.

SÃO PAULO
Av. Embaixador Macedo Soares, 10.735 – Pavilhão 5
Cond. Espace Center – Vila Anastácio
05095-035 – São Paulo, SP
Fone: (11) 3665-1100 Fax: (11) 3667-1333
SAC 0800 703-3444
IMPRESSO NO BRASIL
PRINTED IN BRAZIL

Para Sam que preencheu
nossas vidas com alegria

Agradecimentos

Este livro representa o que considero ser um exame compreensivo dos conceitos-chave na filosofia do direito. Dois textos introdutórios serviram de modelo: *Arguing about the Law* (*Discutindo o Direito*) de Andrew Altman e *Philosophical Problems in the Law* (*Problemas Filosóficos no Direito*). Também me beneficiei muito de conversas com colegas e amigos; em particular, com Justin Schwartz, Iris Young, Tom Wren e Dan Hartnett. Outros colegas – Heidi Malm, David Ozr e Olufemi Taiwo – inspiraram-me com suas pesquisas. No entanto, devo agradecer, em especial, a Brian Buckley, que comentou meticulosamente a primeira versão completa deste livro; a Ike Balbus, que forneceu importantes sugestões para os primeiros quatro capítulos; a David Schweickart, cujos comentários detalhados do Capítulo 6 ajudaram-me a navegar nas procelosas águas da teoria econômica; e a Paul Leisen, que me ajudou a preparar o manuscrito para a publicação. Sou especialmente grato a minha editora, Sarah Douglas, por apoiar minha compreensão do livro. Por último, mas não menos importante, sou muito grato a minha companheira de vida e colega na filosofia, Jennifer Parks, por ter lido cuidadosamente a segunda versão do livro e por me amar incondicionalmente nos meus momentos de intensa obsessão.

Diante da Lei está um porteiro. Um homem do campo se aproxima desse porteiro e pede para entrar na Lei. Mas o porteiro lhe diz que não pode permitir a sua entrada agora. O homem reflete e pergunta se não poderia entrar mais tarde. "É possível", diz o porteiro, "mas não agora". Como a porta da Lei está sempre aberta e o porteiro se põe de lado, o homem se inclina para olhar o interior através da porta. Quando o porteiro observou isso, riu e disse: "se lhe atrai tanto, tente, apesar de minha proibição. Mas saiba disso: sou poderoso e sou apenas o mais baixo dos porteiros".

Franz Kafka (Diante da Lei)[*]

---

[*] N. de T.: O conto "Diante da Lei" (*Vor dem Gesetz*) fora originalmente publicado na coletânea *Ein Landarzt: kleine Erzählungen* (Munique, Wolff, 1919) (*Um médico rural*, trad. Modesto Carone. São Paulo: Companhia das Letras) e seu texto incorporado ao capítulo 10 ("Na Catedral") da obra mais conhecida de Kafka, *O Processo* (trad. e posfácio de Modesto Carone. São Paulo: Companhia das Letras, 1997).

Sumário

1. O QUE É O DIREITO? 11
2. DIREITO E MORALIDADE 28
3. DIREITO CONSTITUCIONAL: ESTRUTURA,
   INTERPRETAÇÃO E FUNDAMENTAÇÃO 67
4. CRIME E CASTIGO 118
5. JUSTIÇA CEGA: RAÇA, GÊNERO, SEXO
   E OS LIMITES DA COERÇÃO JURÍDICA 157
6. DIREITO PRIVADO E OS LIMITES
   DA RACIONALIDADE ECONÔMICA 183
7. CONCLUSÃO: O ESTADO DE DIREITO COMO IDEOLOGIA –
   DESAFIOS MARXISTAS, DESCONSTRUCIONISTAS E CLS 226

Referências 239
Índice 243

1
O que é o direito?

Muitos de nós estão familiarizados com as leis, mas poucos sabem o que elas são. Segundo a opinião corrente, leis são formadas por conjuntos de "faça isso" e "não faça aquilo" respaldados no temor das sanções. Isso dá lugar a uma questão: de que maneira as leis, concebidas desse modo, diferem de ordens emanadas de poderosos tiranos que ameaçam nos causar dano a menos que realizemos suas vontades?

Talvez nossa primeira inclinação seja responder que, contrariamente a ordens tirânicas, as leis são moralmente justificadas e razoáveis. Por exemplo, leis que proíbem matar e roubar parecem expressar mandamentos morais razoáveis. Porém, em alguns casos, uma lei pode ordenar fazer algo que pensamos ser moralmente errado e que não é razoável. Isso significa que ela não é mais uma lei?

Outras leis podem nos ordenar fazer coisas razoáveis, mas que não são moralmente obrigatórias – tais como inserir moedas no parquímetro. Além disso, algumas leis – tais como aquelas que dão permissão para obter uma licença para casamento – não nos obrigam a fazer algo. Pelo contrário, *autorizam* ou estabelecem procedimentos para realizar atos que podemos escolher fazer (ou não fazer). Por último, algumas normas jurídicas não parecem ordenar ou autorizar nada, mas, ao invés disso, expressam *sentenças*. Não se pode dizer que elas claramente ordenam ou autorizam algo aqui e agora, porque são acerca de ações (casos) particulares que ocorreram no passado. Se uma decisão judicial proíbe ou permite uma ação presente depende da semelhança entre essa ação e a ação passada. Além disso, algumas dessas decisões judiciais remetem à autoridade anônima do costume, não à autoridade oficial de um juiz ou de um legislador para sua juridicidade. Encontrar um traço *comum* (ou distintivo) do direito torna-se ainda mais desencorajador quando consideramos os chamados direito "primitivo" (as regras que governam os povos tribais) e direito internacional, que não é uniforme e universalmente reconhecido por todos os países.

Alguém poderia concluir que o direito não tem traços definitórios comuns. Consequentemente, poderíamos dizer que a palavra "direito" designa apenas semelhanças parciais, à maneira como os membros de uma família podem compartilhar alguns traços em comum. Mas se isso fosse verdade, nosso exame filosófico do direito estaria condenado ao fracasso, uma vez que não mais poderíamos proferir asserções gerais sobre ele. Uma resposta filosoficamente mais interessante seria dizer que "direito" designa algo semelhante a um *ideal* aplicado plenamente apenas às suas instâncias básicas.

Para nos ajudar, consideremos a definição aristotélica de "homem" como ser ético racional. Ser racional e ser ético são traços únicos que distinguem os humanos como uma dentre outras espécies animais, mas também são ideais alcançados por sociedades e indivíduos humanos em graus diversos. De maneira semelhante, ver o direito como um ideal – o tratamento adotado neste livro – significa que o encontraremos em graus variados.

DEFINIDO O DIREITO: UM EXAME DE TRÊS CASOS

Como definir o direito é uma questão importante e premente, visto que juízes e legisladores reais enfrentam esse problema em situações reais. Um rápido exame de três exemplos – um deles hipotético e os outros dois reais – explicita esse ponto. Observemos o seguinte exemplo hipotético tomado da obra *The Problem of the Grudge Informer* (*O problema do informante rancoroso*) de Lon Fuller (Fuller, 1969, p. 245-249). Numa época de dificuldades econômicas e crescente divisão social, a população de uma democracia constitucional elege um ditador para impor a lei e a ordem. O ditador nada faz para revogar a constituição ou os códigos civis e criminais do antigo regime, tampouco cancela as eleições ou dispensa juízes e outros funcionários do governo. No entanto, ao longo do tempo, juízes e funcionários que não interpretam o antigo direito à maneira exigida pelo ditador são removidos e substituídos por aqueles que agem de acordo com as exigências. Os novos juízes e legisladores distorcem o significado do antigo direito e promulgam leis emergenciais e retroativas que criminalizam ações permitidas e protegidas pela antiga ordem jurídica. Por fim, o ditador é deposto e o antigo direito é restabelecido. Surge, porém, um problema. Durante a ditadura, alguns cidadãos que tinham ressentimentos contra familiares, vizinhos e empregadores fizeram com que esses fossem presos por violarem leis promulgadas pelo ditador, inclusive leis que criminalizavam "retroativamente" ações que no passado eram permitidas pelo direito, tal como participar de uma reunião política. A questão é a seguinte: esses "informantes rancorosos" devem ser agora punidos por haverem tirado proveito de leis questionáveis para alcançarem objetivos pessoais e, se devem ser punidos, com base em *qual* direito?

Constrangido pela pressão pública por vingança, o ministro da justiça, recém eleito, procura o conselho de seus cinco assistentes. A primeira assistente aconselha que nenhuma ação seja tomada contra os informantes, uma vez que os atos por eles relatados ao governo eram de fato ilegais durante a ditadura. Na opinião dessa assistente, haja vista ser o direito aquele que o mais alto governante decide que é, os informantes estavam meramente cumprindo seus deveres como cidadãos, a saber, obedecendo ao ditador.

O segundo assistente concorda com a conclusão da primeira assistente, mas não com o seu raciocínio. Defende que a ditadura representou um "interregno no estado de direito" no qual o ditador arbitrariamente promulgou decretos inconsistentes que atendiam a seus próprios interesses. Nesse estado de incerteza e de ausência de direito – dado que o "direito" é uma regra relativamente imutável para guiar a ação futura – não restava às pessoas outra possibilidade senão fazer tudo o que pensavam ser necessário para a sobrevivência e, sendo assim, não deveriam ser tomadas como responsáveis por suas ações.

O terceiro assistente, no entanto, discorda da conclusão e do raciocínio de seus dois colegas. Adotando uma posição intermediária, defende que a ditadura manteve algo do sistema jurídico mais antigo e de seus objetivos morais. Entre esses objetivos, havia a proibição da injustiça flagrante, incluindo (assim pareceria) tirar proveito de leis injustas para se livrar dos inimigos. Em sua opinião, o direito é formado não apenas de leis e ordens, mas também de princípios morais *implícitos* de justiça e integridade. Portanto, informantes que deliberadamente procuravam eliminar seus inimigos através de leis fundamentalmente injustas deveriam ser processados por seus crimes contra a humanidade.

A quarta assistente propõe o que pensa ser uma abordagem mais principiológica. Em vez de procurar separar direito válido de direito inválido – um procedimento que crê ser tão arbitrário e infundado quanto a interpretação seletiva das antigas leis durante a ditadura –, propõe que o novo regime simplesmente promulgue uma *nova* lei criminalizando denúncias fundadas no ressentimento. Na essência, ela concorda com a primeira a respeito de o direito consistir de quaisquer leis ou comandos que estejam em vigor num dado tempo; porém, ao contrário de sua colega, não vê nenhum problema em novas leis que criminalizem ações que eram legais quando foram executadas.

O quinto assistente, todavia, objeta que essa solução não é mais bem justificada do que a alternativa que pretende substituir. Concorda com o segundo assistente sobre leis genuínas garantirem segurança jurídica (*fair warning*)* aos cidadãos. Aderindo à opinião do segundo assistente, conforme a qual a ditadura era fundamentalmente um regime à parte do direito, recomenda que a justiça "popular" (justiceiros) seja aplicada aos informantes.

O direito nazista era um verdadeiro direito?

O problema hipotético do informante ressentido realmente se impôs para os juristas que tentavam decidir se a ditadura nazista era um regime de acordo com o direito. "Direito" e "ordem" andam juntos; assim, poderíamos pensar que um regime que parecesse manter a ordem a todo preço seria jurídico ao grau máximo. Todavia, a ordem que depende dos caprichos de um ditador parece manifestamente contra o direito.

Carl Schmitt foi um jurista que defendeu que o regime nazista era de acordo com o direito em grau máximo e, de fato, mais de acordo com o direito do que a democracia constitucional que substituíra. Segundo Schmitt, a República de Weimar (1919-1933), que precedera o *Dritte Reich*, evoluíra até a anarquia sem lei: as disposições liberais da constituição de Weimar, que admitia a representação parlamentar de todas as formas de extremismos partidários – comunistas, sociais-democratas, liberais econômicos, conservadores religiosos – parecia estar em desacordo com as pretensões democráticas da constituição, que almeja uma sociedade ordenada de acordo com o bem unitário do povo. Sofrendo de extrema

---

* N. de T.: Expressão inglesa que designa, no contexto, o princípio do direito segundo o qual a lei deve esclarecer suficientemente que uma dada conduta constitui crime. Princípio esse próximo àquele presente em nossa constituição no art. 5º, inciso XXXIX, ("não há crime sem lei anterior que o defina") denominado princípio da reserva legal.

"paralisia legislativa", o parlamento alemão (*Reichstag*) era incapaz de formar um governo de coalizão estável que pudesse "decidir" e "agir" segundo uma orientação constante que pudesse salvar a nação do colapso econômico e da anarquia política. A única saída para essa crise era uma cláusula constitucional (Artigo 48) que concedia ao presidente o direito de declarar estado de emergência e governar por "lei marcial" (*marshal law*),* portanto, suspendendo certos direitos básicos (e, segundo Schmitt, mesmo os partidos políticos e o próprio parlamento) em favor de um governo ditatorial.

Schmitt pensava que o estado de emergência, longe de ser uma mera exceção à política liberal, era inerente a ela (da mesma maneira como Thomas Hobbes pensava que uma "guerra de todos contra todos" estava implícita em qualquer estado carente de um legislador soberano *unitário*). Em sua opinião, a própria ideia de partilha do poder entre partidos políticos opostos e divisão do poder entre diferentes repartições governamentais – presidente, parlamento, poder judiciário – criava uma crise de indecisão jurídica. Logo após tornar-se chanceler, em 1933, e ter sido agraciado com o poder, de fato, de um ditador num plebiscito popular no mesmo ano, Hitler pôs fim a essa crise de uma maneira que parecia confirmar a verdade da teoria de Schmitt, segundo a qual uma genuína democracia popular incorpora sua "vontade unitária" em um único "líder popular". Esse é o ponto para o qual o plebiscito democrático e o direito convergem. Visto que qualquer incerteza no tocante à existência e ao significado do direito acarreta um estado de emergência fora do direito, deve haver uma e apenas uma pessoa cujo comando soberano é final e último – o do *Führer*. Como Schmitt observou, "a exceção é aquilo que não pode ser subsumido, desafia a codificação geral, mas ao mesmo tempo revela um elemento especificamente jurídico – a decisão em sua pureza absoluta" (Schmitt, 1988b, p. 13).**

Uma vez que nenhum conjunto de regras jurídicas pode compreender todas as possíveis exceções à regra que poderiam vir a ser invocadas

---

* N. de R.T.: *Marshal law* é um termo do direito anglo-americano que se refere a um direito de exceção, no qual autoridades militares tomam para si a administração da justiça (e, em certos casos, do próprio governo). Acarreta em geral a suspensão de alguns ou de todos os direitos civis e políticos dos cidadãos. É geralmente o direito que rege locais ocupados militarmente por nações estrangeiras.
** N. de T.: No Brasil, *A Crise da Democracia Parlamentar*, tradução de Inês Lohbauer. São Paulo: Scritta, 1996.

em situações de emergência, alguém deve finalmente decidir que exceções são admissíveis. Normalmente isso cabe aos juízes, mas quem decide quando estes discordam entre si? A menos que a responsabilidade recaia sobre um único juiz supremo, que tenha o poder de decidir (ou seja, de ordenar e de julgar), o direito permanecerá incerto. Acompanhando a argumentação de Schmitt, as ações dos oficiais nazistas eram de acordo com o direito (embora moralmente condenáveis), uma vez que afirmavam ter obedecido a ordens numa cadeia de comando que ia até o *Führer*. (Como veremos, os membros da Procuradoria Geral podem oferecer justificativa análoga para o caso do Presidente Bush que, em face do mesmo estado de emergência ao enfrentar a "guerra contra o terror", assumiu o direito de desviar dos tribunais e da Constituição e de decidir quais pessoas seriam excetuadas dos procedimentos normais do devido processo, concedido aos suspeitos de crimes.)

À primeira vista, a opinião de Schmitt sobre o direito ao qual os oficiais nazistas deveriam prestar contas é semelhante à opinião da primeira assistente no caso hipotético elaborado por Fuller. Aquela assistente defendera que o único direito genuíno ao qual os informantes deveriam responder era ao comando soberano do ditador. Pelo mesmo raciocínio, pareceria que os oficiais nazistas igualmente agiram de acordo com o direito ao cometerem suas atrocidades morais. Afinal de contas, não era Hitler, o comandante soberano supremo no regime nazista, quem os comandava?

Porém, num exame mais cuidadoso, os próprios fatos atestados por Schmitt podem fornecer apoio para a opinião adotada pelo segundo assistente. Este defendera que os preceitos do ditador eram tudo menos conformes com o direito, resultando de fato em um reinado anárquico de ordens volúveis e às vezes conflitantes. Por um raciocínio análogo – e contrariamente às conclusões de Schmitt –, pode-se argumentar que o *decisionismo* jurídico que dotava o comando soberano de Hitler com o *status* de direito era em verdade o oposto de um governo de acordo com o direito. Embora essa linha de raciocínio não nos permita concluir que os oficiais nazistas agiam ilegalmente ao cometerem suas atrocidades morais, tampouco nos permite concluir que estavam agindo legalmente.

Hannah Arendt desenvolveu essa linha de raciocínio não schmittiana em seu famoso estudo sobre o totalitarismo. Segundo Arendt, governos totalitários, que reduzem o direito ao comando arbitrário de um ditador, destroem um dos traços característicos de qualquer sistema legal genuíno: *o estado de direito*. O estado de direito é uma noção complexa e difícil, sobre a qual terei mais a dizer no Capítulo 2. Para os nossos propósitos presentes, basta começar com uma formulação menos controversa, que aparentemente é aceita por Arendt. Essa formulação concebe o estado de direito como uma noção moralmente neutra de eficácia instrumental. Seguindo a orientação do renomado filósofo do direito britânico, Joseph Raz (1979, p. 210-229), aceitemos, para fins de argumentação, que o estado de direito é um ideal instrumental, compatível com um amplo espectro de sistemas jurídicos e políticos e, até mesmo, com sistemas não democráticos e injustos segundo padrões comumente aceitos de moralidade. Dizer que o estado de direito é um ideal instrumental significa que sua completa ausência num sistema jurídico torna este muito ineficaz – tão ineficaz que põe em dúvida sua própria existência. Pois, sistemas jurídicos visam essencialmente guiar as ações de sujeitos de direito, considerados capazes de planejarem livre e responsavelmente suas vidas. Ora, para que isso ocorra, tais sistemas devem ser constituídos, pelo menos em parte, por um núcleo de preceitos relativamente estáveis e publicamente acessíveis – abrangendo idealmente uma constituição –, gerais na forma, mas de significados suficientemente claros, aplicados consistente e imparcialmente, cogentes e contendo dispositivos para a defesa justa daqueles acusados de descumprirem a lei (o devido processo).

Uma das características mais notáveis do estado de direito que decorre dessa compreensão instrumental é *limitar o poder criado pelo próprio direito*, que, se exercido arbitrariamente, pode minar a capacidade do direito de guiar a ação. Segundo Arendt – que nisso segue o ensinamento do filósofo do século XVIII, Barão de Montesquieu (1949; XI.4)* – a espécie de autolimitação característica do estado de direito é melhor alcançada separando a função legislativa das funções judiciais e executivas de interpretar, aplicar e executar o direito. Os sistemas jurídicos que definem o direito apenas em termos do comando soberano de uma pessoa isolada, pelo contrário, colapsam essas funções e não fornecem salvaguardas contra o poder jurídico arbitrário e absoluto. É por isso que Arendt fala dos regimes totalitários como "movimentos" dirigidos por decisões *ad hoc* de um líder e não de estados estáveis. Como observa de maneira perspicaz, "nessas ideologias, o próprio termo 'direito' muda de significado: de expressão do quadro de estabilidade no qual os movimentos e as ações

---

* N. de T.: *Do espírito das leis*, trad. de Fernando Henrique Cardoso e Leôncio Martins Rodrigues, São Paulo, Abril cultural, 1979 (Col. Os Pensadores).

humanas decorrem, o termo se torna a expressão do próprio movimento" (Arendt, 1968, p. 162). Esse diagnóstico encontra confirmação nos escritos do ditador fascista Benito Mussolini, quando ele defende a necessidade de tomadas de decisões mais flexíveis em detrimento da estabilidade jurídica. Em suas palavras, "[...] todos os experimentos políticos atuais são antiliberais [...], uma doutrina deve, portanto, ser um ato vital e não um exercício retórico. Donde a tendência pragmática no fascismo, sua vontade de poder, sua vontade de vida, sua atitude para com o ato de violência [...]" (Schnapp, 2000, p. 57).

Em resumo: determinar se os informantes rancorosos ou os partidários de Hitler violaram o direito depende crucialmente do que é o direito. Se o estado de direito se mostrar um ideal que qualquer direito genuíno deve satisfazer – ainda que apenas imperfeitamente –, então a referida determinação dependerá do grau em que a ditadura incorpora características que necessariamente associamos ao estado de direito. Sem dúvida, o sistema jurídico alemão durante o regime nazista incorporava essas características em algumas situações. Partes do direito alemão antigo foram mantidas pelos nazistas e mesmo alguns dos códigos promulgados pelos nazistas expressamente as incorporavam, pelo menos imperfeitamente. Por exemplo, a lei nazista que tornava ilegal expressar opiniões contrárias ao *Dritte Reich* ou que visavam enfraquecer a defesa militar do povo alemão fornecia um preceito geral suficientemente claro e público para nortear a conduta e seu cumprimento era rigorosamente exigido. As coisas se tornam obscuras quando examinamos os códigos raciais nazistas como os aplicados aos judeus. Esses códigos eram vagos – por exemplo, era difícil aplicar as suas definições de "ariano" e de "judeu" – e o cumprimento deles era irregularmente exigido, haja vista as inúmeras exceções concedidas a judeus "especiais" (incluindo aqueles que tivessem dinheiro suficiente ou influência política suficiente para comprar a excepcionalidade). Considerados juntamente com a arbitrariedade de suas aplicações e com as rápidas mudanças estabelecendo o que era interditado aos judeus fazerem (progredindo de interdições brandas a severas) os códigos raciais afastavam-se muito do ideal de estado de direito. Essa conclusão é ulteriormente reforçada ao considerarmos que as pessoas suspeitas de infringirem essas leis não eram ouvidas de maneira imparcial e justa.

Como observei antes, determinar se o direito nazista incorporava suficientemente o estado de direito para concluir que era um direito genuíno não nos diz se os partidários de Hitler violaram ou não o direito. Acompanhando os raciocínios da primeira e do segundo assistentes em nosso primeiro caso, podemos dizer que esses partidários não violaram o direito, ou porque seguiam o comando soberano de Hitler ou porque não havia um direito sólido para ser obedecido, mas apenas o reino anárquico do terror no qual cada pessoa era o juiz último do que era certo. No entanto, podemos também concluir, acompanhando o raciocínio do terceiro assistente, que existiam outros códigos internacionais – e talvez, como veremos, uma lei moral promulgada pela razão, ainda que não pela legislação – pelas quais esses seguidores de Hitler poderiam ser julgados, independentemente da juridicidade do regime nazista.

Segundo caso: o Tribunal de Nuremberg

Nosso exame da juridicidade do regime nazista ajuda-nos a compreender as espécies de debates que giram em torno do Tribunal de Nuremberg. No meio da exigência popular para que os oficiais nazistas graduados fossem punidos por encetarem uma guerra de agressão, por cometerem crimes de guerra contra prisioneiros e contra civis, e por outros crimes contra a humanidade, os aliados enfrentaram um dilema. Os britânicos inicialmente eram a favor da execução sumária – de modo similar à abordagem "deixe a justiça seguir seu próprio curso", favorecida pelo quinto assistente de nosso exemplo hipotético – como uma maneira de aplacar o desejo de vingança, mas evitando a aparência de um julgamento parcial e sem base em princípios. No entanto, a vontade dos americanos de que os oficiais nazistas fossem julgados segundo tratados e costumes estabelecidos pelo direito internacional (que se assemelha à posição do terceiro assistente de que a ditadura ainda estava vinculada ao direito do regime que substituíra) acabou triunfando.

O subsequente julgamento, conduzido de acordo com a nova Carta de Nuremberg, que pela primeira vez tratava de crimes contra a humanidade, era controverso. O juiz de Massachusetts, Charles Wyzanski Jr., acusou-o de ser a "justiça do vitorioso", uma vez que os aliados eram também culpados de alguns dos crimes de guerra – atacar intencionalmente civis e (no caso da Rússia) encetar uma guerra de agressão – semelhantes aos imputados aos nazistas.[1] Sobre as bases jurídicas das três acusações de crimes pelos quais os réus foram indiciados – crimes de guerra, crimes contra a humanidade e crimes contra a paz – Wyzanski observava que apenas o primeiro tinha algum fundamento no direito internacional. Embora as Convenções de Haia e de Genebra, de 1907 e 1927, já tivessem definido os crimes de guerra contra prisioneiros e civis como violações do direito internacional que, portanto, poderiam ser invocadas como direito previamente vinculativo – a Alemanha era signatária das duas convenções –, a norma proscrevendo os crimes contra a humanidade fora estabelecida apenas após a guerra e, assim, significava um direito "retroativo", o mesmo podendo ser dito da norma que proscrevia guerras de agressão. Os tratados internacionais que existiam antes da guerra nunca foram aplicados de uma maneira verdadeiramente coercitiva e de qualquer modo foram elaborados para punir o comportamento criminoso de *nações*, e não atos criminosos de *indivíduos*, como prescrevia a nova Carta de Nuremberg. Segundo a Carta, indivíduos poderiam ser acusados de conspiração para cometer crimes se conluiarem, ainda que de forma atenuada, no planejamento com aqueles que de fato os tenham cometido. Porém, Wyzanski questionou: "qualquer um que, conhecendo os propósitos do partido no poder, participou do governo ou reuniu-se com funcionários do governo dever ser tido como responsável por todos os atos do governo?" (Wyzanski 1946, em Adams, p. 35).

Essas críticas, que se dirigem aos aspectos de parcialidade e falta de fundamentos do Tribunal de Nuremberg como desvios fundamentais do *estado de direito*, supõem que o julgamento baseava-se, ao menos em parte, no direito internacional. Outras críticas, no entanto, avançam mais, argumentando que o direito internacional não é um direito genuíno. Apoiando-se em uma tradição de *positivismo jurídico*, que retrocede às teorias jurídicas do filósofo do século XVII Thomas Hobbes e do jurista do século XIX John Austin, essas críticas afirmam que leis genuínas são ordens cogentes emanadas de um governo soberano que exerce o monopólio do poder sobre um dado território. Segundo essa teoria do direito, na ausência de um governante global emanando ordens cogentes, não pode haver direito internacional.

O debate sobre a correção do Tribunal de Nuremberg ainda continua. Se o positivismo jurídico é verdadeiro, então pareceria que as *únicas* normas jurídicas significativas são aquelas feitas por estados soberanos. Nesse caso, "direito internacional" é uma contradição em termos e não pode ser usada para julgar indivíduos por crimes de guerra e crimes contra a humanidade. Exploraremos essa possibilidade no próximo capítulo. Entretanto, se o positivismo jurídico for falso, expandimos o âmbito das normas genuínas sob as quais os indivíduos suspeitos de terem cometido esses crimes podem ser julgados. O direito internacional e eventualmente também a lei moral poderiam estar nesse âmbito. Nesse caso, fica ainda indeterminado se as novas normas sob as quais os oficiais nazistas foram julgados reproduzem normas internacionais estabelecidas ou meramente criminalizam seus comportamentos retroativamente (e alguns diriam, contra o direito).

Porém, mesmo supondo que havia julgado as pessoas por ações que foram retroativamente criminalizadas pela nova Carta, o Tribunal de Nuremberg não teria sido a alternativa mais de acordo com o direito – ainda que imperfeitamente jurídica – disponível para os aliados? Evitando a justiça pelas próprias mãos, dando aos oficiais nazistas a chance de se defender – três foram absolvidos de todas as acusações, onze foram condenados à morte e oito foram condenados à prisão –, o Tribunal pode ter avançado o estado de direito enquanto de fato o violava. Ademais, serviu ao importante propósito de sublinhar a inumanidade moral do regime nazista. Como observara Robert H. Jackson, o principal promotor americano em Nuremberg e licenciado da Corte Suprema, havia amplas provas para mostrar que os crimes contra a paz e contra a humanidade, que a Carta de Nuremberg codificara oficialmente pela primeira vez, realmente emergiram do direito internacional costumeiro e, sob esse aspecto, assemelhavam-se ao método casuístico de derivar uma norma jurídica no *common law** (Adans, p. 27). Aqueles réus que "imaginaram erroneamente" a nova aplicação de precedentes consuetudinários não tinham o direito de reclamar terem sido cegados por um novo direito, uma vez que havia muitos avisos prévios de que estavam fazendo algo moralmente criminoso, se não expressamente antijurídico, segundo a ordem jurídica internacional anterior. Nesse aspecto, Jackson pensava que o Tribunal fundaria um precedente para o reconhecimento jurídico progressivo dos direitos humanos, o que de fato o fez, como testemunha a criação de uma Corte Penal Internacional para a Antiga Iugoslávia, em 1993, e a criação da Corte Penal Internacional (CPI), em 1998. Finalmente, se tem sentido falar de um princípio moral de justiça mais elevado – ou, no jargão filosófico, *direito natural* – moldando a própria ideia de direito, como sugere o terceiro assistente em nosso caso hipotético, então o Tribunal terá sido

---

* N. de R.T.: Por *common law* entende-se os sistemas jurídicos dos países de língua inglesa, baseados mais em normas jurídicas derivadas de costumes e precedentes judiciais do que em leis escritas; aqui, contrapõe-se a *Civil Law*, os sistemas de origem romano-germânica, nos quais predomina a lei escrita, sendo que os precedentes judiciais não são tidos normalmente como fonte de direito. Em um sentido mais estrito, que é o usado no decorrer, *common law* refere-se ao direito casuístico (*case law*), oriundo de costumes e precedentes judiciais, o qual, dentro dos sistemas de *Common Law*, é pensado como em contraposição às leis (*statutory law*), o direito oriundo do poder legislativo.

legitimado como jurídico nesse outro sentido, embora a existência ou não de tal direito é tema de considerável disputa, como veremos no próximo capítulo.

Caso três: A invasão americana do Iraque

Talvez a questão filosófica mais duradoura suscitada pelo Tribunal diga respeito ao *status* e ao significado desse conceito amplo (moral) de direito e seu eventual apoio ao direito internacional. Muitos criadores da Carta das Nações Unidas e da Declaração dos Direitos Humanos das Nações Unidas (1948) encontraram apoio para esses documentos em padrões morais universais. Embora as nações participantes da ONU tenham acordado esses documentos ao escrevê-los, presumia-se que a autoridade vinculativa deles estendia-se a todos os países, independentemente de tê-los ou não assinado.

A autoridade vinculativa da Carta da ONU e da Declaração Universal dos Direitos Humanos ressurgiu recentemente em consequência dos eventos de 11 de setembro de 2001, quando o governo do Presidente George W. Bush procurava justificar a sua intervenção militar no Iraque. Embora o presidente e os membros de seu governo justificassem a intervenção em termos da Carta das Nações Unidas, da qual os Estados Unidos são signatários, muitos críticos argumentaram que ela ignorava ou distorcia seriamente cláusulas fundamentais da Carta. Mais sério ainda, alguns críticos sustentaram que a Doutrina da Segurança Nacional de Bush e outras políticas de relações exteriores significavam pôr unilateralmente as ações do presidente e de outros subordinados militares dos Estados Unidos acima da Carta, da Declaração Universal dos Direitos Humanos e de todos os outros acordos e tratados internacionais que governos anteriores haviam ratificado. Esses críticos asseveravam que, conforme governos anteriores haviam ratificado essas normas supranacionais como deveres das nações signatárias, as políticas do governo Bush significavam por presidente e seus subordinados acima do Artigo VI da Constituição, o qual determina que tratados sejam "o direito supremo da nação".

Um dos exemplos mais gritantes citados pelos críticos era a recusa de Bush em endossar a decisão de seu predecessor de reconhecer a Corte Penal Internacional, recentemente criada, estabelecida na esteira da guerra da Iugoslávia para julgar pessoas como Slobodan Milošević, que fora acusado de ter cometido crimes de guerra, crimes contra a humanidade e outras violações atrozes dos direitos humanos. O presidente justificou esse retrocesso em relação ao precedente de Nuremberg, em 30 de setembro de 2004, afirmando que "inúmeros juízes e promotores [poderiam] levar nossas tropas ou nossos diplomatas a julgamento". Em decorrência das acusações levantadas contra oficiais militares americanos de tortura e outras violações dos direitos humanos em prisões localizadas na baia de Guantánamo e na prisão de Abu Ghraib, a decisão do presidente assumiu um novo significado.

De fato, o presidente e seu governo podem ter considerado, ainda que não oficialmente sancionado, a tortura e outros abusos contra os direitos humanos como instrumentos necessários para extrair informações de terroristas suspeitos. Críticos afirmaram que os Estados Unidos violaram suas obrigações internacionais acordadas, em 1984, na Convenção contra Tortura e outros Tratamentos ou Punições Cruéis, Inumanos ou Degradantes das Nações Unidas, ao transportarem dezenas de pessoas, suspeitas de serem terroristas, para países onde era sabido que seriam torturadas.[2] Um memorando de primeiro de agosto de 2002, escrito pelo então Procurador Geral Adjunto Jay Bydee, para o Procurador Geral Alberto Gonzales (que era, na época, chefe do Gabinete de Aconselhamento Jurídico do Departamento de Justiça) procurava explicitamente contornar a Convenção. Apoiando-se na definição do Código Americano de uma "situação de emergência médica", o memorando sugeriu que a inclusão pela Convenção de ações que causem "dor severa" na categoria de tratamentos banidos pode ser interpretada de tal maneira que a Convenção permitiria tais ações, desde que não pusessem a saúde do indivíduo em sério risco, que não prejudicassem seriamente as funções orgânicas ou causassem sérias disfunções em algum órgão.

A justificativa do governo Bush para atacar o Iraque merece exame minucioso, porque apela para elementos fundamentais da Carta das Nações Unidas sobre a guerra e, simultaneamente, parece rejeitá-los. O artigo 51 sanciona apenas a guerra de autodefesa "se um ataque armado tiver ocorrido". O capítulo VII permite resposta armada a "ameaças à paz", mas apenas se o Conselho de Segurança (a) determinar que tivesse havido uma violação, (b) anuir que todas as soluções não militares estiverem sido esgotadas e (c) especificar o agente e o modo da intervenção militar (Artigos 41 e 42).

O governo Bush recorreu às especificações de intervenção militar fornecidas pela Carta, porém, segundo os críticos, de uma maneira que a reinterpretava. Por exemplo, o governo afirmava que o regime de Hussein era uma "ameaça para a paz" por conta da invasão do Kuwait no passado recente, por apoiar terroristas e por usar armas químicas contra os curdos no norte do Iraque. Essa ameaça permanecia real, visto que o regime de Hussein não cumprira plenamente a resolução 687 do Conselho de Segurança, que ordenava inspeções em todos os lugares em que armas de destruição em massa poderiam ser feitas ou armazenadas. O governo Bush também afirmava que todas as soluções não militares haviam sido esgotadas. No entanto, na ausência de uma resolução do Conselho de Segurança autorizando os Estados Unidos a intervir militarmente, o governo recorreu a um expediente ausente da Carta: o conceito de "autorização implícita". Em suma, esse conceito parece reinterpretar a condição (c) da Carta; permite aos Estados Unidos agirem unilateralmente, sem a permissão do Conselho de Segurança das Nações Unidas e até mesmo a despeito dele.

O governo também interpretou o artigo da Carta sobre guerras de autodefesa de maneira lata, para incluir "defesa por antecipação" ou "preempção". Embora o termo "preempção" nunca seja mencionado no Artigo 51 da definição de autodefesa da Carta, "defesa por antecipação" é normalmente tida como um ato de autodefesa juridicamente permitido sempre que um ato de agressão é *iminente*. No entanto, não havia provas – nem o governo Bush procurou fornecê-las – de que o Iraque estivesse planejando um ataque iminente aos Estados Unidos. Em vez disso, o governo reinterpretou "perigo iminente" de forma a incluir "capacidade potencial". A argumentação do governo para essa interpretação é resumida no documento que esboça a sua nova estratégia de segurança nacional. O documento observa que o terrorismo apresenta novos perigos para a segurança contra os quais não se pode proteger pelos métodos antigos de dissuasão, que funcionaram tão bem durante a Guerra Fria. Os Estados Unidos devem "adaptar o conceito de perigo iminente às capacidades e objetivos dos adversários atuais", especialmente líderes de "estados perigosos" que pretendem sacrificar o bem-estar de seus próprios cidadãos a fim de encorajar terroristas na execução de seus atos de martírio. Nos termos do governo,

> quanto maior a ameaça, maior o risco da inação, e urge mais tomar ações antecipatórias para nos defendermos, ainda que reste incerteza sobre o tempo e o lugar do ataque iminente. Para evitar ou prevenir tais atos hostis de nossos adversários, os Estados Unidos agirão, se for necessário, com antecipação. (Bush, 2002, p. 14)

Os críticos, de maneira previsível, apontaram os perigos na noção governamental de resposta preventiva. O governo vinculou estreitamente a ideia de "travar uma guerra preventiva" à proteção dos "interesses nacionais vitais". O documento citado antes afirma que "a estratégia de segurança nacional será baseada num internacionalismo peculiarmente norte-americano, que reflete a fusão de nossos valores e de nossos interesses. O objetivo da estratégia é tornar o mundo não apenas mais seguro, mas melhor (Gabinete do Presidente dos EUA 2002, p. 1). Outros documentos e discursos delineiam quais são esses valores e interesses nacionais vitais. Um relatório de setembro de 2001, da *Quadrennial Defense Review*,* inclui "vitalidade e produtividade da economia global" e o "acesso aos mercados importantes e aos recursos estratégicos" entre aqueles "interesses nacionais permanentes" a serem assegurados pela força militar. O presidente Bush, durante uma cerimônia de graduação em West Point, lembrou que "a América dispõe de forças militares incontestáveis e pretende mantê-las" (*US Department of Defense Quadrennial Defense Review*, [2001, p. 2; 30 e 62]). Apesar da referência ao "internacionalismo", a proposta do governo de empregar a força bélica para assegurar a superioridade militar e econômica sobre o resto do mundo chocou muitos críticos como uma afronta ao estado de direito, que opera para limitar o poder dos mais poderosos.

Em resumo, críticos do governo Bush afirmaram que ele havia abandonado o estado de direito em favor da política de "a força faz o direito". Embora houvesse, no governo Bush, aqueles que podem ter visto a guerra como um meio para consolidar o poder americano, havia outros (incluindo o próprio Bush) que acreditavam que a guerra estava não apenas de acordo com o direito, mas também moralmente correta. Não sendo capazes de mostrar que Hussein havia encorajado a *Al Qaeda* ou que ele tinha capacidade de produzir armas de destruição em massa, citavam os abusos contra os direitos humanos do regime de Hussein como justificativa suficiente para depô-lo (o número de pessoas – principalmente curdas e xiitas – assassinadas por Hussein atinge centenas de milhares).

Certamente, os críticos do governo Bush têm suas próprias apreensões morais. A guerra era necessária para proteger os direitos humanos dos iraquianos atualmente vivos? Quaisquer que tenham sido os flagrantes crimes de lesa humanidade perpetrados por Hussein contra seu próprio povo, poderíamos dizer que isso são coisas do passado, uma vez que

---

* N. de T.: Órgão de divulgação das estratégias e prioridades do Departamento de Defesa norte-americano.

ele não controlava mais o território curdo e estava tentando conquistar o apoio dos xiitas numa tentativa desesperada de assegurar seu regime contra os inimigos externos. Os outros objetivos da guerra – a libertação do Iraque e a tênue esperança de democracia – teriam valido os danos secundários acarretados pela operação militar real (as estimativas de civis iraquianos mortos desde o início da guerra variam de cerca de 30 mil – o número aproxima-se daquele calculado pela *Iraq Body Count** e citado sem atribuição por Bush em seu discurso de 14 de dezembro de 2005, na *Philadelphia World Affairs Council* – a mais de 100 mil, o número calculado pela revista médica inglesa *The Lancet* e pela Escola de Saúde Pública John Hopkins Bloomberg). A guerra teria sido a melhor maneira de opor--se ao terrorismo? Certamente ela alienou muitos muçulmanos (portanto, ainda que de maneira não intencional, contribuiu para que fossem recrutados pelo terrorismo), mas também enfraqueceu o respeito pelo direito internacional e por outras convenções morais sobre direitos humanos que servem para sublinhar a diferença ideológica entre terroristas e o resto de nós.

 O governo Bush desprezou todas essas questões, menos a última. Observou que as Nações Unidas *não* eram um instrumento jurídico eficiente para remediar flagrantes violações dos direitos humanos (como mostrou o fracasso em proteger as vidas de centenas de milhares de civis assassinados em Ruanda, na Iugoslávia e em outras partes do mundo). Argumentando em termos do positivismo jurídico, os partidários do governo tomaram isso como confirmação de que nenhuma ordem emanada de uma organização internacional carente de poder territorial soberano poderia ser reconhecida como direito. Portanto, concluíram que a justiça pelas próprias mãos empregada contra Hussein e conduzida pela única superpotência capaz de administrá-la era justificável.

 Todavia, essa não fora a única justificativa apresentada pelos partidários do governo Bush. Eles defendiam que a guerra era o único procedimento *de acordo com o direito*, em que "de acordo com o direito" refere-se a uma autoridade mais alta do que o direito internacional e também mais alta do que qualquer lei feita pelos homens. Esse direito mais alto seria o *direito natural*. Na opinião deles, a decisão do Conselho de Segurança da ONU de não ratificar a resolução bélica dos EUA não teria sido juri-

---

* N. de T.: Uma organização não governamental que procura manter um banco de dados atualizado acerca dos civis mortos no Iraque (ver http://www.iraqbodycount.org).

dicamente cogente, porque as Nações Unidas subordinaram sua própria Declaração Universal dos Direitos Humanos aos objetivos consignados em sua Carta: manter a paz mesmo ao custo de desrespeitar a soberania nacional de regimes que violam os direitos humanos.[3]

Em resumo: a questão sobre o que é o direito surge na prática jurídica real, como amplamente manifesto em nosso exame do Tribunal de Nuremberg e da guerra do Iraque. Nossa resposta inicial a essa questão indicou, preliminarmente, que o direito era equivalente a uma ordem cogente de um chefe soberano de Estado. Mas reflexões posteriores sobre os casos anteriormente referidos nos levam a alterar a nossa opinião. O direito genuíno requer também o estado de direito. No próximo capítulo, veremos se tal estado também deve ser moralmente justo.

NOTAS

1. Wyzanski também chamou a atenção para as peculiaridades procedimentais do julgamento: os réus deveriam apresentar suas próprias defesas, de acordo com o procedimento de julgamento por antagonismo do direito penal anglo-americano. Seguindo os procedimentos continentais de julgamento, os réus eram submetidos a inquirições realizadas pelos juízes que trabalhavam em íntima colaboração com os promotores.
2. A Convenção contra a Tortura foi ratificada pelos Estados Unidos em 2 de outubro de 1994. O artigo 3 (1) enuncia: "Nenhum Estado signatário expulsará, entregará ou extraditará uma pessoa para outro Estado quando existirem motivos sérios para crer que possa ser submetida a tortura". O artigo 2 (2) estipula ulteriormente, "Nenhuma circunstância excepcional [...] poderá ser invocada para justificar a tortura". Em agosto de 2006, o governo Bush procurou eximir funcionários não militares de processos criminais alterando o Estatuto de Crimes de Guerra (1996-1997) que acompanhava o artigo 3 da Convenção de Genebra na proibição ulterior a "ultrajes à dignidade pessoal", tais como "humilhação e tratamento degradante".
3. O Artigo 6 (c) da Carta de Nuremberg assevera que os crimes contra a humanidade cometidos pelo soberano contra seu próprio povo estão sujeitos a sanções internacionais. No entanto, em aparente contradição a esse artigo, o artigo 6 (a) da Carta restringe o direito de punir nesses casos apenas quando o soberano em questão se envolve em atos de agressão que ameaçam a paz e a segurança de outras nações.

2
Direito e moralidade

O Tribunal de Nuremberg e a Guerra do Iraque sugerem que a moralidade pode desempenhar algum papel em nossa compreensão do que é o direito. Mesmo que o direito internacional não se aplique a esses dois eventos, a lei moral (natural) poderia se aplicar. Pois, poder-se-ia defender que, embora nenhum direito estabelecido de autoria humana tenha sido violado pelos nazistas ou pela invasão do Iraque, leis morais podem ter sido violadas. Contudo, o direito natural é suficiente nele mesmo para nos dar uma noção completa e legítima do direito? Se não for, seria pelo menos uma parte necessária do direito que deve ser sopesado juntamente com outras partes necessárias? Ou o positivismo jurídico estaria correto ao sustentar que estamos obrigados a obedecer ao direito independentemente de ele ser ou não moralmente justo?

A TEORIA DO DIREITO NATURAL: TOMÁS DE AQUINO

A ideia de direito natural – que existem princípios universais de justiça intrínsecos à natureza humana e que o direito feito pelos homens deve respeitá-los – remonta à Grécia Antiga. Aristóteles fornece uma formulação inicial nos seguintes termos: "se a lei escrita depõe contra o nosso caso, devemos claramente apelar para a lei universal, e insistir em sua maior equidade e justiça" (*Retórica*, 1375a). A compreensão de Aristóteles foi desenvolvida posteriormente por uma filosofia conhecida como estoicismo, cujo maior teórico jurídico foi o filósofo romano Cícero (106-43 a.C.): "não haverá uma lei em Roma e outra em Atenas, uma agora e outra depois, mas uma lei única, eterna e imutável abarcando todos os povos e todas as épocas" (*República*, Livro 3, p. 33).*

Cícero afirma que a lei natural designa um princípio imutável e universal da natureza, superior a qualquer lei feita pelos homens, cuja autoridade advém do "único senhor e mestre de todos nós – o deus que é o autor, proponente e intérprete dessa lei". Alhures, Cícero prossegue afirmando que "o sentido e a ideia de escolha do que é justo e correto é inerente à própria palavra lei", de sorte que, "numa comunidade, uma lei sobre o justo de qualquer espécie não será uma lei, mesmo que aceita pela população...", salvo se estiver de acordo com a justiça eterna da "reta razão" (Das Leis, Livro II, p. 11-13). A reta razão não é privilégio de poucas pessoas, mas é "aquilo pelo qual somos superiores aos bichos, que nos torna capazes de proceder a deduções válidas, a argumentar, a refutar nossos oponentes, a debater, a resolver problemas, a extrair conclusões – tudo isso certamente é comum a todos os homens (Das Leis, Livro I, p. 30). Consequentemente, a justiça natural ordena que "os homens tenham um único modo de convívio, partilhado igualmente por todos e, finalmente, que todos sejam mantidos unidos pela boa vontade natural, pela gentileza e também por uma camaradagem na justiça (Das Leis, Livro I, p. 35).

Não demanda muita imaginação encontrar na formulação de Cícero da lei natural e da igualdade dos seres humanos as sementes do que viria a ser conhecida por nós como a moderna doutrina dos "direitos humanos". Leis injustas, que põem o interesse próprio acima do amor aos seres humanos, não são leis; e nações que alegam serem soberanas só são soberanas em virtude de se conformarem à soberania superior da lei sancionada divinamente.

A concepção estoica de direito natural continuaria a ter grande influência sobre os filósofos cristãos posteriores, a partir de São Paulo. No século V, Santo Agostinho marcou essa filosofia com a sua própria versão do idealismo platônico, cuja hostilidade a todas as coisas terrenas acar-

---

* N. de T.: Na verdade, esse trecho é a interpolação de uma citação feita por Lactancio em sua obra *Divinae Institutiones*, livro 6, capítulo 8. A tradução inglesa, que vertemos ao português aqui, parece-nos mais fiel ao original, pois, reza a citação de Lactancio: "*Nec erit alia lex Romae, alia Athenis, alia nunc, alia posthac; sed et omnes gentes, et omni tempora uma lex, et sempiterna et immutabilis continebit*".

retava que nenhum governo feito pelos homens poderia ser verdadeiramente jurídico e justo. Santo Agostinho defendia que a verdadeira razão e a juridicidade se realizam apenas "na cidade celeste de Deus", sem os efeitos mortais do pecado original. Reinos terrenos, pelo contrário, devem recorrer ao domínio do homem pelo homem, a leis coercitivas, à propriedade privada e à escravidão como "punição" pelo pecado. Nas palavras de Agostinho, "eliminada a justiça, o que são os reinos, então, senão grandes usurpações?" (*A Cidade de Deus*, IV, p. 4).[*]

Não importa quão radical tenha sido a interpretação de Santo Agostinho do direito natural, foi com São Tomás de Aquino (1225-1274) que suas implicações revolucionárias se tornaram pela primeira vez manifestas. Isso é um tanto estranho, visto que o Aquinatense – que fora influenciado pela filosofia aristotélica menos idealista e de senso comum – justificou em sua totalidade o domínio terreno "natural" e "racional", a coerção jurídica, a propriedade privada e a escravidão. Porém, há mais no Aquinatense do que aquilo que salta à vista. Por exemplo, a sua interpretação do direito natural defende a propriedade privada apenas quando serve para proteger a vida e promover a paz. Quando a propriedade privada não realiza esses fins, ela pode ser distribuída. De fato, o Aquinatense chega ao ponto de justificar completamente o "furto para suprir necessidades", ainda que não empregue a denominação; apenas "se uma pessoa corre perigo iminente e não pode ser socorrida de nenhuma outra forma, ela pode valer-se da propriedade de outrem para atender suas necessidades, seja abertamente, seja de maneira oculta" (Sigmund, 1988, p. 72).[**]

São Tomás também lança mão do direito natural para justificar a desobediência e até mesmo a deposição de qualquer governo tirânico, cujas ações sejam injustas e opostas ao bem comum, embora condene mudanças no regime que produzam "tal desordem que a sociedade submetida ao tirano sofra maiores danos do distúrbio resultante que do governo tirânico" (ibid., p. 65).[***] O Aquinatense defende que a guerra seria justificada apenas se sua causa fosse justa (defender a si mesmo contra a agressão ou castigar um erro) e sua intenção básica for "obter algum bem

---

[*] N. de T.: Tradução brasileira de Oscar Paes Leme. Rio de Janeiro: Vozes, vol. 2, 10ª ed., 2007.
[**] N. de T.: Suma Teológica, II^{a}II^{ae}, q 66, a7, c (Citamos o texto da Suma de maneira usual, no caso: a segunda parte da segunda parte, questão 66, artigo 7, corpo da questão).
[***] N. de T.: II^{a}II^{ae}, q 42, a2 c.

[por exemplo, a paz] ou* evitar um mal" (ibid.).** Ademais, adverte que a quantidade de força empregada em qualquer ato de defesa própria deve ser "moderada" ou proporcional à força contra a qual se defende.

Essas três aplicações da doutrina tomista do direito natural ressurgiriam posteriormente nos séculos XVII e XVIII. O advogado e diplomata holandês Hugo Grotius (1585-1645) impõe limites seja ao direito das nações (direito internacional), seja ainda ao direito municipal (direito nacional). Dado que o objetivo do direito natural é o bem comum da humanidade, o qual apenas em condições pacíficas pode ser procurado, a guerra é injusta e contra o direito, "exceto para impor os direitos; e uma vez encetada, a guerra deve ser levada adiante apenas nos limites do direito e da boa fé [...], e com não menos escrúpulos do que aqueles habituais em processos judiciais" (Grotius, 1925, p. 173).*** Embora Grotius negue que guerras encetadas com base na defesa por antecipação sejam moralmente justificáveis, "salvo se o perigo for imediato e iminente no tempo" (ibid.), admite que a intervenção militar seja permitida a fim de proteger contra a violação de direitos humanos perpetrados, por exemplo, por piratas e pelos os Estados que empregam seus serviços.

O filósofo inglês John Locke (1632-1704) recorreu ao direito natural ao afirmar os direitos humanos fundamentais e naturais à vida e à propriedade que todos os seres humanos possuem – direitos que os governantes são obrigados a proteger sob pena de serem legitimamente depostos "por violarem a confiança, ao não [...] visarem o fim próprio do governo, que é o bem público e a preservação da propriedade" (Locke, 1980, §239).**** Enquanto as ideias de Locke influenciaram o autor da Revolução Gloriosa de 1688 e, posteriormente, a Revolução Americana de 1776, as opiniões do filósofo francês Jean-Jacques Rousseau (1712-1778) acerca do direito

---

* N. de T.: O texto traduzido traz aqui "and", no entanto não é isso que ocorre, seja na tradução inglesa dos padres dominicanos, seja no original latino, dada a edição leonina da obra tomásica. Nessa questão, São Tomás determina três condições para que uma guerra seja justa, o nosso autor omite a primeira delas (referente à autoridade do soberano que conduz a guerra) e a passagem citada é o enunciado da terceira condição na edição leonina: "tertio, requiritur ut sit intentio bellantium recta, qua scilicet intenditur vel ut bonum promoveatur, vel ut malum vitetur".
** N. de T.: II^{a}II^{ae}, q 40, a1 c.
*** N. de T.: Grotius, H. *O direito da guerra e da paz* (De jure belli ac pacis); tradução de Ciro Mioranza, Ijuí: UNIJUÍ; Fondazione Cassamarca, 2004. vol. 2.
**** N. de T.: Locke, John. *Segundo Tratado Sobre o Governo Civil*, São Paulo: Abril Cultural, 1978. (Coleção Os Pensadores).

natural viriam a alimentar a paixão dos líderes da Revolução Francesa (1789). A versão de Rousseau do direito natural, que é tanto instintiva quanto racional, questiona a moralidade e a juridicidade de formas de propriedade privada (incluindo a escravidão) que violam nossa humanidade e negam o direito de subsistência àqueles sem os recursos básicos: "como pode um homem ou um povo apossar-se de uma vasta extensão territorial e privar todo o gênero humano dela, salvo por usurpação punível, uma vez que priva todos os outros homens da proteção e do sustento que a natureza lhes dá em comum?" (1987, p. 152).* Atualmente, muitas pessoas argumentam que o capitalismo global é contrário ao direito natural, uma vez que opera para aumentar a desigualdade social entre ricos e pobres e para rebaixar o padrão de vida dos mais pobres a níveis inferiores aos aceitáveis de subsistência.

Embora a doutrina do direito natural tenha sido ofuscada pelo positivismo jurídico no século XIX, ela continuou a inspirar os abolicionistas e teve um renascimento em meados do século XX. Durante a luta pelos Direitos Civis nos anos de 1960, Martin Luther King expressamente recorreu ao dito de direito natural de Agostinho que "uma lei injusta não é uma lei" em sua defesa da desobediência civil como um método legítimo para combater a discriminação "legalizada" e a segregação racial no Sul dos EUA (Bedau, 1969, p. 77). De fato, alguns filósofos tomistas, como o francês Jacques Maritain, defenderam que o direito natural fornecia a única base para os direitos humanos universais sagrados na Declaração Universal dos Direitos Humanos das Nações Unidas (1948). Assim como Rousseau, Maritain cria que a noção básica do direito natural, "faça o bem e evite o mal", guiava a conduta humana "pela inclinação" e não era conhecida pela razão "de uma maneira teórica e abstrata, como uma série de teoremas geométricos [...] através do exercício conceitual do intelecto" (Sigmund, 1988, p. 208).**

Outros filósofos, incluindo Paul Ramsey, usaram as cláusulas da "guerra justa" do direito natural tomista para condenar formas de "operações militares amplas" que intencionalmente atingiam civis inocentes. Embora a guerra justa possa não intencionalmente causar "danos cola-

---

* N. de T.: Rousseau, Jean Jacques. *Do Contrato Social*, São Paulo: Abril Cultural, 1973 (Coleção Os Pensadores). Aqui seguimos a tradução inglesa, após o cotejo com o original francês.
** N de T.: Maritain, J. *Man and the State*, p. 98 (Washington: Catholic University of America, 1998, orig. Chicago: University of Chicago Press, 1951) (*O Homem e o Estado*, Rio de Janeiro: Agir, 1952. Trad. bras. de Alceu Amoroso Lima).

terais" a civis, o uso de ogivas nucleares e outros usos indiscriminados de armas de destruição de massa – Ramsey menciona expressamente o bombardeio de Hiroshima e Nagasaki pelos Estados Unidos – são intrinsecamente imorais e ilegítimos, uma vez que seus propósitos principais são matar e aterrorizar civis (1988, p. 226-229).

Uma crítica à teoria do direito natural

O princípio fundamental central das teorias do direito natural é que para uma lei, uma disposição constitucional ou uma decisão judicial *ser* direito genuíno, deve ser reconhecida como sendo *justa* – ou, ao menos, como não injusta e não contrária ao bem público – por aqueles que se sentem obrigados por ela. Dizendo de maneira diferente, ser justo e bom é parte do significado de direito, de sorte que leis, disposições constitucionais e sentenças judiciais são menos cogentes na medida em que – eles ou o sistema como um todo ao qual pertencem – carecem de justiça ou benignidade.

Há dois problemas com esse princípio. Em primeiro lugar, as pessoas de fato *reconhecem* e *obedecem* leis, disposições constitucionais e decisões judiciais que creem injustas e contrárias ao bem público como se fossem direito genuíno. Algumas vezes, agem assim porque creem que o processo jurídico pelo qual essas regras e decisões foram elaboradas é justo e bom. Por exemplo, frequentemente é dito que se forem aceitas as regras do jogo democrático leal, deve-se aceitar também seus resultados de ganho ou de perda, sejam eles bons ou maus.

Examinando melhor, esse exemplo parece antes fornecer apoio do que refutar o princípio do direito natural. Como dito antes, esse princípio reconhece a obrigação jurídica *prima facie* de obedecer mesmo às regras e às decisões injustas na medida em que o sistema jurídico que os gerou seja visto como justo e bom. Contudo, o que dizer se *tanto* o sistema jurídico *quanto* os códigos e as decisões forem vistos como injustos e contrários ao bem público? O princípio do direito natural negaria ao sistema e aos seus produtos o título de direito cogente. Mas isso parece ser muito extremado. As Leis de Nuremberg proscrevendo relações sexuais e casamentos entre judeus e alemães arianos eram reconhecidas como juridicamente cogentes, mesmo por aqueles que criam que elas, bem como o sistema que as gerou, eram fundamentalmente injustas. O medo da punição e a apatia poderiam explicar porque alguns agiam assim, mas outros acreditavam que a recusa em manter e obedecer à lei resultaria num mal maior: a anarquia.

A segunda objeção contra a teoria do direito natural diz respeito ao nosso conhecimento dele. Como sabemos o que é a justiça e o bem? As formulações clássicas da teoria do direito natural respondem essa questão recorrendo aos propósitos de Deus, tal como se expressam na natureza. Essa resposta não é muito satisfatória, uma vez que presume que todos creem no mesmo Deus e compreendem seus propósitos da mesma maneira. Ademais, do ponto de vista da física moderna, não tem sentido falar na natureza esforçando-se para realizar propósitos divinos.

Tomás de Aquino compreendeu essa dificuldade e, consequentemente, sublinhou que a lei natural é conhecida antes pela razão (que crentes e não crentes possuem igualmente) que pela fé. Versões seculares da doutrina do direito natural, tal como a formulação privilegiada por Maritain, apelam apropriadamente não para os propósitos de Deus, mas para a natureza humana, compreendida como repositório de "disposições" e "inclinações" universais para "fazer o bem e evitar o mal" (parafraseando o princípio da *sindérese* de Aquino) (Sigmund, 1988, p. 36).

Há duas dificuldades nesse recurso. Em primeiro lugar, o mero fato de os seres humanos estarem geralmente dispostos a fazer certas coisas não as torna corretas, conforme pode ser visto a partir da hipótese contrária, de que os seres humanos estão dispostos a pecar. Não podemos derivar imediatamente o que *deve* ser o caso do que *é* o caso. Em segundo lugar, mesmo que fosse verdadeiro, o princípio da sindérese não é suficientemente informativo para guiar a ação. Dizer que devemos fazer o bem e evitar o mal é semelhante a dizer que devemos fazer o que devemos fazer e não devemos fazer aquilo que não devemos fazer. O próprio Tomás de Aquino parece concordar com essa afirmação ao comparar nosso conhecimento racional desse princípio ao nosso conhecimento de verdades matemáticas, tal como "duas coisas iguais a uma terceira são iguais entre si" (1988, p. 49).* Por outro lado, o fato de as pessoas poderem questionar a verdade do princípio da sindérese, não como um mandamento moral vácuo, mas como um enunciado de um fato sobre a natureza humana, sugere que pode não haver tal coisa como a natureza humana. Pelo contrário, pode haver tantos tipos diferentes de natureza humana quantos são os tipos diferentes de sociedades e pessoas.

---

* N. de T.: Suma Teológica, I^{a}II^{ae}, q 94, a2 c.

O problema em aplicar o direito natural para testar a justiça e a correção do direito feito pelos homens parece ampliar as dificuldades já referidas. Qualquer generalização acerca da natureza humana que seja verdadeira de maneira autoevidente seria por demais vaga para nos dizer exatamente o que fazer numa situação peculiar. A generalização segundo a qual os seres humanos são uma espécie generosa e, portanto, devem cuidar uns dos outros parece ser suficientemente verdadeira, todavia não nos informa como cuidar de pessoas particulares em situações particulares. Inversamente, qualquer generalização que nos diga o que fazer será matéria controversa pelo menos em situações particulares. Não podemos imaginar uma sociedade baseada no engano mútuo; porém, uma disposição geral contra o logro certamente irá de encontro a exceções.

Aceitar o primeiro termo do dilema (o direito natural é autoevidente) conduz-nos a concluir que o direito natural não pode ser um direito porque carece da clareza e da precisão necessárias para guiar a ação – essenciais para o estado de direito e, de fato, para qualquer sistema jurídico efetivo. Consequentemente, os positivistas jurídicos, como Jeremy Bentham e John Austin, ridicularizaram a noção de direito natural e de direitos naturais como "contrassensos" (Austin, 1995, p. 185, Benthem, 1962). Aceitar o segundo termo do dilema (o direito natural é prescritivo num sentido definido) conduz ao mesmo resultado: a incerteza sobre quais preceitos exatos decorrem de ou são conformes ao direito natural gera a "anarquia", na qual cada um favorece seu próprio preceito em oposição aos dos outros.

Os teóricos do direito natural são sensíveis a essas dificuldades. Tomás de Aquino, por exemplo, aceitava que aplicações particulares do princípio de sindérese não são conhecidas com certeza. Como afirma, "embora haja certeza nos princípios gerais [da razão prática], quanto mais avançamos para os casos particulares, mais frequentemente encontramos exceções [...], não há nem o mesmo padrão de verdade e correção para todos, nem essas conclusões são conhecidas por todos igualmente" (Sigmund, 1988, p. 50).*

Seria isso uma confissão condenatória? Positivistas jurídicos certamente pensariam que sim, uma vez que, na opinião deles, se o direito natural significa algo, ele deve acarretar *tanto* a existência de um padrão único de verdade e correção para todos *quanto* que o padrão assuma a for-

---

* N. de T.: Suma Teológica, I^{a}II^{ae}, q 94, a4 c.

ma de um preceito exato capaz de verificar injustiças contidas no direito humano. Todavia, mesmo após o exame das razões dos positivistas, a ser feito a seguir, podemos ainda nos sentir compelidos a aceitar uma versão diferente e um pouco mais fraca da teoria do direito natural, que vincula o significado do direito à moralidade de uma maneira mais indireta: não como uma dedução a partir de uma regra geral de justiça prescritivamente significativa, tampouco uma instanciação de tal regra, mas – de acordo com nossa discussão das regras do jogo democrático justo – como um resultado de um processo jurídico que incorpora justiça e retidão como seus princípios norteadores.

O POSITIVISMO JURÍDICO: HART

Positivistas jurídicos negam que o direito deva ser moralmente justo a fim de ser juridicamente cogente. Por quê? A resposta baseia-se na sociologia do direito. As sociedades tribais mais simples não possuem direito como o conhecemos. Essas sociedades são, em muitos aspectos, semelhantes a famílias estendidas. A maioria das unidades familiares são autossuficientes e fazem mais ou menos as mesmas coisas. Nos termos de Emile Durkheim, são como secções horizontalmente dispostas – todo mundo é semelhante a todo mundo – com a única exceção da divisão mais rudimentar do trabalho (eventualmente baseada em gênero). Uma vez que ocorre pouco ou nenhum intercâmbio econômico entre as famílias, o que coordena as atividades tribais e une as pessoas na solidariedade são costumes morais básicos – que o filósofo do direito H.I. Hart denominou de regras primárias – que obrigam cada indivíduo a se comportar de uma maneira uniforme (Hart, 1991; cap. V).* Dificilmente surgem conflitos; quando ocorrem, são resolvidos com procedimentos *ad hoc*. Algumas vezes é permitido que grupos querelantes solucionem privadamente suas disputas, outras vezes é procurada a arbitragem de um ancião sábio. Violações mais sérias dos tabus tribais podem resultar no ostracismo, acompanhado do exílio voluntário ou involuntário.

Em geral, nesse sistema, nada há que distinga o direito como uma regra de outras regras de moralidade comumente aceitas. De fato, na "consciência coletiva" dos membros da tribo, não precisa haver a noção

---

* N. de T.: Hart, Herbert L. A. *O Conceito de Direito*. Trad.: A. Ribeiro Mendes. 5. ed. Lisboa: Fundação Calouste Gulbenkian, 2007.

de que há algo como uma regra geral – distinta dos costumes – que guia suas condutas. Há uma pressão social para obedecer, mas não um código de conduta estabelecido por escrito, nenhum juiz para interpretá-lo, nenhum legislador para mudá-lo e nenhuma polícia para impô-lo (ibid. 1991, p. 84).

Contrastemos esse exemplo com o caso de uma sociedade dos primórdios da modernidade: a Inglaterra dos meados do século XVII. Nessa sociedade há uma divisão intensa do trabalho e uma especialização ocupacional; há estratificação de classes separando aristocracia, clero, empresários, mercadores, aprendizes, trabalhadores livres, fazendeiros independentes, servos e escravos. Graças ao surgimento de uma nova economia capitalista, há considerável liberdade de comércio com outros e possibilidades para estabelecer contratos. Essa sociedade também é dinâmica, como seria de se esperar de qualquer sociedade de mercado. Ademais, é caracterizada pelo individualismo e pelo pluralismo religioso: as pessoas têm percepção de suas próprias liberdades características e de suas autoestimas, possuem crenças e compromissos morais profundamente arraigados que não são adotados por todos os membros de sua sociedade.

Evidentemente, essa sociedade dinâmica, estratificada e pluralista abriga um grande potencial para conflitos e desintegração se não for bem regulamentada. Poderíamos imaginar que o direito tribal – um sistema simples de regras morais primárias que brandamente nos obriga a comportarmo-nos de uma maneira padrão – lograria ser tal regulamentação? Certamente não. Antes de qualquer outra coisa, há profundas divisões religiosas e morais perpassando a sociedade. As regras primárias que regulam a vida das pessoas não são compartilhadas ou, se são, acabam sendo compreendidas de diferentes maneiras. Em segundo lugar, o costume moral, baseado na combinação de adesão voluntária e pressão, não será suficiente para assegurar que as regras morais condenando matar ou roubar recebam a adesão universal. Finalmente, o costume, com sua adesão estática e inflexível aos padrões passados de conduta, fracassará no trato dos novos desafios, que pedem novas regras e novas formas de conduta.

Essas são as espécies de razões, associadas principalmente ao surgimento do capitalismo e do pluralismo religioso e ideológico, que levaram as sociedades "modernas" ocidentais a introduzirem leis, no sentido próprio do termo. Para sermos mais exatos, precisamos (acompanhando o pensamento de Hart) complementar as regras morais primárias com três espécies de *regras secundárias*. Para lidar com novos desafios, precisamos de regras secundárias que outorgam poderes a algumas pessoas entre nós para fazerem e alterarem as regras (chame isso de função legislativa). Para lidar com a incerteza acerca do significado e da execução das regras, precisamos de regras secundárias que outorgam poderes a outros de nós para julgar as violações e os conflitos (chame isso de função judicial). Finalmente, precisamos de uma *regra de reconhecimento* básica e última – como uma constituição – que enuncie de maneira definitiva o que conta como um direito válido: os veredictos dos juízes, os decretos dos administradores, os atos executivos de policiais, e assim por diante (ibid., 1991, cap. V).

O direito internacional é realmente direito? Hart *versus* Kelsen

Para Hart, a falta de uma regra de reconhecimento é a principal fraqueza do direito internacional – e não o fato de ser imposto de maneira fraca e inconsistente, tampouco o de carecer de uma autoridade plena ao impor-se aos Estados nacionais. Contrariamente a Hobbes e Schmitt, Hart insiste que o mero fato de o direito internacional não estar respaldado por um governo mundial que detenha o monopólio global para coagir Estados inferiores não é razão para concluir que o direito internacional não é direito (ibid., 1991, p. 212). Como veremos a seguir, a maioria do que conta como direito no âmbito das competências governamentais não consiste de preceitos respaldados por ameaças e, de qualquer modo, a ONU tal como está atualmente formada, de fato, algumas vezes, emite comandos respaldados na força de sanções, como no caso das sanções impostas ao Iraque, antes da invasão deste país pelos Estados Unidos. Ademais, o fato de Estados limitarem sua soberania pelo direito internacional seria problemático apenas se o que entendêssemos por um Estado fosse (seguindo Hobbes e Schmitt) uma entidade que possuísse soberania absoluta e liberdade não limitada por qualquer tratado que crie obrigações com outras nações. Essa é uma noção que nenhum Estado real (nem mesmo a Alemanha nazista) sustentou explicitamente. Um estado sustentar que suas obrigações internacionais dependem inteiramente de seu consentimento continuado, de sorte que estaria obrigado apenas consigo mesmo, é patentemente absurdo, uma vez que tais obrigações consensuais não seriam reconhecidas como comprometendo os Estados além de seus interesses momentâneos próprios. De qualquer modo, as reivindicações de soberania dos países recém criados, tal como Israel, em 1948, ou daqueles que adquirem territórios de outros países são reconhecidas apenas por um sistema de obrigações internacionais que existem antes de qualquer consentimento "autovinculativo" que eles possam outorgar a si mesmos (Ibid, p. 221).

Segundo Hart, a diferença entre o direito nacional e o internacional que *realmente* depõe contra a natureza jurídica do direito internacional é a falta de uma constituição ou de algum outro documento vinculativo que seja universalmente reconhecido. Talvez no futuro a Carta das Nações Unidas, a Declaração Universal dos Direitos Humanos e todas as outras convenções internacionais constituam tal regra de reconhecimento. De fato, o próprio Hart detecta certo movimento nessa direção. Mas por ora, quando um país qualquer reconhece o caráter vinculativo do direito internacional é ou porque consignou em sua própria constituição o cumprimento geral do direito internacional ou porque voluntariamente participa de tratados.

Todavia, talvez Hart esteja errado ao dizer que não há uma regra de reconhecimento única que unifique o direito internacional num único sistema. Um positivista jurídico que discorda de Hart exatamente nesse ponto, Hans Kelsen, afirma que a regra de reconhecimento ("norma básica" ou *Grundnorm**) por trás do direito internacional é o costume "semelhante a uma constituição" de respeitar os tratados (Kelsen, 1989, p. 216).** Hart responde à objeção de Kelsen salientando que grande parte do direito internacional é formada por normas – tal como a Declaração Universal dos Direitos Humanos – não originadas de tratados voluntários e que se aplicam mesmo a nações que se recusaram a endossá-las. Kelsen esquiva-se dessa objeção redefinindo a norma básica por trás do direito internacional de uma forma mais inclusiva. "A coerção de um Estado sobre outro deve ser exercida sob condições e de maneiras conformes aos costumes constituídos pelo comportamento real dos Estados" (ibid). Todavia, Hart questiona se essa formulação significa asserir algo mais que a regra vazia segundo a qual o Estado deve estar obrigado a manter todos os compromissos que assumiu (Hart, 1991, p. 230).

A resposta de Hart evidentemente pressupõe que as normas básicas constitutivas dos próprios sistemas jurídicos são normas positivas – cons-

---

* N. de T.: Termo alemão empregado por Kelsen, cuja tradução pode ser norma básica, fundamental.
** N de T.: Kelsen, H. *Teoria Pura do Direito*, São Paulo: Martins Fontes, 2009.

tituições escritas ou declarações oficiais – cujo poder vinculativo depende de serem efetivamente reconhecidas pelas pessoas. Segundo Kelsen, essa é uma maneira errônea de pensar as normas básicas. Em sua opinião, normas básicas são pressuposições "lógico-transcendentais" que embasam a possibilidade de normas jurídicas válidas do mesmo modo como, acompanhando o pensamento do grande filósofo alemão Immanuel Kant, espaço, tempo e causalidade são pressuposições "lógico-transcendentais" que fundamentam a possibilidade da experiência objetiva válida. Ou seja, assim como espaço, tempo e causalidade não são objetos materiais, também as normas básicas não são leis. Uma norma básica que afirme que constituições são vinculativas se, e apenas se, formuladas e ratificadas por aqueles a quem ela se aplica não pode ser, ela própria, uma norma constitucional, sob pena de sermos obrigados a recorrer a outra norma básica para validar o nosso dever de obedecê-la, e assim *ad infinitum* (Kelsen, 1989, p. 2002ss.).

Examinaremos o argumento transcendental de Kelsen mais detalhadamente no Capítulo 3. Por ora, basta observar que Hart acha o argumento inconvincente. Kelsen previamente assumira que o direito internacional tem plenamente a aparência de direito da mesma forma que os direitos nacionais, e conclui, portanto, que deve haver uma única regra de reconhecimento da qual todo tratado válido deve ser derivado. Além disso, afirma que essa regra deve ser antes transcendental que empírica. Hart nega isso. O ponto de vista de Kelsen erroneamente assume que uma constituição, o exemplo de Hart de uma regra de reconhecimento, não pode ser reconhecida como legítima a menos que validada por outra regra ou constituição. Isso gera um problema de regresso ao infinito que só pode ser encerrado pelo apelo a uma regra lógico-transcendental. Hart resolve esse problema negando que uma constituição necessite da validação por outra regra. O mero fato de a constituição ser reconhecida como direito na prática real basta para validá-la (Hart, 1991, p. 245n1). Porém, o direito internacional carece de uma constituição. Embora seja formado por tratados bilaterais e multilaterais, bem como de convenções preexistentes que são reconhecidas como vinculativas em diferentes graus, falta-lhe um procedimento único especificando como devem ser uniformemente modificados, aplicados e impostos. Assim, o direito internacional não pode ser inteiramente um direito.

Para concluir nossa discussão do direito internacional, chamemos a atenção para outra consideração, não mencionada por Hart, que vai além da sua posição segundo a qual o direito internacional não é inteiramente um direito. Essa consideração gira em torno da dificuldade de considerar um Estado constitucional mundial que legislaria, interpretaria e imporia um direito *cosmopolita* estabelecendo os direitos humanos.

Recentemente testemunhamos o surgimento de algo semelhante a um regime global de direitos humanos, centralizado na Corte Penal Internacional. Tem havido muita discussão sobre fortalecer a ONU para impor os direitos humanos, ao invés de deixar essa decisão a cargo de nações poderosas (tal como os Estados Unidos) ou de alianças (como a OTAN). Com o discurso sobre um consenso que se forma em torno da lista dos direitos humanos e suas interpretações, alguns filósofos foram adiante e recomendaram que a ONU legislasse sobre o conteúdo desses direitos. Em outras palavras, o que testemunhamos hoje, dizem esses filósofos, é um movimento em direção àquilo que Kant denominou direito cosmopolita, diferente do direito internacional que se baseia em acordos multilaterais cambiantes e não muito confiáveis (Reiss, 1991, p. 98-105).

No entanto, há dois problemas associados a essa concepção. Assumindo que o estado de direito é uma parte integrante do direito inteiramente concretizado, o direito cosmopolita teria que ser definido por leis particulares a fim de garantir a segurança jurídica (*fair warning*).* No entanto, ainda predominam grandes desacordos sobre a lista dos direitos humanos básicos e suas interpretações. Enquanto os Estados Unidos reconhecem direitos civis e políticos, signatários da Declaração de Bangkok afirmam a prioridade dos direitos sociais, econômicos e culturais. Mesmo que surja certo consenso sobre os direitos humanos, diferentes povos hão de querer alguma flexibilidade na interpretação do significado e do escopo dos direitos humanos para adequá-los às suas circunstâncias peculiares. Essa necessidade de flexibilidade multicultural choca-se com as exigências de um direito cosmopolita definido por lei.

O segundo problema é que um regime constitucionalmente reconhecido de direitos humanos teria que atribuir o poder legislativo supremo a algum tipo de corpo legislativo mundial. Para que esse poder seja inteiramente legítimo, teria que ser democrático. Embora não seja inconcebível que a Assembleia Geral da ONU possa ser substituída ou complementada

---

* N. de R.T.: Literalemente, *justa advertência*. Trata-se de previsão jurídica prévia capaz de dar àqueles aos quais a lei se destina o prévio conhecimento do que a lei lhes pede para fazer ou deixar de fazer. O termo refere-se em geral, mas não sempre, a uma adequada previsão em lei escrita de que determinada conduta é um crime, previsão esta capaz de fazer com que aqueles aos quais a lei se aplica possam facilmente compreender que a conduta é considerada ilegal. Corresponde, em grande parte, ao que chamamos *segurança jurídica*.

por tal assembleia democrática, é difícil imaginar como seria formada essa assembleia. Muitos críticos assinalaram um déficit democrático na atual composição da Assembleia Geral da ONU, cujos membros são atualmente indicados pelos chefes de estados (muitos dos quais não são eleitos). Deveríamos imaginar os povos de cada nação (e talvez de cada um dos principais grupos de interesses, incluindo refugiados "sem pátria", mulheres, populações indígenas, e assim por diante) de algum modo elegendo diretamente os representantes da assembleia legislativa da ONU e de uma maneira que assegurasse a proteção a grupos esparsos. Ademais, como observa Jürgen Habermas, o que faz a democracia funcionar tão bem no nível nacional ou mesmo possivelmente no nível regional (como no Parlamento Europeu) – um sentimento de participação e solidariedade entre pessoas que constituem uma única comunidade – parece faltar no nível mundial (Habermas, 2001a, p. 55, 107-108).* Por essa razão, é mais fácil (e talvez menos perigoso) conceber democracias individuais e federações supranacionais, tais como a União Europeia, que incorporem o respeito aos direitos humanos e a outras convenções internacionais em suas constituições e tradições jurídicas que imaginar um Estado mundial democrático ditando leis uniformes a cidadãos cosmopolitas de uma maneira que diminua a autodeterminação local.

Regras primárias e secundárias

Lembremos da alegação de Hart de que precisamos de regras secundárias para dar suporte e para somarem-se às regra primárias. Para Hart, as regras secundárias não nos obrigam no comportamento primário, mas apenas *selecionam* algumas regras juridicamente reconhecidas a partir desses comportamentos. Evidentemente, algumas dessas regras primárias selecionadas para serem direito, tal como "não mate", serão também moralmente obrigatórias, mas outras não; pelo contrário, serão ou prudencialmente obrigatórias ("obedeça à sinalização de trânsito") ou instrumentalmente obrigatórias ("faça com que um juiz de paz assine sua certidão de casamento, se quiser se casar"). Para Hart, o principal ponto é que o reconhecimento jurídico dado às regras primárias nada tem que ver com a *fonte* desse caráter obrigatório da regra – moralidade, prudência,

---

* N. de T.: Habermas, J. *A Constelação Pós-Nacional: Ensaios Políticos*, tradução de Márcio Seligmann-Silva. São Paulo: Littera Mundi, 2001.

eficiência instrumental –, mas tem tudo a ver com ter sido selecionada secundariamente como direito.

Em resumo, Hart define o direito em termos de sua função social, como um instrumento eficiente para enfrentar problemas de ordem, de coordenação e de resolução de conflitos que não podem ser satisfatoriamente resolvidos recorrendo-se apenas a regras morais, a convenções costumeiras ou a cálculos instrumentais empreendidos momento a momento. Porque a moralidade é parte do problema, não pode ser uma parte *necessária* da solução do problema. Certamente, as regras morais mais comumente aceitas contra o assassinato e o roubo fornecerão uma *fonte* comum para o direito penal, mas essas regras se baseiam tanto no interesse próprio quanto na moralidade. Portanto, as regras secundárias que definem o direito não precisam fazer referência à justiça ou ao bem social e podem ser, até mesmo, injustas, se julgadas segundo alguns padrões de moralidade popular (como os direitos antigos que puniam toda a família por crimes cometidos por um de seus membros). Muitos positivistas jurídicos acolhem bem a crítica moral do direito; o que não aceitam bem é a ideia de que o direito deve ser justo antes de ser reconhecido *como* direito.

Positivismo fundado em regras *versus* positivismo fundado em comandos: Hart *versus* Hobbes e Austin

Alguns dos primeiros proponentes do positivismo jurídico subscreviam uma teoria do direito como comando. No *Leviatã*, Hobbes afirma que "a lei propriamente é a palavra daquele que possui o direito de mando sobre outros" (1994, XV, 41).* À primeira vista, essa afirmação é indistinguível de asserções semelhantes feitas por teóricos jusnaturalistas romanos e medievais, que acreditavam ser o mando de Deus a autoridade última por trás do direito natural. Hobbes, no entanto, interpreta o principal preceito do direito natural ("Faça o bem e evite o mal!") em termos de uma concepção da natureza humana e da autopreservação inteiramente diferente daquelas apregoadas por seus predecessores jusnaturalistas. Para Hobbes, os seres humanos são apenas máquinas complexas, conduzidas por um desejo insaciável de satisfazer suas necessidades e de adquirir maior po-

---

* N. de T.: Hobbes, Thomas. *Leviatã ou matéria, Forma e poder de um Estado eclesiástico e civil*. São Paulo: Abril Cultural, 1079, 2. ed. (Coleção Os Pensadores).

der sobre os outros. Nas palavras de Hobbes: "bem e mal são nomes que significam nossos apetites e aversões, diferentes conforme diferentes temperamentos, costumes e doutrinas dos homens" (ibid., XV 40).

Na interpretação de Hobbes, o direito natural manda cada um fazer o quer que pense ser necessário para obter o seu bem pessoal, o qual pode conflitar com o que outros pensam ser necessário para o bem pessoal deles. Entregues a si mesmos, as pessoas interpretariam o direito natural de uma maneira que não poderia senão conduzir a "uma guerra de todos contra todos". Felizmente para nós, nossa natureza nos obriga a concordar com pelo menos um bem – o da coabitação pacífica. Porém, dada a nossa tendência a interpretar o direito natural de modo a privilegiar nossa própria preservação em detrimento da de outros, nossa inclinação natural para procurar a paz será mutuamente satisfeita apenas se transferirmos nosso direito de interpretar e impor o direito natural para um corpo soberano único (nos termos de Hart, devemos inicialmente consentir em uma regra secundária que determine o direito como aquilo que o soberano designado comande).

Ao transferir nosso direito de interpretar o direito natural a um soberano, estamos efetivamente deixando que ele nos diga o que os mandamentos de Deus significam; assim, o certo ou o errado morais são essencialmente reduzidos ao que quer que o soberano diga que é certo ou errado. Para ser realmente soberano, o eleito deve ser uma pessoa (um monarca) ou um corpo unificado de pessoas possuindo poder absoluto de fazer, interpretar e aplicar o direito. Recordando a opinião de Schmitt (que deve muito a Hobbes), o soberano deve ser absolutamente unitário e estar acima do direito, se o significado e a execução do direito devem ser conhecidos e aplicados com certeza; caso contrário, recaímos num estado de anarquia. Hobbes resume tudo isso no seu dito vigoroso: "onde não há um poder comum, não há lei; onde não há lei, não há injustiça" (ibid., XIII, 13).

Como vimos antes, a posição de Hobbes segundo a qual o soberano deve estar acima do direito contraria o princípio do estado de direito que impõe limites ao exercício arbitrário do poder jurídico. Outro positivista jurídico, John Austin (1790-1859) discorda de Hobbes nesse ponto. Ele sustenta que a soberania composta de diferentes ramos de poder ou contendo mais de uma pessoa (como o corpo de legisladores) pode limitar o poder de um ramo pelo outro ou o poder de uma facção pela outra (Austin 1995, Lecture VI). Austin difere de Hobbes também em outros aspectos. Austin não reduz o certo e o errado morais ao que o soberano torna legal ou ilegal. Em outras palavras, ele não endossa o princípio segundo o qual "o poder faz o direito". No entanto, concorda com Hobbes que é o poder da punição ameaçadora que distingue a natureza vinculativa de obrigações jurídicas da natureza vinculativa de obrigações morais. Em suas palavras, "estando sujeito a danos infligidos por ti se não cumprir um desejo expresso por ti, estou preso ao teu comando, oprimido pelo dever de obedecer-te" (Austin 1995, Lecture I.).

Esse é o ponto no qual Austin e Hart se separam. Hart afirma que algumas leis não podem ser compreendidas como comandos respaldados em sanções. Por uma razão: muitas leis não assumem a forma de códigos penais que prescrevem punições a atos proscritos. Algumas leis outorgam poderes a pessoas físicas para estabelecerem contratos e darem início a processos civis e outorgam poderes a pessoas jurídicas para aplicarem e executarem as leis. Outras normas (como as ordenações sobre o trânsito) ajudam-nos a coordenar nossas ações a fim de que não causemos danos acidentais uns aos outros. Em todos esses casos, existe uma razão mais forte, moral, prudencial ou pessoal, para obedecer ao direito que o temor da punição (Hart, 1991, cap. III).

Isso nos conduz à segunda objeção de Hart à teoria do comando: as leis se assemelham mais a regras gerais do que a ordens. Regras primárias – sejam elas morais ou legais – obrigam-nos a nos comportar de certos modos *por uma razão* à qual podemos recorrer para *criticar* o comportamento daqueles que descumprem ou se desviam do direito. Na exposição de Austin, a única razão por que as pessoas se sentem juridicamente obrigadas a obedecer ao direito é o temor das consequências penosas. Nesse aspecto, suas razões para serem cumpridoras do direito não diferem daquelas de uma pessoa que obedece a alguém armado ameaçando atirar se não lhe for dado o dinheiro (ibid., cap. IV).

Mas Hart não estaria subestimando o fato de muitas pessoas obedecerem ao direito de maneira acrítica, pelo mero hábito ou pelo mero temor de uma punição? E se for assim, não deveríamos concordar com Austin sobre o que define o direito ser sua capacidade de nos coagir? Hart não questiona a possibilidade de muitas pessoas relacionarem-se desse modo com o direito. Normalmente as pessoas conformam-se com o direito, sem mesmo pensarem por que, a não ser para evitar as consequências dolorosas. Todavia, para Hart, o que distingue o direito de um comando respaldado na força não é o cidadão relacionar-se com o direito de uma maneira crítica, mas advogados, juristas e funcionários do governo relacionarem-se com ele desse modo (ibid., p. 113).

Essa resposta parece antes apoiar que refutar a posição de Austin. A objeção original contra Austin – que apenas a ameaça respaldada na força não cria a obrigação – é agora restringida, aplicando-se principalmente a um grupo seleto de funcionários e advogados. Mas nesse caso, governantes seriam, de fato, como homens armados – homens armados que justificam para si mesmos suas ameaças, mas não para aqueles que ameaçam. Portanto, Hart diz que numa sociedade *saudável* a *maioria* dos cidadãos adotaria também uma atitude "interna" para com o direito, vendo-o como possuidor de uma base racional na constituição.

MORALIDADE E O ESTADO DE DIREITO: FINNIS, RAZ E FULLER

Os críticos jusnaturalistas afirmam que o positivismo jurídico não pode explicar a diferença entre ser juridicamente coagido e ser juridicamente obrigado. Na opinião deles, as pessoas sentem-se juridicamente obrigadas a realizar algo apenas quando pensam que é moralmente correto fazê-lo. Mas há um problema nessa crítica. Como foi observado anteriormente, é difícil supor que todas as obrigações jurídicas advenham de um padrão moral universal único, haja vista, em especial, as disputas sobre qual seria esse padrão. De fato, se a crítica ao positivismo for válida, será porque a razão motivadora da obrigação jurídica está relacionada à moralidade de uma maneira menos direta. Como John Finnis observa: "[U]ma teoria do direito natural não precisa ter como sua principal preocupação [...] a afirmação de que 'leis injustas não são leis' [...] [mas] identificar os princípios dos limites do Estado de Direito (*Rule of Law*)" (Finnis, 1980, p. XII.1).

O elemento mais crucial na teoria do direito natural, tal como Finnis a compreende, é o "limite do Estado de Direito". Esse termo foi originalmente cunhado pelo professor de direito de Oxford, em fins do século XIX, A. V. Dicey, para indicar o que tomava como sendo a racionalidade e a imparcialidade inerentes ao direito privado sobre propriedade e contratos, em contraste com a parcialidade inerente ao direito público, legislado, orientado para bens sociais específicos.* Seguindo seus passos, alguns libertários contemporâneos, como F. A. von Hayek, afirmaram que qual-

---

* N. de R.T.: Nos países de tradição de *Common Law*, como a Inglaterra e os Estados Unidos, a maior parte do direito privado é *common law*, ou seja, direito casuístico derivado de costumes e precedentes judiciais, enquanto o direito público é, em geral, *statutory law* (direito legislado), sendo, portanto, intimamente ligado à política e aos atos do governo.

quer regulamentação governamental da economia, ou qualquer programa social que redistribua a riqueza privada de um indivíduo para outros, "politiza" o domínio do direito privado; portanto, viola o princípio do estado de direito. Em sua opinião, a interferência pública na esfera privada – mesmo quando empreendida por uma maioria democrática substantiva – mina o valor supremo a que se espera que o princípio do estado de direito sirva: a liberdade dos indivíduos de planejarem racionalmente suas vidas de acordo com regras fixas do mercado e do direito privado (Hayek, 1960, p. 153-154, 227-228).

Como observado anteriormente, os limites impostos aos funcionários governamentais pelo estado de direito de fato limitam o uso arbitrário do poder jurídico. Finnis e outros teóricos do direito natural também concordariam com Dicey e Hayek na ideia de que o estado de direito é necessário para propiciar um sistema jurídico relativamente estável, no âmbito do qual qualquer pessoa racional pode livremente planejar sua vida. No entanto, ao contrário de Dicey e Hayek, os teóricos do direito natural afirmariam que o estado de direito não exige a rígida separação entre direito publico e privado, uma vez que o objetivo do estado de direito não é apenas proteger a liberdade individual do poder arbitrário do governo, mas também promover a justiça e o bem público.

Finnis, por exemplo, argumenta que o estado de direito visa eliminar uma ampla faixa dos poderes governamentais arbitrários, entre os quais:

a) fazer, aplicar e executar o direito de maneira a visar apenas a promoção do interesse de um grupo em oposição ao interesse de todos (ao bem comum);
b) usurpar a autoridade justa de outrem a quem foi delegado responsabilidade para fazer, aplicar e executar o direito;
c) fazer leis que violem as exigências formais de garantir a segurança jurídica (*fair warning*)* e negar às pessoas "a dignidade da autodireção de suas vidas", como leis secretas ou retrospectivas;
d) aprovar leis que são substantivamente injustas, como aquelas que de maneira não razoável permitem ou mesmo exigem o tratamento desigual de diferentes classes de pessoas ou aquelas que, também de maneira não razoável, negam um direito fundamental a todas as pessoas (Finnis 1980, p. XII.2).

---

* N. de R.T.: Trata-se de segurança jurídica dada através da prévia publicação das leis, de modo que os cidadãos saibam com antecedência quais regras jurídicas regem suas vidas.

Evidentemente, esses limites para fazer, aplicar e executar o direito distinguiria a obrigação jurídica no sentido de Hart da coerção jurídica arbitrária no sentido de Austin. Nesse caso, o positivismo jurídico acarretaria indiretamente uma moralidade mínima. Joseph Raz concorda com isso. Em sua opinião, mesmo um sistema jurídico injusto deve excluir certas formas de arbitrariedades morais, que se enquadrariam nos itens (b) e (c) citados anteriormente. Para ser mais preciso, as leis devem ser

a) prospectivas;
b) relativamente estáveis;
c) feitas em conformidade com regras secundárias claras;
d) aplicadas por um judiciário independente;
e) aplicadas em audiências públicas e justas;
f) suscetíveis de recurso judicial a instâncias superiores;
g) aplicadas em tempo, sem excessivas delongas e custos processuais;
h) livre da discrição arbitrária de órgãos de combate ao crime.

Raz prossegue afirmando que essa concepção instrumental do estado de direito é compatível com leis e sistemas jurídicos – tais como sistemas jurídicos que permitem a escravidão e a discriminação racial ou que negam liberdades básicas para alguns sujeitos de direito – que não visam realizar a justiça ou o bem comum.

Porém, teóricos do direito natural podem questionar se o estado de direito é moralmente neutro como pretende Raz. Segundo Raz, leis e sistemas jurídicos que incorporam o princípio do estado de direito podem visar propósitos moralmente maus e injustos, desde que respeitem a liberdade e a dignidade dos indivíduos como agentes racionais de escolhas. Mas essa "moralidade interna" (como Lon Fuller se refere a ela) contém um nível mínimo de justiça e correção. Ela satisfaz o princípio da justiça formal ao tratar todos como igualmente submetidos ao direito e igualmente capazes de racionalmente cumpri-la. Escravos, assim como senhores, devem ser informados o que direito é a fim de que todos os envolvidos possam planejar suas vidas em conformidade com ele. O sistema jurídico satisfaz o princípio da justiça substantiva ao tratar cada indivíduo como um agente racional, livre, com certos direitos básicos. Finalmente, o estado de direito satisfaz o bem comum por criar um quadro estável, permitindo que as pessoas persigam o bem próprio ou social.

Teóricos do direito natural argumentam, e Raz concorda com eles, que essa interpretação moralmente minimalista do estado de direito não é suficiente para dar conta da obrigação jurídica. Nos termos de Fuller, estabelece apenas uma obrigação *prima facie* ou uma obrigação que vale na medida em que outras condições estão satisfeitas (Fuller, 1969). Quais são essas outras condições? Suponhamos que um sistema jurídico produzira uma lei ruim ou injusta. Para Finnis esse fato isoladamente não justificaria necessariamente descumprir a lei. A seu ver, nossa obrigação *prima facie* de obedecer à lei é relativa ao grau em que o sistema jurídico inteiro incorpora o estado de direito – algo que depende da satisfação relativa dos quatro fatores antes mencionados. No entanto, contrariamente à compreensão de Raz do estado de direito, duas dessas condições (a e d) referem-se explicitamente a condições morais – as intenções morais dos legisladores e a justiça e a correção substantivas da própria lei – que transcendem a "moralidade interna do direito" tal como Fuller a compreende. Segundo Finnis, nossa obrigação *prima facie* de obedecer pode ser superada se a lei impuser uma injustiça ou um dano grave, tal como escravidão ou discriminação racial, ou se sua intenção básica for o de promover interesses parciais de uma classe particular de pessoas de um modo que não mantém relações com o bem comum (por exemplo, através da concessão não competitiva de contratos de construções públicas apenas àquelas empresas que contribuíram para o fundo de campanha do governante eleito).

A síntese hegeliana de direito e moralidade

Se Finnis estiver certo, não é apenas o estado de direito que está em jogo na explicação da obrigação jurídica, mas também a justiça e a correção substantivas do próprio direito. Segundo essa teoria, a justiça e a correção de uma lei particular não é algo que esta possui separadamente da justiça e da correção do sistema jurídico como um todo do qual ela é parte; e a justiça e correção desse sistema não são algo que *ele* possui separadamente da justiça e correção da sociedade mais ampla da qual *ele* toma parte.

A maneira holística de compreender como leis particulares e o organismo "moral" no qual elas operam, se apoiam e se definem reciprocamente é exemplificada na teoria dialética do direito natural do filósofo alemão do século XIX Georg Wilhelm Friedrich Hegel (1770-1831). Hegel criticara tanto o positivismo quanto as teorias idealistas do direito por negligenciarem a totalidade histórica viva, da qual o direito é uma parte. O positivismo considera o direito simplesmente como uma instituição coercitiva, objetiva, separada da vida espiritual interna de sujeitos morais que valorizam suas liberdades. O idealismo erra na direção oposta, considera o direito como uma ideia da razão *e* um ideal de liberdade, separado das realidades institucionais objetivas.

Esse idealismo é o principal defeito que Hegel detecta na teoria jurídica de seu predecessor Immanuel Kant. Kant havia afirmado que todas as leis poderiam ser justificadas por um único princípio de justiça jurídica: "que suas ações externas sejam tais que o livre emprego de sua vontade possa coexistir com a liberdade de todos de acordo com uma lei universal" (Reiss 133).* Esse princípio, por sua vez, era supostamente justificado por um único imperativo moral que poderia ser conhecido com certeza racional, o Imperativo Categórico, que comanda que a "máxima" de seu comportamento seja tal que possa ser querida como uma lei universal. Para Hegel, tanto o Imperativo Categórico quanto o princípio supremo do direito são por demais abstratos e vagos para "determinarem" a natureza e o escopo específicos de nossos direitos jurídicos concretos. Kant afirma que esses princípios universais nos obrigam sem exceção; de fato, eles reduzem a substância do direito à forma unitária da consistência lógica: tratando da mesma maneira pessoas e situações.

Como nota Hegel, as leis não podem ser reduzidas dessa maneira "uma vez que a unidade pura constitui a essência da [noção kantiana de] razão prática, falar de um sistema de moralidade está tão fora de questão que nem mesmo uma pluralidade de leis é possível" (Hegel 1975, p. 75).** As leis devem ser sensíveis às circunstancias excepcionais e aplicadas judiciosamente. Além disso, elas servem a muitas funções que vão além de assegurar a liberdade e o tratamento equânime. Por exemplo, algumas delas visam maximizar o bem-estar social, o que não precisa visar diretamente assegurar a liberdade ou o tratamento equânime de todos.

Uma explicação estritamente formal do direito natural negligencia, pois, "a pluralidade do direito". Mas como teórico do direito natural, Hegel concorda com Kant que a unidade racional deve estar na base dessa plura-

---

* N. de T.: Kant, *Metaphysische Anfangsgründe der Rechtslehre*, AB34-5.
** N. de T.: Hegel, Georg Wilhelm Friedrich. *Sobre as maneiras científicas de tratar o direito natural*. São Paulo: Loyola, 2007, p. 61.

lidade. Mas a unidade que tem em mente é antes dialética que formal: vê as funções jurídicas diferenciadas como mutuamente complementares de um modo não redutivo. A relação entre moralidade e juridicidade é vista também dessa maneira. A grande inovação de Hegel foi mostrar que moralidade e juridicidade estão efetivamente vinculadas conceitualmente na prática cotidiana, ainda que possam ser analiticamente distintas na teoria abstrata. Concebida abstratamente, a moralidade designa deveres que nos impomos livremente, ao passo que o direito designa direitos e deveres que nos são impostos, frequentemente contra nossa vontade. Portanto, a moralidade e a juridicidade podem colidir. No entanto, concebida praticamente, não podemos imaginar as pessoas exercendo a liberdade moral fora de um quadro jurídico. Ao limitar nossa liberdade de infringir a liberdade de outros, o direito torna possível uma esfera geral de ação livre, na qual a escolha moral se torna primeiramente possível. E desse modo nossas escolhas morais "subjetivas" são "determinadas" e "realizadas concretamente" por leis objetivas.

> A moralidade objetiva, que toma o lugar do bem [moral] abstrato, é substância tornada concreta pela subjetividade [...] [essa esfera] [...] tem um *conteúdo* fixo que é necessário por si, e cuja existência é elevada acima das opiniões e preferências subjetivas: são as leis e instituições que possuem ser em si e por si. (Hegel, 1991, §144)[*]

O inverso também é verdadeiro: o direito depende da moralidade. A obrigação jurídica, separada de qualquer reconhecimento livre do valor moral do direito, torna-se indiscernível da força arbitrária – a verdadeira antítese do estado de direito.

Para Hegel, a moralidade e o direito complementam-se mutuamente, de modo que um não pode ser compreendido plenamente sem o outro. De fato, para Hegel, a interdependência conceitual liga o direito (considerado em abstrato) à família, à sociedade civil, ao estado e a todas as outras categorias abstratas das relações humanas que constituem a sociedade. Da perspectiva metodológica, isso significa que nossa compreensão de uma categoria qualquer considerada abstratamente, por exemplo, o direito, é muito incompleta até termos compreendido suas conexões concei-

---

[*] N. de T.: Hegel, Georg Wilhelm Friedrich. *Princípios da filosofia do direito*, tradução de Orlando Vitorino, São Paulo: Martins Fontes, 2003.

tuais necessárias com todas as outras categorias. Pois a totalidade de uma sociedade viva é refletida em cada uma de suas partes.

Se aceitarmos essa compreensão "dialética" do vínculo conceitual entre o que seria, de outro modo, visto como categorias "opostas" (moralidade e direito), então devemos aceitar a compreensão segundo a qual o que inicialmente pareciam ser categorias opostas são na verdade categorias mutuamente complementares, quando as compreendemos no contexto do sistema de categorias do qual tomam parte. Portanto, o melhor modelo para compreender o que é o direito é o modelo de um texto, no qual parte e todo se definem mutuamente.

Minha compreensão de partes do texto cresce à medida que tenho uma compreensão da totalidade do texto e, por outro lado, o entendimento das partes do texto obviamente contribui para a minha compreensão de sua totalidade. A mesma relação circular ocorre no direito. Cada lei e cada julgado devem ser entendidos como se fossem uma sentença em um mais amplo e coerente texto – o sistema jurídico. Por outro lado, o sistema jurídico deve ser compreendido como parte de um texto mais amplo, compreendendo os valores morais da sociedade e os princípios de justiça. Ao lermos esse texto, devemos tratá-lo com a mesma caridade que concedemos a qualquer outro. Devemos presumir que ele possui coerência e integridade perfeitas. Por óbvio, ao realmente procurarmos compreender o texto, encontraremos partes que não são inteiramente consistentes. Por exemplo, encontraremos normas e decisões judiciais que parecem contradizer outras, talvez mais básicas. Em casos semelhantes a esse, teremos que reinterpretar o direito de maneira a maximizar sua coerência, ainda que isso signifique desconsiderar partes que pareçam não se adequarem ao "espírito" geral do direito. Porém, isso não é tudo. Interpretações repetidas do direito – exatamente como leituras repetidas de um texto – revelarão novas camadas de significado e novas indicações morais. Portanto, nossa compreensão do direito está sempre mudando. Em termos hegelianos, o significado implícito (vago e abstrato) do direito – e, em particular, no tocante às ideias morais que o sustentam – é tornado cada vez mais explícito pelos esforços repetidos na reflexão sobre sua coerência, seu significado e seu propósito profundos. Esse processo de "tornar mais explícito" ocorre sempre que concedemos às ideias jurídicas um significado normativo legal e aplicamos a casos concretos. A legislação e as decisões judiciais progressivamente aprimoram assim o direito, segundo a ideia original que o anima.

Igualdade, discriminação e integridade: a teoria do direito de Ronald Dworkin

Nenhum filósofo do direito de língua inglesa defendeu essa abordagem idealista do direito de maneira mais vigorosa do que Ronald Dworkin. Embora não cite Hegel em seu modelo, Dworkin afirma que os sistemas jurídicos consistem de leis no sentido estrito (regras prescritivas) e de princípios morais não explicitados que delineiam uma filosofia de governo que pode ser vista como justificando o sistema como um todo. Para ver como essa teoria opera, consideremos um caso famoso na jurisprudência americana, *Brown versus Secretaria de Educação de Topeka* (1954). A decisão unânime e histórica da Corte Suprema estabeleceu a inconstitucionalidade das escolas públicas segregadas racialmente, com base no fato de estas negarem às crianças negras o direito à igual educação. A decisão era controvertida, porque marcou um afastamento radical dos precedentes estabelecidos. Em uma decisão histórica anterior, *Plessy contra Ferguson* (1896), a mesma corte confirmou as *Leis de Jim Crown** que determinavam a segregação racial nos estabelecimentos.

Qual decisão era correta – *Brown* ou *Plessy*? Tanto num caso quanto no outro se apelou para a Décima Quarta Emenda à Constituição (1868),** que afirma que nenhum Estado pode "negar a alguma pessoa em sua jurisdição a proteção equânime das leis". Escrevendo pela maioria no caso *Plessy*, o juiz Henry B. Brown afirmou que a segregação racial como tal não estampa uma "marca de inferioridade" nos negros e, mais importante, observava que mesmo o Congresso fizera passar uma lei exigindo "escolas separadas para crianças de cor no Distrito de Columbia" (Arthur 1989, p. 218). Parecia manifesto a Brown que os mesmos legisladores que esboça-

---

* N. de T.: Denominação usada para leis locais e estaduais, vigentes entre o final do século XIX e os meados da década de 1960, que estabeleciam medidas de segregação racial – entre as quais a exigência de que escolas públicas e outros locais públicos (incluindo trens e ônibus) tivessem instalações separadas para brancos e negros. São assim denominadas em razão de um personagem, Jim Crown, de shows de menestréis (brancos frequentemente com a cara tingida).

** N. de R.T.: A Décima Quarta Emenda da Constituição Americana é dividida em cinco seções, sendo que o objeto de discordância explicado pelo texto refere-se à primeira: "Todas as pessoas nascidas ou naturalizadas nos Estados Unidos, e sujeitos à sua jurisdição a partir de então, são cidadãos dos Estados Unidos e do Estado no qual residem. Nenhum Estado poderá fazer ou aplicar qualquer lei que possa limitar privilégios e imunidades dos cidadãos dos Estados Unidos; nem poderá qualquer Estado privar qualquer pessoa da vida, da liberdade ou da propriedade sem o devido processo legal, nem negar a qualquer pessoa dentro de sua jurisdição a igual proteção das leis".

ram a Décima Quarta Emenda e aprovarem a lei escolar presumiam não haver nenhum conflito entre a segregação racial e proteção equânime. De fato, como o próprio Dworkin observa: "o supervisor da carta dos direitos civis que precedeu a Emenda afirmara para a Casa que 'direitos civis não significam que todas as crianças devam frequentar a mesma escola'" (Dworkin, 1986, p. 360).

Do ponto de vista do positivismo jurídico e de uma compreensão moralmente minimalista do estado de direito, a decisão conferida no caso *Plessy pareceria* ser a decisão correta. Isso não significa que era *moralmente* correta, mas apenas *juridicamente* correta. Todavia, assim como a maioria dos juristas norte-americanos atuais, Dworkin discorda disso. Para ver por que, examinemos mais detalhadamente a decisão no caso *Brown*. Escrevendo pela corte, o juiz Earl Warren observou que as intenções daqueles que apoiavam a Décima Quarta Emenda eram tão diversas – alguns proponentes acreditavam que a Emenda permitia escolas segregadas, enquanto outros sustentavam que "removia todas as distinções jurídicas" entre cidadãos – de sorte que o recurso a tais intenções apenas sugere que o significado da Emenda é, na melhor das hipóteses, "inconclusivo" no tocante à legalidade de escolas segregadas. Mas Warren prossegue afirmando que mesmo se o significado normativo da Emenda, tal como pretendido pelos seus elaboradores, fosse conclusivo – ao presumir a compatibilidade entre escolas segregadas e proteção equânime – esse fato isoladamente não teria exaurido o significado moral e filosófico mais profundo da Emenda.

Qual é esse significado? Warren observa que "estabelecimentos escolares separados são inerentemente desiguais" porque, contrariamente ao Juiz Brown, a intenção subjacente é estigmatizar minorias raciais como inferiores, fornecendo-lhes estabelecimentos inferiores. Ecoando a fala do Juiz John Harlan no caso *Plessy* ("[...] a separação arbitrária de cidadãos [...] é uma marca de submissão totalmente inconsistente com a liberdade civil e com a igualdade perante o direito estabelecidas pela Constituição.") [Arthur, 1989, p. 219], Warren defendeu que, mesmo se os estabelecimentos separados oferecidos aos negros *tivessem* sido iguais, a mera separação os teria estigmatizado como inferiores, e isso teria afetado suas motivações para aprender. Aceitar esse fato sociológico, no entanto, não demonstra que estabelecimentos iguais, que soem ser motivados por intenções racistas, violam a cláusula de igual proteção da Décima Quarta Emenda. Se os negros recebem a mesma educação que os brancos, mas em escolas diferentes, não estarão eles recebendo igual proteção?

Segundo Dworkin, o argumento implícito de Warren contra essa interpretação da Décima Quarta Emenda recorre ao significado filosófico mais profundo da Emenda, tal como refletido nas noções fundadoras da Constituição americana. Essas noções giram em torno da virtude moral encarnada no estado de direito: o respeito à dignidade dos indivíduos. A cláusula de proteção equânime da Décima Quarta Emenda versa de fato sobre proteger a igual dignidade de todos, não importando a raça. No contexto americano, essa ideia – de tratar com igual respeito – acarreta que todos têm direitos civis e políticos iguais. Mais ainda, acarreta mostrar igual cuidado pelos interesses de todos. Evidentemente, aquilo que significa conceder ao povo direitos políticos e civis iguais e mostrar igual cuidado com o seu bem-estar é matéria de interpretação, sobre a qual Dworkin despendeu muita energia. Todavia, como quer que seja interpretado, nenhum desses dois sentidos de mostrar igual respeito por todos, tomado independente e separadamente, é suficiente para justificar a decisão de Warren. Podemos ainda imaginar que sejam dados direitos iguais aos negros e que seus interesses sejam igualmente considerados no âmbito da educação "igual, mas separada". Assim, o princípio de respeito equânime deve incluir um quarto elemento: não deve ser motivado por preconceitos que visem denegrir um grupo selecionado de cidadãos (Dworkin, 1986, p. 384).

Dworkin crê, portanto, que a interpretação de igual cuidado e respeito por todos fornece a melhor interpretação geral da Décima Quarta Emenda como uma enunciação de princípios da filosofia americana de governo. No entanto, a interpretação de Dworkin é neutra com respeito a duas abordagens possíveis do direito: uma que é *indiferente* a cor e outra *sensível* a cor. Uma abordagem do direito que proíba o uso de todas as categorias raciais seria consistente com a decisão no caso *Brown*, se presumirmos que tais categorias têm o efeito, intencional ou não, de denegrir um grupo racial selecionado. Todavia, uma abordagem que permita o uso de categorias raciais poderia também ser consistente com a decisão no caso *Brown*, desde que não tivessem e nem se pretendia que tivessem o efeito de denegrir um grupo racial particular. De fato, como diz Dworkin, uma abordagem sensível à cor, satisfazendo essas condições (a abordagem da *origem* proibida), pode até mesmo ser uma interpretação melhor do princípio de igual respeito e igual cuidado do que a abordagem indiferente a cor, uma vez que a primeira permitiria leis de ações afirmativas que autorizariam conceder a minorias raciais preferência na admissão às escolas de educação superior como compensação parcial pelos efeitos continuados da discriminação racial passada e presente: "se raça fosse uma categoria proibida porque as pessoas não podem escolher suas raças, então inteligência, bagagem geográfica e aptidões físicas teriam que ser categorias proibidas também. Assim [um juiz prudente agindo com base em princípios jurídicos] rejeitará a teoria da igualdade com categorias proibidas..." (ibid., p. 394-396).

Dworkin assume que *apenas* uma interpretação do princípio de igualdade condiz com a jurisprudência americana atual e justifica essa prática, a saber, a interpretação que permite tratar diferentes classes de pessoas de maneira diferente a fim de mostrar igual respeito e cuidado por todos. Não se deve demonstrar igual respeito por pessoas cegas, permitindo-lhes que dirijam, mas lhes fornecendo indicações sonoras e sinais traduzidos para o Braile, cães-guia e rendas suplementares da seguridade social para obterem a ajuda necessária. De maneira análoga, não se mostra igual respeito e cuidado pelos negros meramente permitindo-lhes frequentar as mesmas escolas que os brancos se as políticas de admissão das escolas ainda discriminam os negros. De maneira geral, não há uma maneira de princípio para o direito predizer quais diferenças naturais e sociais "imerecidas" pesam sobre a capacidade das pessoas de serem tratadas com igual respeito e zelo; portanto, não há uma maneira de o direito determinar terminantemente que categorias raciais devem ser banidas do direito, e categorias atinentes a deficiências, inteligência inata, e assim por diante, não devem.

Avaliando Dworkin

A teoria do direito de Dworkin tem muito em comum com o tratamento jusnaturalista defendido por Finnis. Ambos ajudam igualmente juízes e cidadão a determinarem quais decisões jurídicas são realmente leis que nos obrigam no sentido forte do termo. Tanto Dworkin quanto Finnis afirmam que temos uma obrigação *prima facie* de obedecer qualquer decisão fornecida por um sistema que cremos satisfazer minimamente o princípio do estado de direito. No entanto, acrescentam que essa obrigação pode ser superada no caso de leis que sejam profundamente injustas, pois tais leis não se ajustam aos princípios morais subjacentes que emprestam coerência filosófica ao sistema jurídico. Leis profundamente injustas não são cogentes, porque não são parte do direito como esses princípios o definem.

Todavia, há também algumas diferenças importantes entre a teoria do direito de Dworkin e o tratamento jusnaturalista. Segundo Finnis, o caso *Plessy* violou um princípio moral de respeito igual, que é reconhecido pela *razão* como universal e imutável para todas as sociedades. Para Dworkin, *Plessy* violou um princípio moral de respeito igual que *não* é conhecido pela razão, mas pelo *entendimento histórico* e que, portanto, *não* é universal e imutável. Em sua opinião, o princípio é o resultado da interpretação ou do fato de procurar dar o melhor sentido a um sistema jurídico específico que tem sua particular história própria. Conforme o sistema se desenvolve no desenrolar do tempo, assim também seu princípio básico evolui.

O direito como interpretação: Gadamer e Dworkin

Dworkin recorre ao filósofo alemão Hans-Georg Gadamer (1975) para explicar como um sistema jurídico evolui ao longo do tempo. Gadamer afirma que aplicar o direito a casos novos é semelhante a traduzir ou interpretar um texto do passado. Ao traduzir um texto do passado, devemos distinguir as motivações psicológicas estritas que o autor possivelmente teve ao escrevê-lo desde seu significado mais abstrato, pretendido ou não. Devemos fazer isso porque, em alguns casos, as motivações psicológicas do autor são desconhecidas ou, se conhecidas, múltiplas e potencialmente em conflito com o significado do texto. Mas o que é esse significado? O significado de uma palavra ou sentença pode "saltar à vista", mas isso raramente é o caso do significado do texto *como um todo*. O que *"vemos"* no texto como ele se desdobra perante nossos olhos é parcialmente função de expectativas e questões que trazemos ao lê-lo. Assim, interpretar um texto é um ato *criativo*; nos termos de Gadamer, envolve "fundir" a compreensão contemporânea do intérprete de seu mundo com a compreensão, frequentemente não familiar, do mundo projetado pelo texto.

Dizendo de outro modo, o significado duradouro do texto (como distinto das intenções do autor e do intérprete limitadas no tempo) resiste às mudanças do tempo por ser reaplicado (ou criativamente reinterpretado) a cada nova apropriação. A apropriação funde o significado do texto em um novo horizonte de compreensão. Nesse sentido, o significado muda de interpretação para interpretação. Mas se isso é assim, como podemos falar de um significado geral que permanece o mesmo através de todas as aplicações.

Como direi na conclusão, estudiosos da *Critical Legal Studies** e pragmatistas jurídicos (ou "realistas") tomaram esse fato acerca da natureza contextual da interpretação para concluir que não há um significado geral que possa ser liberado das diferentes interpretações do texto. Porém, se não há um significado geral que se ponha acima da diversidade de interpretações, como sabemos qual é a boa interpretação criativa?

Gadamer responde a esse dilema indicando que um processo de interpretação genuína – distinta da mera projeção de significado pessoal – é guiado pela *história efetiva* do texto. Ao longo do tempo, o processo de empregar um texto gera uma tradição autorizada de interpretação. Essa tradição guia o intérprete – supondo obviamente que ele esteja adequadamente imerso nessa tradição. A tradição é autorizada porque enfrentou o teste do tempo ou, antes, o teste das interpretações repetidas. Dessa maneira, interpretações tradicionais e originais de um texto controlam-se mutuamente; pois toda interpretação genuína da tradição envolve um diálogo simulado entre a tradição e o intérprete. O intérprete questiona aspectos da tradição que parecem anacrônicos ou incapazes de se ajustarem à sua própria compreensão atual. De maneira análoga, a tradição como um todo resiste ser facilmente assimilada no horizonte de compreensão pessoal do intérprete, forçando-o assim, a questionar seus próprios preconceitos.

O processo de interpretação textual, portanto, é semelhante a um diálogo por perguntas e respostas. Como qualquer diálogo, pressupõe uma tensão dinâmica: as duas partes já devem partilhar algo em comum – uma linguagem comum ou uma compreensão comum – para que o diálogo possa evoluir. Ao mesmo tempo, não podem ter tudo em comum; do contrário, não haveria necessidade do diálogo. Portanto, o diálogo – e a interpretação dialógica – deve ser concebido como preservando, tornando claro e melhor o que já era compreendido. Como na dialética de Hegel, cada novo ato de interpretação preserva o mesmo significado apenas enquadrando-o diferentemente – não como fora originalmente enquadrado, porque esse modo pode não estar acessível (ou falar) para os leitores contemporâneos, mas de uma maneira que será significativo para eles. Isso se aplica ao direito também, que consiste de textos jurídicos cujos significados foram repetidamente modificados e redefinidos através de

---

* N. de T.: Movimento anglo-americano que emprega os métodos da Escola de Frankfurt para a análise de temas de filosofia e fundamentação do direito. Esse movimento é designado também pelo acrônimo CLS (que será empregado no capítulo final desta obra) ou pela abreviatura Crits.

uma história de interpretação contínua. Desse modo, podemos conceber o direito como um processo de "purificar-se", progressivamente concretizando (ampliando e aprofundando) a sua ideia original.

Dworkin *versus* Hart

Por um lado, percebemos uma diferença sutil entre Dworkin e Gadamer; e Hart, por outro, concernente à maneira como o discernimento judicial, estende o significado do direito. Os dois lados concordam que, nos termos de Hart, "leis são por essência e incuravelmente incompletas e precisamos decidir em particular os casos na penumbra pela remissão às metas sociais" (Hart, 1958, p. 515). Em outras palavras, os dois lados concordam que, quando a lei expressamente enunciada silencia-se acerca de como deve ser aplicada a um caso novo ou "difícil", o juiz deve transcendê-la e entender os objetivos subjacentes – morais e não morais – que seus autores pretendiam. No entanto, Hart diria que o juiz deveria recorrer a esses objetivos apenas para assegurar que sua interpretação estivesse conforme a eles, e não deveria endossá-los ou avaliar criticamente a consistência deles com princípios filosóficos e morais mais profundos.

Dworkin discorda: o juiz deve, algumas vezes, reavaliar a justificativa moral mais profunda da lei a fim de *fazer o sistema jurídico inteiro, incluindo a filosofia moral, ser o melhor possível*. Se os propósitos almejados pelos autores da lei não se "ajustam" à melhor filosofia moral que explica o sistema jurídico em sua totalidade, eles – e a lei que subscrevem – podem ser rejeitados em favor de outros propósitos e leis mais adequados. Ademais, os propósitos e as leis originais podem ser rejeitados mesmo no caso de serem mais conformes aos precedentes jurídicos existentes do que aqueles que são moralmente superiores. É isso o que ocorreu quando a decisão do caso *Brown* efetivamente suplantou a do caso *Plessy*. O propósito subjacente a *Plessy* era oferecer aos negros o mesmo tipo de estabelecimentos a que os brancos tinham acesso, porém de qualidade inferior – de acordo com ideias racistas comumente aceitas acerca da inferioridade natural dos negros. Esse propósito, no entanto, mostrou-se inconsistente com a genética moderna e – mais importante – com propósitos filosóficos profundos subjacentes ao respeito equânime que dá solidez à integridade geral do sistema jurídico americano.

Um positivista jurídico como Hart poderia admitir que os propósitos subjacentes ao significado de uma lei podem ser interpretados diferentemente conforme o nível de generalidade que é procurado. Nesse sentido, podemos dizer que o propósito concreto visado pela maioria da corte no caso *Plessy* – prover estabelecimentos iguais, mas separados – contradizia seu propósito mais geral, ou seja, o propósito filosófico e de princípio, que era o de assegurar o respeito igual. Com efeito, esse era o núcleo da discordância do juiz Harlan. Compreendido dessa maneira, Hart pode admitir progresso moral no direito, no sentido em que propósitos morais específicos subjacentes às práticas jurídicas – tomadas, por exemplo, dos relatórios do comitê legislativo – podem ser criativamente estendidos, chegando ao ponto de revisar, ainda que não intencionalmente, esses propósitos de modo tal que outros alegariam ser moralmente progressivo. Um positivista como Hart poderia ter concordado com *Brown*, afirmando que o princípio de equanimidade cego à cor que o juiz Warren invocara *era* o *principal* propósito da Décima Quarta Emenda.

No entanto, Hart poderia ter concordado com *Brown*, ainda que esse não fosse o caso. O princípio da justiça cega à cor poderia ter sido apenas um dos propósitos *subordinados* que aqueles que promulgaram a Décima Quarta Emenda subscreviam. Supondo que este seja o caso, ao ajustar sua opinião a esse precedente jurídico, Warren tomou uma decisão *pessoal* de promover a princípio constitucional um propósito subordinado. Concebido dessa maneira, teria sido um erro (na leitura de Hart) presumir que houvesse apenas uma única decisão *correta* (ou que Warren pensasse que havia apenas uma decisão correta), a saber, a decisão supostamente ditada pela melhor filosofia moral. Ao enfrentar uma decisão difícil, na qual diferentes interpretações da lei parecem igualmente plausíveis, os juízes (como Warren) podem ser levados pela moralidade pessoal a decidir antes de uma maneira que de outra, mas devem estar conscientes da natureza juridicamente extrínseca pessoal de suas convicções morais ao tomarem a decisão.

Em resumo, Hart rejeita o progresso moral que depende de um juiz (distinto de um legislador) rever *intencionalmente* os propósitos morais que motivam uma lei específica na base apenas de uma filosofia moral. Faz isso não porque envolveria introduzir um componente inegavelmente *pessoal* no direito, um componente que não se encontrava ainda nele – isso Hart reconhece ser inevitável em alguns casos –, mas porque confunde o que *é* o direito com o que o juiz pensa que ele *deveria* ser.

Dworkin, obviamente, vê as coisas de maneira diferente. A filosofia moral que empresta integridade ao sistema jurídico tem uma existência objetiva no direito. É a interpretação crítica em curso dessa filosofia que dota o sistema jurídico de integridade, coerência e unidade, sem as quais não se poderia dizer que ele incorpora a estabilidade e a previsibilidade essenciais para o estado de direito. Embora o direito mude, geralmente muda segundo padrões que são previsíveis. A tradição viva do princípio jurídico é dirigida a um único fim ideal, de modo que, para todo caso difícil, há em princípio apenas uma interpretação correta.

A teoria do direito idealista é defensável?
A dialética e a (não) integridade do direito

Poderíamos dizer que, para Dworkin, qualquer sistema jurídico eficiente (genuíno) incorpora uma filosofia moral. Essa filosofia, no entanto, variará em cada sistema jurídico, mesmo que não varie no âmbito de um e o mesmo sistema jurídico. Mas isso origina uma questão interessante. Podemos dizer que o sistema jurídico americano existente após *Brown* é o mesmo que existia antes? Se toda nova interpretação da filosofia subjacente ao sistema produz um efeito de propagação que reverbera através de todo o sistema, não poderíamos dizer que o próprio sistema mudou – eventualmente a ponto de não ser mais o *mesmo* sistema?

Exploraremos essa possibilidade no próximo capítulo, ao examinarmos a teoria de Bruce Ackerman da reinterpretação constitucional revolucionária. Uma consequência da adoção desse ponto de vista é que a mudança jurídica não seria necessariamente tão estável e previsível como Dworkin pensa que seja. Ele crê que o caso *Plessy* estava errado na época em que foi decidido e que sua derrogação quase 60 anos após poderia ter sido prevista. Segundo ele, o princípio do tratamento equânime incorporado na Décima Quarta Emenda já acarretava que leis concebidas para propósitos de estigmatizar certa classe de cidadãos eram injustas – como a dissidência sonora do Juiz Harlans no caso Plessy torna copiosamente claro.

Seja como for, a interpretação de Harlan da equanimidade ("nossa constituição é cega à cor") não é a única interpretação correta – ou, se dermos crédito a Dworkin, nem mesmo a mais correta interpretação – do princípio da equanimidade da Décima Quarta Emenda. Ademais, a diferença entre concepções cegas à cor e concepções sensíveis à cor da equanimidade sugere que qualquer discurso sobre a unidade implícita (ou continuidade) é, na melhor das hipóteses, problemático. Talvez Dworkin pense que leis de ação afirmativa sensíveis à cor possam ser usadas como vias secundárias para alcançar a equanimidade cega à cor (pressupondo que seja a melhor interpretação do ideal de equanimidade que a constituição americana procura incorporar). Mas essa equanimidade cega à cor – como distinta da equanimidade multicultural sensível à cor – é o ideal constitucional dos Estados Unidos? Mais precisamente, como gerações de juristas brancos inteligentes podem ter falhado em perceber que a equanimidade era incompatível com instituições racistas? Seria o caso de a tradição constitucional americana exibir menos unidade e integridade do que pensa Dworkin? Poderia ser o caso de *Plessy* ter sido *corretamente* decidido – relativamente à filosofia jurisprudencial da igualdade na época?

Dworkin supõe que um sistema jurídico genuíno tem uma filosofia do direito unificada e historicamente consistente. A discussão anterior sugere que pode haver razões para duvidar disso. Como veremos na conclusão, tal *ceticismo interno* sobre a integridade moral do direito é parcialmente gerada pela existência de profundos conflitos sociais que parecem encontrar o seu fundamento *fora* do direito propriamente, nos sistemas econômicos, políticos e culturais da sociedade. Esses sistemas são integrantes do significado do direito da mesma forma que a moralidade e todos os outros ideais éticos da vida "espiritual"; formam o contexto prático mais amplo ou a totalidade da significância que molda nossas especulações filosóficas e morais. O "diálogo" – ou, para empregarmos uma expressão de Hegel, a dialética – entre esses significados distintos e opostos é formado por muitos outros diálogos, diferentes grupos econômicos, políticos e culturais lutando uns contra os outros, disputando o "direito" de impor sua própria filosofia ao sistema jurídico.

Conflitos morais como esses levaram Karl Marx a rejeitar o idealismo hegeliano de sua época como a mera tentativa de "racionalizar" contradições no sistema jurídico – de criar uma ideia abstrata de unidade jurídica, totalmente desvinculada da realidade social. Marx afirmava que o "idealismo de Estado" de Hegel era pensamento desejoso: talvez uma reação necessária ao desagregador "materialismo da sociedade civil", mas ainda assim falso. Hegel poderia estar certo que choques entre grupos específicos, disputando o poder econômico e político de uns sobre os outros, o sangue vital da sociedade civil, tende a se desintegrar na anarquia, a menos que as pessoas sejam persuadidas a se unirem em torno de ideais comuns que presuntivamente representem interesses comuns. Mas Marx insiste que esses interesses não possuem fundamento no mundo real do capitalismo, de sorte que os ideais que os refletem – como o estado de direito – são de fato apenas ideologias que principalmente promovem os interesses particulares das classes mais poderosas (Marx, 1994, p. 19)

Dworkin poderia ser culpado de sucumbir à mesma tentação ideológica? A pressuposição de unidade estimula uma abordagem caridosa da interpretação do direito, que nos encoraja a "encontrar" (e a criar) unidade nele. Porém, se a estrutura básica da interpretação é dialogal – um diálogo entre intérpretes, e não apenas um monólogo – então a falta de unidade deve estar presente também no direito, pois sem desacordo entre os pontos de vista dos intérpretes, o diálogo (a tentativa de *chegar* a um acordo) é sem razão de ser. De fato, quanto mais adotarmos a perspectiva externa de uma interpretação sociológica do direito através das lentes da economia, da política e da cultura, mais o direito emerge como prenhe de conflitos. Nesse caso, pode ser melhor renunciar ao princípio de caridade em favor de um tratamento mais crítico, "desconstrutivo", para interpretar o direito, um tratamento do tipo que examinaremos na conclusão.

RESUMO: POSITIVISMO, DIREITO NATURAL E DEMOCRACIA.

Nosso exame do debate entre positivistas jurídicos e teóricos do direito natural se mostra complexo em virtude de três questões. A primeira – o que é o direito? – é mais bem respondida pelo positivista. Hart não oferece uma definição de direito, mas oferece uma descrição sociológica de como reconhecer o direito. Algumas leis são manifestamente imorais, ainda assim as reconhecemos como leis. A segunda questão – a moralidade toma parte da interpretação do direito? – não é bem respondida nem pelo positivista nem pelo teórico do direito natural. Na ampla maioria dos casos, os juízes aplicam o direito sem que sejam obrigados a interpretá-lo. No entanto, ao tratarem de casos sem precedentes, a interpretação se faz necessária. Hart admite que os juízes precisam usar discernimento moral pessoal para fazer a escolha entre interpretações igualmente compatíveis. De fato, Hart acaba por concordar com Dworkin que a moralidade é às vezes necessária para identificar o direito. "O positivismo mitigado admite que a identificação do direito dependa do tema controverso da conformidade com a moral e com outros juízos de valor" (Hart, 1991, p. 251). Hart tem em mente leis como a Décima Quarta Emenda à Constituição dos Estados Unidos, que contém expressões morais indefinidas. Como observei antes, a menção na Emenda a "igual proteção" contém uma ideia moral – lisura de tratamento – que não pode ser compreendida e identificada sem o envolvimento de juízos morais.

A terceira questão – o que distingue a obrigação jurídica da obediência baseada no medo? – clama uma resposta jusnaturalista. O fracasso de Hart em distinguir obrigação jurídica de comandos respaldados em ameaças sugere que a moralidade é inerente ao direito, ainda que indiretamente. Se *prima facie* temos a obrigação jurídica de obedecer a leis injustas, como alegam os positivistas, isso é assim porque elas são parte de um sistema jurídico maior que incorpora a moralidade. Uma maneira na qual o sistema jurídico incorpora a moralidade é pela fidelidade ao estado de direito. Embora haja alguma discordância acerca do que o estado de direito implica, podemos dizer que ele fornece um sistema de regras estáveis que facultam às pessoas planejarem suas vidas. Ainda que a principal razão para sustentar o estado de direito seja instrumental – porque torna possível a interação social eficiente e estável –, a razão secundária para sustentá-lo certamente deve ser seu "respeito moral" pela autonomia dos sujeitos jurídicos.

Porém, concebido de maneira mínima, o estado de direito não explica nossa obrigação *prima facie* de obedecer a leis muito injustas, como as Leis de Nuremberg, que proibiam relações sexuais entre "judeus" e "arianos". Mesmo que o sistema jurídico do Terceiro Reich tivesse encarnado o estado de direito, não teria encarnado outras ideias morais que associamos a um sistema de justiça e, assim, não possuiria a "moralidade interna" exigida para justificar a nossa obrigação de obedecer a essas leis.

Uma dessas ideias morais pertence à fonte do direito: *democracia*. Positivistas pensam que se uma regra de reconhecimento deposita o poder de legislar em uma legislatura democrática ou em um ditador isolado essa é uma questão irrelevante para o tema da obrigação jurídica. Mas isso é certamente um erro. Se as leis de Nuremberg tivessem sido o resultado de procedimentos democráticos legítimos, então pareceria que a obrigação *prima facie* de obedecer seria mais forte. Aqui lembramos a decisão do juiz Joseph Story da Corte Suprema dos Estados Unidos a favor da Lei do Escravo Fugitivo de 1793 (revisto em 1850) que, em consonância com o Artigo IV, Seção 2.3 da Constituição dos Estados Unidos, exigia que "pessoas mantidas a serviço ou trabalho em um estado [...] segundo as leis desse estado, ao escaparem para outro" fossem "entregues se reclamadas pela parte a quem tal serviço ou trabalho pode ser devido". Story, que se opunha à escravidão, acreditava que essa lei era profundamente injusta – e atualmente é provável pensarmos que é mais injusta do que a Lei de

Nuremberg proibindo a miscigenação –, mas manteve a Lei do Escravo Fugitivo porque tinha uma obrigação anterior em apoiar a Constituição.[1]

O raciocínio soa como se pudesse advir de um positivista jurídico. Story claramente distingue sua obrigação moral de sua obrigação jurídica. Mas nota que o direito no qual baseia a sua obrigação jurídica descende manifestamente de uma fonte moral: a vontade do povo. A Constituição dos Estados Unidos, como a maioria das constituições, é um documento que atribui o poder de legislar a uma câmara legislativa democraticamente eleita. A democracia possui um núcleo moral que falta em outros sistemas legislativos: respeita a liberdade equânime dos cidadãos de participarem do processo político que molda o direito. Diferentemente do estado de direito, que respeita a autonomia *pessoal* de *sujeitos privados* para planejarem suas vidas conforme o direito, a democracia respeita a autonomia *pública* dos *cidadãos* de se *darem* o direito. A liberdade pela autolegislação protege contra o poder arbitrário dos governantes – e assim serve para proteger o estado de direito – e, assim, sustenta o valor da *autodeterminação* ou autogoverno como a expressão suprema da responsabilidade moral.

Nossa obrigação *prima facie* de obedecer ao direito é mais forte no regime democrático porque a democracia respeita a dignidade igual dos cidadãos para determinarem seu destino coletivo. O princípio "uma pessoa, um voto", bem como a regra da maioria, exemplifica o espírito igualitário. Esses princípios expressam o valor moral da igualdade, mas não excluem formas arbitrárias de poder. Maiorias democráticas podem se comportar de maneira tirânica, e isso levou muitos a concluírem que a democracia não protege o estado de direito, como alegam seus defensores. No entanto, parece que nossa obrigação *prima facie* de obedecer ao direito é mais forte no regime democrático, pelo menos na medida em que é dada a todos os cidadãos igual oportunidade de influir no resultado do processo legislativo. Dito de outro modo, porque pensamos que as regras do jogo democrático são justas, aceitamos o resultado como também justo, mesmo se o julgarmos moralmente repreensível.

No próximo capítulo, veremos que as regras mais importantes para garantir a lisura do processo democrático são aquelas fornecidas pelo direito constitucional. De fato, o direito constitucional goza de uma autoridade privilegiada – sobrepujando as leis ordinárias promulgadas por legislaturas democraticamente eleitas – por conta de sua imparcialidade. O direito constitucional concretiza nossa obrigação *prima facie* de deixar a maioria falar por nós, ao formalmente dotar o mais humilde cidadão de direitos básicos que não podem ser infringidos pela maioria. É por isso que é corretamente visto como o núcleo moral do direito. Igualmente importante, a constituição estabelece os procedimentos de revisão judicial que protegem nossos direitos contra leis exorbitantes. Esses procedimentos, por sua vez, encontram sua justificação filosófica na separação entre o poder *político* – encarnado nos ramos executivo e legislativo – e os poderes *não políticos*, encarnados num judiciário imparcial. A questão que devemos examinar é *se* – e, se for assim, *como* – essa separação de poderes assegura o estado de direito que permite a todos e a cada um ver as leis democráticas da maioria como uma expressão de "nós, o povo".

NOTA

1. Stat. 452 at 119 (1850).

3
Direito constitucional: estrutura, interpretação e fundamentação

As constituições ocupam um lugar especial na filosofia do direito por conta de seu *status* elevado como regras últimas de reconhecimento. As constituições não são as únicas instituições que desempenham esse papel. O Reino Unido, por exemplo, não possui uma constituição escrita, mas tem outros documentos que, tomados em conjunto, estabelecem os direitos básicos e os correspondentes procedimentos para elaborar, julgar e executar o direito.

Constituições atraem nossa atenção por outra razão. Elas contêm o núcleo moral do direito. Ao dotar os cidadãos de direitos básicos, estabelecem a igualdade civil e política tão essencial para compreender porque somos obrigados a obedecer até mesmo às leis más. Normalmente, são os juízes que estão constitucionalmente dotados do poder de fazer cumprir esses direitos. Porém, como mostra a discussão exposta a seguir, sobre uma crise constitucional recente, esse poder é profundamente problemático.

**CRISE CONSTITUCIONAL: A ELEIÇÃO
PRESIDENCIAL DE 2000 E O PODER DA CORTE**

Nas últimas semanas de 2000, pessoas de todos os Estados Unidos e do resto do mundo ficaram obcecadas por uma batalha de moções jurídicas travada entre os advogados do candidato democrata, Al Gore, e seus adversários, representando as aspirações presidenciais do candidato republicano George W. Bush. A batalha era sobre se certos votos depositados na Flórida, com mais de uma marcação ou nenhuma, e que não haviam sido tabulados eletronicamente, poderiam ser manualmente re--examinados e contados no cômputo final. A Flórida, que detinha os votos decisivos na eleição, havia aparentemente dado a Bush a presidência por uma margem de poucas centenas de votos. A secretária de estado da Flórida, Katherine Harris, homologou a eleição, apesar das volumosas provas de que milhares de votantes tinham sido privados de seus direitos por cédulas eleitorais não computadas. A batalha jurídica entre a facção de Gore e a de Bush finalmente chegou à Corte Suprema da Flórida, que desautorizou Harris e ordenou a continuação da recontagem manual das cédulas duvidosas. Com a possível reversão da eleição pesando na balança, a Suprema Corte dos Estados Unidos interveio e, por uma decisão apertada de 5 a 4, decidiu em favor de Bush.

A Suprema Corte dos EUA agiu corretamente no caso *Bush versus Gore*? As decisões conflitantes de Harris e da Corte Suprema da Flórida eram, ambas, permitidas no âmbito dos poderes discricionários concedidos a eles pelo direito estadual e federal. Pode-se, portanto, razoavelmente presumir que o conflito entre eles deveria ser resolvido por uma autoridade mais alta – nesse caso, a Suprema Corte dos Estados Unidos, à qual é tradicionalmente concedido o papel arbitral para intervir em disputas entre setores do governo ou entre o governo federal e os governos estaduais. Todavia, embora a Constituição Americana possa dar à Corte o poder arbitral de intervir em casos como esse, não é certo que a Constituição lhe dê uma razão filosófica clara para agir da maneira como agiu. Afinal de contas, a Corte poderia ter confirmado a decisão da Corte Suprema da Flórida ou poderia ter recusado acolher o caso.

Uma razão dada pela maioria para derrubar a corte da Flórida era que a recontagem violava a Cláusula de Proteção Equânime da Décima Quarta Emenda. O juiz Antonin Scalia afirmou, por exemplo, que Bush teria sofrido "dano irreparável" se a recontagem continuasse. Essa alegação é discutível, uma vez que Bush poderia ainda questionar a legalidade de uma recontagem que lhe fosse desfavorável, ao passo que Gore ficaria inteiramente prejudicado sem uma recontagem. 'Embora a maioria dos juristas entendesse que o apelo de Scalia ao princípio de proteção equânime não era convincente, muitos deles sentiam diferentemente outra justificativa que dera: "contar primeiro e determinar a legalidade depois não é uma receita para produzir resultados eleitorais com a aceitação pública que a estabilidade democrática exige" (*Bush versus Gore*, 121 S.

Ct at 512). Esse argumento pressupõe, primeiramente, que permitir a recontagem teria ameaçado a estabilidade da democracia americana mais do que não a permitir e, em segundo lugar, que o objetivo preponderante da Suprema Corte em casos envolvendo eleições disputadas é promover a estabilidade.

Scalia estaria certo? Não se pode dar uma resposta clara sobre a primeira pressuposição, uma vez que uma crise constitucional parecia igualmente plausível ou implausível não importando como a corte decidisse. No entanto, o fato de uma esmagadora maioria de americanos haver escolhido viver segundo as decisões da corte não significa que a decisão era a melhor para promover a estabilidade.

Uma avaliação clara pode ser dada, creio, com respeito à segunda pressuposição. Para avaliarmos se a promoção da estabilidade deve ser o objetivo preponderante da Corte na solução de eleições disputadas, devemos inicialmente examinar a autoridade da corte para intervir no processo democrático como um todo. Como observei na conclusão do Capítulo 2, tal intervenção não pode ser considerada levianamente, visto que esse processo é amplamente reconhecido como conferindo legitimidade moral às eleições e a todos os outros resultados legislativos. A fim de examinar quando e por quais razões tal intervenção é justificável, precisamos inicialmente examinar sua justificação filosófica básica.

Essa justificação recorre à autoridade da Corte como um setor neutro do governo, separado dos ramos políticos do legislativo e do executivo. Essa separação dos poderes dota a Corte de um amplo direito de intervir no processo democrático ou, ao contrário, impõe-lhe o fardo de abster-se, salvo em circunstâncias extraordinárias? Se dotar a Corte apenas de um direito restrito de intervir, deve tal direito ser vinculado ao de assegurar a estabilidade e a legitimidade?

A SEPARAÇÃO DOS PODERES

Os fundadores da América acreditavam que a constituição que outorgasse a uma maioria legislativa poder ilimitado resultaria inevitavelmente em tirania, instabilidade *e* ausência de direito. A crença otimista deles na capacidade do cidadão comum de exercer o autogoverno judicioso colidia com a avaliação pessimista da humanidade conduzida pelo autointeresse. Portanto, intencionalmente infundiram na nova democracia características que limitava o poder das autoridades eleitas ou indicadas. Essas características incluíam:

a) dotar os indivíduos de *direitos básicos* como imunidades contra atos do governo federal (a Constituição tal como emendada pela Carta de Direitos [1789-1791]), posteriormente estendido a fim de incluir atos dos governos estaduais com a aprovação da Décima Quarta Emenda (1868);
b) dotar os Estados individuais de poderes limitados de soberania *vis-à-vis* o governo federal;
c) estabelecer um legislativo bicameral composto de um Senado, no qual cada Estado tem representação igual e uma Câmara de Deputados no qual cada Estado seria representado na proporção de suas populações;
d) delegar a eleição de senadores para os legislativos estaduais (posteriormente alterado para permitir a eleição popular dos senadores);
e) delegar a eleição do presidente a um colégio de eleitores cujos membros seriam escolhidos pelos estados individuais;
f) delegar a escolha dos juízes federais de indicação vitalícia ao presidente (com o consentimento do senado);
g) separar os poderes judicial, legislativo e executivo do governo;
h) estabelecer um sistema de *checks and balances** no qual cada poder poderia exercer poderes limitados sobre os outros.

Embora (b) comprovadamente desempenhe o papel principal na determinação relativa a se o caso *Bush versus Gore* deveria ser levado à corte federal, esse papel depende em parte, ao menos, de (g) e (h). No restante deste capítulo trataremos, sobretudo, desses dispositivos constitucionais. Um exemplo de (h) é o poder do presidente de vetar atos do Congresso e o poder correspondente do Congresso de anular o veto presidencial, sujeito à aprovação por dois terços de seus membros. Outro exemplo, mais próximo de nossas preocupações, é o poder da Corte Suprema de derrogar atos do executivo e do legislativo que forem julgados inconstitucionais.

---

* N. de R.T.: Como é conhecido o sistema americano de limitações mútuas entre os poderes do Estado, de modo a garantir que nenhum dos poderes se sobressaia perante os demais. A revisão judicial e o veto presidencial são exemplos.

Supremacia legislativa ou judicial? Dois tipos de legitimação

Pode ser interessante questionar se há uma alternativa ao modelo americano de separação e controle dos poderes. De fato, a tradição parlamentar europeia fornece uma interpretação em parte diferente da separação dos poderes que, por falta de termo melhor, chamarei de *mediação dos poderes*. Tanto Kant quanto Hegel adotavam essa interpretação, que pode ser compreendida como uma modificação da posição de Rousseau.

A posição de Rousseau baseia-se numa interpretação peculiar da relação entre democracia e legitimidade do direito. Segundo ele, nossa obrigação de obedecer à lei depende de nosso consentimento livre a ela. Não consinto livremente com a lei se a razão para agir assim for o medo da punição. Eu ajo assim apenas se me identifico com a lei como algo que eu quero (ou desejo). Porque aquilo que quero algumas vezes entra em conflito com o que outros querem, a lei pode ser livremente querida por todos nós apenas se expressa algo que todos queremos, a saber, nosso interesse comum em cooperar mutuamente para assegurar nossa autopreservação e o bem comum. Assim, ao consentir com a lei, necessariamente nos identificamos como partes de uma comunidade mais ampla, cuja vontade geral transcenderá nossas vontades particulares tomadas isoladamente.

"Legitimidade", no sentido de Rousseau, é apenas a ideia de que obedecemos ao direito porque pensamos que ele expressa a nossa vontade geral. Podemos pensar isso sem pensar que o direito realmente promove o interesse de cada um igualmente. Um cidadão poderia livremente consentir na lei contra a qual votara, desde que creia que a maioria que votara a favor tem uma avaliação melhor da capacidade da lei de promover o bem comum. O ponto importante na qualificação de Rousseau do consentimento é que a lei não precisa realmente promover o bem comum para que seja legítima, visto que as pessoas podem estar enganadas acerca disso. O que se faz necessário, no entanto, é que elas se identifiquem com o processo de deliberação coletiva e de votação. Rousseau cria que identificar-se a um processo de consentimento desse tipo só poderia ocorrer se os cidadãos – não os representantes eleitos – concedessem o assentimento público e oral à lei.

Estamos agora em uma melhor posição para compreender porque Rousseau promoveu o ramo legislativo do governo acima da executivo e do judiciário. O ramo legislativo é o coração e a alma da liberdade pública, ou autodeterminação, pelos quais o povo, ao deliberar em conjunto, continuamente reafirma seu liame coletivo e redefine o seu bem comum.

Não pode ser limitado por nenhum outro poder sem cessar de ser inteiramente livre e autolegislador. Por essa razão, Rousseau cria que a legitimidade do direito – inclusive a legitimidade do direito constitucional mais básico que subscreve a cooperação voluntária entre os cidadãos (o que, seguindo a convenção comum na época, ele denominou *contrato social*) – nunca era decidido em última instância por um voto dado. As pessoas não podem ser associadas contra suas próprias vontades, de sorte que mesmo a mais fundamental das leis deve ser continuamente relegitimada pelo questionamento ativo.

Essa noção *prospectiva* de legitimação não promove a estabilidade acima dos valores políticos. Pelo contrário, Rousseau cria que a aceitação passiva das decisões jurídicas passadas – a noção *retrospectiva* de legitimidade expressa na noção lockeana de *consentimento tácito* e pressuposta por Scalia em *Bush versus Gore* – é equivalente à escravidão, uma vez que permite que juízes e outros burocratas indicados nos acorrentem ao passado. Nesse aspecto, uma noção prospectiva de legitimidade se opõe ao controle e ao equilíbrio dispostos na constituição americana, que expressam pessimismo sobre a capacidade das pessoas de superarem suas diferenças na formação de uma vontade geral. No entanto, está inteiramente de acordo com o dispositivo constitucional de emendas e não é oposto à forma moderada de supervisão do executivo e do judiciário.

Com efeito, Kant e Hegel insistiram em formas de supervisão do executivo e do judiciário pelos poderes legislativos supremos da população mais fortes do que aquelas fornecidas pela filosofia do direito de Rousseau. Tal como Rousseau, rejeitavam efetivamente o sistema de *checks and balances* (Reiss, 1991, p. 141; Hegel, 1991, §§ 272-3); diferentemente dele, apoiaram um legislativo composto de representantes eleitos cujas deliberações seriam mediadas pelos outros poderes.

Hegel, por exemplo, recomendou que cada poder corrigisse a parcialidade dos outros. O legislativo deveria votar leis que fossem inicialmente propostas pelo executivo e pelo judiciário, visto que estes dispõem de "conhecimento concreto e visão do todo [...] e conhecimento das necessidades de poder do Estado em particular" (Hegel, 1991, § 300). O executivo e o judiciário não controlam o poder da legislatura, mas lhe dão uma compreensão mais racional do bem comum – no sistema parlamentar britânico, citado com aprovação por Hegel, o primeiro ministro é escolhido pelo partido majoritário e consulta uma burocracia imparcial (ibid., §§279-85; 300; 302; 308).

Hegel apresentou sua teoria de poderes mediados como uma crítica ao sistema de *checks and balances*. Tal sistema, acreditava, corresponde a uma sociedade tão carente de unidade que é incapaz de racionalmente articular uma vontade geral – uma caracterização que comprovadamente descreve os Estados Unidos no momento de sua fundação e que ainda o caracteriza em nossos dias. Assim, no meio da paralisia partidária, os americanos se voltam de maneira crescente para a Corte a fim de decidir seu destino político *e* eleger seu presidente.

O PODER DE REVISÃO JUDICIAL* NO CONTEXTO AMERICANO

Muitos afirmariam que *Bush versus Gore* contradiz a compreensão modesta dos Pais Fundadores sobre o papel do judiciário (Laden, 2002). Esse papel é implícito, mas não explicitamente enunciado, no Artigo III da Constituição Americana, o qual prevê uma Suprema Corte com jurisdição como instância de recurso sobre praticamente todos os casos que chegarem a ela envolvendo os direitos dos cidadãos, dos Estados ou do governo federal. Historicamente, o poder de revisão judicial não foi inteiramente reconhecido até o caso *Marbury versus Madison* (1803)** e foi exercido muito raramente nos 100 anos seguintes. No entanto, as poucas vezes em que a Corte Suprema exerceu a revisão judicial foram significativas. No

---

* N. de T.: A expressão original inglesa é *judicial review*, cuja tradução literal é "exame judicial" ou "revisão judicial", empregada no contexto dos estudos constitucionais para designar o poder de um tribunal de examinar a legalidade de uma decisão ou de um ato de pessoas de direito público, em particular, do legislativo e do executivo. Nesse sentido, essa expressão designa um instituto jurídico mais estrito do que aquele designado em português por "revisão judicial" (pois este se aplica mesmo a atos e decisões de pessoas de direito privado) e parece análogo ao procedimento denominado de "arguição de constitucionalidade". Todavia, a expressão "revisão judicial" vem vicejando na literatura jurídica em língua portuguesa, razão pela qual a empregaremos, mas o leitor deve ter em mente a peculiaridade do instituto jurídico anglo-americano.

** N. de R.T.: Caso paradigmático na história jurídica e constitucional norte-americana, no qual a Suprema Corte, pela primeira vez, declarou a inconstitucionalidade de uma lei, abrindo precedente para a doutrina americana da revisão judicial, pela qual o judiciário tem o poder de anular atos do legislativo e do executivo quando considerados incompatíveis com uma norma jurídica hierarquicamente superior, em geral, mas não necessariamente, uma Constituição escrita. No caso concreto, a Suprema Corte decidiu pela inconstitucionalidade do Ato Judicial de 1798 (que aumentava as prerrogativas da Suprema Corte para além das do Artigo III da Constituição Americana) e, em virtude disso, negou-se a se pronunciar sobre o caso concreto levado diante dela, por não considerar como sua prerrogativa, à luz da Constituição, julgar casos desse tipo. O argumento utilizado afirma que leis passadas em contrariedade à Constituição não são leis e que cabe ao judiciário dizer o que é o direito.

famoso caso anterior à guerra civil, *Dred Scott versus Sanford* (1857),* a Corte Suprema confirmou a Lei do Escravo Fugitivo e derrubou uma lei federal que estabelecia o Compromisso de Missouri, que havia tornado ilegal a escravidão em alguns territórios do país. No *Civil Right Case* (Caso dos Direitos Civis) (1882),** derrubou leis federais que visavam assegurar proteção equânime aos negros. Em *Lochner versus New York* (1905),*** a Corte derrubou a legislação que limitava o número de horas que os empregados poderiam trabalhar. Por quase 30 anos, a Corte continuadamente derrubou leis que regulamentavam rendimentos, condições de trabalho e trabalho infantil. Com o advento do *New Deal*, na década de 1930, a Corte gradualmente, e posteriormente de maneira drástica, inverteu sua posição. Nas várias décadas seguintes derrubou leis que eram racialmente discriminatórias, que favoreciam uma religião em detrimento de outra ou violavam liberdades civis ou políticas básicas, inclusive o direito a privacidade, o direito ao uso da contracepção e o direito ao aborto.

Como devemos compreender o papel do judiciário no exame da constitucionalidade das leis? Para responder essa questão, devemos compreender inicialmente o papel do judiciário como distinto do legislativo. Segundo uma interpretação desse papel, a tarefa única e própria do judiciário é *aplicar* as leis, e não elaborá-las. Atos legislativos produzem regras *gerais*, que usualmente não fazem referência a pessoas ou circunstâncias particulares. As decisões judiciais, pelo contrário, *produzem* aplicações que fazem referência a pessoas e circunstâncias particulares.

Rousseau defendeu essa divisão do trabalho com base no fato de regras gerais serem imparciais com respeito a interesses pessoais específicos, ao passo que decisões judiciais, que expressam julgamentos particulares sobre pessoas específicas não são. Mas Rousseau está claramente enganado nesse ponto. A forma geral de uma lei que proíba a mendicância não a impede de ser discriminatória contra os interesses do pobre. Portanto, contrariamente a Rousseau, pode-se dizer que é o judiciário, e não o legislativo, que melhor assegura a justiça imparcial. Nós encar-

---

* N. de R.T.: Neste famoso caso, a Suprema Corte decidiu que pessoas de origem africana nascidas ou trazidas para os Estados Unidos como escravos não eram cidadãos americanos nem estavam sob a proteção da Constituição, e que o Congresso não tinha legitimidade para proibir a escravidão.
** N. de R.T.: Série de decisões sobre casos semelhantes em que a Suprema Corte decidiu pela inconstitucionalidade de leis que visavam tornar ilegal a discriminação racial e/ou garantir melhores condições de vida à população afro-descendente, em particular, o fim da segregação racial.
*** N. de R.T.: Decisão em que Suprema Corte considerou inconstitucional uma lei do Estado de Nova York que estabelecia jornada de trabalho máxima de 10 horas diárias e 60 horas semanais, sob o argumento de que feria a liberdade de contratar.

regamos os representantes eleitos – não os juízes indicados – de fazer as nossas leis porque são os que mais diretamente respondem a nossos interesses particulares. E, pelo contrário, encarregamos os juízes, e não os políticos eleitos, de aplicar nossas leis porque estão isolados da política e têm um dever mais alto de manter o estado de direito como a encarnação da justiça e da imparcialidade racionais.

A posição segundo a qual os atos judiciais são inerentemente menos parciais que os legislativos pressupõe, evidentemente, que os juízes são mais racionais e mais bem informados – e mais dispostos a preferirem o bem geral – do que os representantes eleitos da população, e que isso por si só assegura a imparcialidade de seus julgamentos. Mas essa posição certamente é questionável, uma vez que a tomada de decisão judicial não é uma ciência matemática cujos resultados são infensos a tendências pessoais e indisputáveis.

A tentativa de capturar a diferença conceitual entre legislar e julgar em termos de uma distinção entre atos parciais *versus* atos imparciais fracassa. Mas talvez não haja uma diferença a ser capturada. Na tradição anglo-americana, juízes fazem adições substantivas aos casos que abrangem o *common law*. Em outras ocasiões também é exigido dos juízes que "legislem". Isso ocorre mais frequentemente quando as leis a serem aplicadas pedem interpretação e especificação adicionais, dada a ambiguidade no significado, vaguidão na aplicação ou ausência de qualificações suficientes. De fato, apenas se juízes não forem somente aplicadores da lei, a revisão judicial pode ser compreendida como uma anulação das leis julgadas inconstitucionais.

Revisão judicial: prós e contras

A revisão judicial parece ser necessária para solucionar disputas acerca do significado da constituição, formulada em termos muito gerais. Ao mesmo tempo, uma vez que parece conferir um poder supremo ao judiciário na decisão de legalidade, muitos criticaram o princípio da revisão judicial por transformar o judiciário num "poder despótico" (como expressou Thomas Jefferson).

Embora essa acusação seja normalmente dirigida contra o poder de revisão judicial sempre que ele pareça arbitrariamente exercido em benefício de interesses partidários – como certamente pareceu a alguns críticos de *Bush versus Gore* –, ela reflete na verdade duas preocupações distintas.

A primeira, familiar a nossa discussão de Rousseau, é dirigida contra a própria ideia de revisão judicial como fortemente usurpando o direito democrático do povo de decidir por si mesmo o que é o direito. Essa preocupação surge do fato de os juízes das Cortes Federais de Apelação e da Suprema Corte não serem eleitos, mas indicados pelo Presidente, dependendo de aprovação pelo Senado. Porque não são eleitos, não mantêm o mesmo padrão de responsabilização que se aplica aos legisladores e aos ocupantes de cargos eletivos do executivo. Se esses juízes fossem eleitos, poderiam ser exonerados do cargo pelo voto e substituídos por outros mais submissos à vontade popular (como ocorre no caso da Corte Suprema Estadual da Califórnia).

A segunda preocupação não se volta contra a ideia de revisão judicial, mas contra seu abuso. Tal abuso ocorre sempre que juízes das Cortes Federais de Apelação e da Suprema Corte não agem com suficiente atenção na adesão ao significado literal da Constituição, mas, ao contrário, baseiam suas decisões em ideologias morais pessoais. A segunda preocupação reflete a crença de que a Constituição deve ser politicamente neutra e imparcial, visto ser a lei suprema do país, a fim de ser aceita como verdadeiramente autorizada e obrigatória para todos.

Defensores da revisão judicial têm três respostas a essas objeções. Com respeito à primeira, Alexander Hamilton observou que "o judiciário [...] não tem poder sobre a espada, nem sobre o bolso [...]. Pode-se dizer que não possui nem FORÇA nem VONTADE, mas apenas julgamento, e deve depender, em última instância, da ajuda do executivo mesmo para a eficácia de seu julgamento" (Federalist Papers, 78).* Em outros termos, o judiciário é o ramo mais fraco do governo, uma vez que sua existência depende da aquiescência do Congresso, que tem o poder de criar e alocar as receitas tributárias necessárias para custear seu funcionamento, e suas decisões dependem do Presidente, que tem o poder de fazê-las cumprir. Defensores da revisão judicial afirmam adicionalmente que as complexidades jurídicas envolvidas na interpretação da Constituição exigem especialistas treinados, cujo conhecimento normalmente excede aquele do legislador médio. Finalmente, no tocante à segunda preocupação, os defensores mantêm que o isolamento do processo político pela estabilidade vitalícia permite aos juízes indicados serem mais imparciais em suas interpretações da Constituição. Juízes que devem concorrer ao posto são

---

* N. de T.: Hamilton, A.; Madison, J e Jay, J. *O Federalista*. In: *Escritos políticos*. São Paulo: Abril Cultural, 1979 (Coleção Os Pensadores).

avaliados pela conformidade de suas decisões àquilo que o povo quer e não àquilo que o direito exige.

Em geral, a defesa anterior aceita que a revisão judicial opere como um controle "elitista" sobre a tirania majoritária democrática, mas aceita esse limite ao governo popular como a única maneira de assegurar que o estado de direito prevalecerá sobre o império de tiranos populares menos benevolentes. Dito isso, nosso breve resumo das intervenções da Corte Suprema ao longo do século XIX e no início do século XX sugere que essa defesa, de bom grado, ignora os usos não benevolentes que a revisão judicial interpôs, obstruindo mudanças democráticas progressivas. Ademais, como nosso exame de *Bush versus Gore* sugere, deixa-nos com um paradoxo não resolvido: o estado de direito limita o próprio processo democrático que presumidamente o legitima.

A reconciliação de John Hart Ely entre democracia e revisão judicial

A solução de John Hart Ely para esses problemas equivale a defender o poder limitado da revisão judicial. Na medida em que os magistrados da Corte Suprema limitarem seus poderes de exame a "proteger os direitos dos indivíduos e dos grupos minoritários contra as ações da maioria", suas decisões não refletirão tendências pessoais e não entrarão em conflito com a democracia (Ely 1980, p. 69). Ely crê que juízes permitem que tendências pessoais obnubilem seus julgamentos sempre que projetam seus próprios valores acerca do certo e do errado em sua deliberação. A única maneira de impedir essa tentação é os juízes se aterem aos valores mais básicos subjacentes à Constituição.

> [Meu] ponto seria que os "valores" que o tribunal deve perseguir são "valores participativos" [...] uma vez que esses são os "valores" (1) com os quais nossa Constituição se preocupa preeminentemente e com mais sucesso; (2) cuja "imposição" não é incompatível com, mas do contrário, apoia o sistema americano de democracia representativa e (3) são aqueles que tribunais separados do processo político estão em uma situação única de "impor". (ibid., p. 75)

Ely apresenta três argumentos em apoio a sua posição de que a revisão judicial deve ser confinada a derrubar leis que impedem o processo democrático. O primeiro argumento é histórico. Como muitos estudiosos de direito constitucional, Ely pensa que os juízes devem se pautar pelos valores que originalmente guiaram os autores da Constituição. Esses valores, afirma, são principalmente *procedimentais*. Diferentemente de valores substantivos, valores procedimentais não especificam um bem particular que deva ser buscado. Antes, especificam os procedimentos pelos quais as discordâncias acerca de valores substantivos devem ser resolvidas. A democracia é um desses procedimentos. Os autores também subscreviam certos valores substantivos, como a liberdade e a igualdade, mas acreditavam, diz Ely, que a melhor maneira de promover esses valores seria estabelecendo procedimentos que os protegeriam.

Em apoio a sua posição, segundo a qual os valores procedurais têm precedência na constituição sobre outros valores, Ely cita a intenção dos elaboradores de estabelecer um sistema neutro de governo, cujas regras não favoreceriam nenhuma religião, nenhum grupo regional ou econômico em particular. O fato de não terem imaginado a necessidade de revisão judicial na manutenção desse sistema reflete parcialmente as circunstâncias de sua época. Madison, por exemplo, cria que os choques de interesses políticos e regionais se anulariam mutuamente, dando lugar no governo a um meio termo moderado (ibid, p. 80-81). Mais importante, em seus primórdios, a república americana era cultural e etnicamente homogênea pelos nossos padrões. Afro-descendentes e americanos nativos estavam basicamente excluídos da cidadania numa nação de descendência europeia. Mas após o fim da escravidão e com a chegada de imigrantes proveniente da Ásia, do sul da Europa ou ainda do leste da Europa, tensões multirraciais e multiculturais afloraram com violência. Por volta dos anos de 1930, a discriminação racial e étnica se tornou o principal fator na memorável decisão da Corte em *United States versus Carolene Products Co.*,* de sorte que daí em diante seria dada maior proteção aos direitos civis e políticos – o núcleo dos "direitos participativos" de Ely – que aos direitos de propriedade.

Citando o juiz Harlan Fiske Stone (o autor dessa decisão), Ely fornece uma razão adicional para que se dê maior proteção constitucional aos "direitos participativos" do que aos direitos de propriedade: direitos civis e políticos constituem o fundamento de um processo democrático,

---

* N. de R.T.: O caso em si versava sobre a constitucionalidade de uma lei federal que estabelecia proibição de comércio de certos produtos similares a laticínios. Porém, as razões da decisão que manteve a lei levaram a Suprema Corte a aceitar, a partir daí, a intervenção estatal na economia, abrindo as portas para as importantes reformas do *New Deal* e, subsequentemente, decisões sobre direitos civis e políticos, alterando os padrões e a intensidade do modelo americano de revisão judicial.

em termos dos quais todos os nossos outros direitos substantivos são promulgados como direito. Os direitos são vazios e sem significado até que se lhes dê a forma concreta legal por um legislativo. Mas "os direitos participativos" são os únicos direitos que nos capacitam a controlar o processo legislativo e a nos proteger de tentativas de diminuir o âmbito de nossa liberdade e de negar sua extensão aos grupos oprimidos (ibid.).

O primeiro argumento de Ely defende a prioridade dos "direitos participativos" com bases tanto históricas quanto conceituais. Portanto, justifica o escrutínio estrito que a corte exerce ao examinar leis que pareçam discriminar minorias ou grupos marginalizados, como, por exemplo, as mulheres. Segundo Ely, embora a revisão judicial deva ser exercida muito raramente em benefício de direitos individuais de propriedade, ela deve ser robustamente exercida na defesa dos "direitos participativos".

Ely afirma que a história do racismo nos Estados Unidos justifica essa espécie de revisão judicial. Nota que minorias étnicas e raciais foram impedidas de eleger representantes de sua própria escolha através de tentativas, racialmente motivadas, de configurar os limites de distritos eleitorais. De fato, legisladores frequentemente são conduzidos por interesses partidários estreitos a dispor os limites dos distritos eleitorais de maneira a assegurar a reeleição ou a eleição de membros de seu próprio partido. No auge da Luta pelos Direitos Civis, nos anos de 1960, legisladores sulistas brancos procuraram frustrar o poder dos negros recém autorizados a eleger representantes de sua própria escolha em distritos nos quais eles constituíam sólida maioria. Eles tiveram sucesso em relegar os negros ao *status* de minoria em cada um dos novos distritos que planejaram. Se não fosse a intervenção judicial da Corte Suprema, essa obstrução da democracia não teria sido remediada.

Ely conclui observando que os juízes indicados estão em uma posição única para exercer a revisão judicial, pois estão imunizados contra as pressões partidárias que os cidadãos impõem a seus representantes eleitos. Conhecimento jurídico e de ciência política são suas qualificações, não a conformidade servil à tradição ou ao consenso popular. Portanto, é exatamente a distância que mantêm d'O Povo que habilita os juízes a exercer a revisão judicial em benefício de um processo democrático que protege O Povo de seus piores excessos (ibid., p. 103)

Ely mostra como a revisão judicial pode ser compreendida antes preservando do que minando a democracia. O seu apelo a procedimentos constitucionais como justificação de seu princípio, no entanto, é retrospectivo na abordagem. Recorrendo a noções indiferentes a cor de liberdade e igualdade constitucionais. Ely enfrenta poucas dificuldades para justificar a derrubada pela corte de formas francamente racistas de traçar racialmente os distritos. Mas essa dependência retrospectiva de procedimentos constitucionais não enfoca o debate prospectivo sobre o que o tratamento equânime – como um *ideal* procedural *e* substantivo – significa hoje. Supor que juízes podem decidir questões sobre *processos adequados substantivos*,[1] por exemplo, sobre o significado da vida, liberdade e propriedade, é disparar um debate *político* acerca de quando e com qual concepção de igualdade, a redistribuição sensível a raça dos distritos está de acordo, ao contrário de violar, a proteção equânime dos cidadãos. Os distritos atuais, racialmente tendenciosos, que visam mostrar igual respeito pelas minorias raciais, de fato logram realizar isso? Ou, de maneira inteiramente errônea, apenas estereotipam as minorias e negam a representação equânime aos brancos que residem nesses distritos?

Resolver essas questões políticas requer um fórum político. Em última análise, apenas um processo democrático progressivo pode legitimar (ou deslegitimar) a atual distribuição distrital sensível a raça, porque compreender o que "nossa" igualdade significa em termos de nossas expectativas ideais é algo propriamente realizado por todos nós em conjunto. Talvez isso explique porque perseguir a reforma dos direitos civis antes segundo o caminho curto da revisão judicial que segundo o caminho longo do movimento democrático levou a luta pela igualdade racial nos Estados Unidos atual a um impasse.

Bruce Ackerman: revisão judicial e o mandato popular

Ely falha em reconhecer que os procedimentos constitucionais incorporam ideais políticos cujos significados precisam ser progressivamente esclarecidos no curso das lutas democráticas. Assim, Bruce Ackerman propõe-se a complementar a teoria retrospectiva de Ely da revisão judicial com uma teoria mais prospectiva. Segundo ele, a proteção da democracia nem sempre exige que a revisão judicial seja exercida para proteger procedimentos constitucionais contra as maiorias. Algumas vezes exige que a revisão judicial se alinhe a essas maiorias contra esses procedimentos. Mais precisamente, Ackerman afirma que durante períodos revolucionários, quando o significado estabelecido da própria Constituição está sendo questionado por supermaiorias democráticas, a revisão judicial deve, por fim, inverter a sua função. Ao contrário de recorrer a procedimentos estabelecidos para controlar a grande maioria, deve aceitar o mandato da grande maioria e abandonar o seu apelo retrógrado a um procedimento que não é mais reconhecido como legítimo pela grande maioria.

Ackerman cita o *New Deal* como um caso pertinente. Concorda com Ely que a Corte Suprema promoveu valores democráticos ao manter o *New Deal*, mas discorda de Ely sobre se o agir assim refletiu um tipo retrospectivo ou prospectivo de legitimação. Ely crê que *Carolene Products* reafirmou valores procedurais cuja prioridade sobre direitos substantivos de propriedade estava já implícita na Constituição. Esses valores giravam em torno da concepção de *igualdade*: a ampliação de direitos civis e políticos iguais a todas as raças e a ampliação do bem-estar social, necessário para o exercício decidido desses direitos, a todas as pessoas. Antes de ter aceitado o ideal democrático retrospectivo, a Corte Suprema ativamente promoveu uma visão econômica prospectiva do *laissez-faire*. Essa visão não era imposta pela Constituição, mas por uma ideologia política favorável aos negócios que interpretava seletivamente a prescrição da Quinta Emenda,* contrária a privar pessoas da propriedade sem o devido processo e a justa indenização, como uma prescrição contra qualquer forma de legislação social progressista.

Ely vê a inversão da agenda da Corte no *New Deal*, antes favorável aos negócios, como um retorno aos fundamentos constitucionais. Acompanhando essa mudança, a corte então exerceu a revisão judicial contra a elite empresarial dominante que ela havia apoiado antes. Ackerman, ao contrário, interpreta a mudança da Corte como um movimento na direção oposta, afastando-se de procedimentos constitucionais aceitos em direção a uma nova visão política que ativamente rompia com a precedente. A antiga postura da Corte, favorável aos negócios, era um reflexo do procedimento constitucional aceito; a nova postura da Corte, rejeitando esse procedimento, refletiu uma concessão revolucionária a um novo consenso político.

A afirmação de Ackerman, segundo a qual a revisão judicial combina tanto modos retrospectivos quanto modos prospectivos de legitimação, baseia-se na crença de que os Estados Unidos exemplificam uma forma *dualista* de democracia. A democracia *monista*, exemplificada pelo sistema britânico, "concede autoridade legislativa plenária aos ganhadores da

---

* N. de R.T.: A Quinta Emenda à Constituição Americana estabelece, entre outras garantias, que nenhuma pessoa "será privada da vida, da liberdade ou da propriedade sem o devido processo legal; nem será a propriedade privada tomada para uso público sem justa compensação."

última eleição" para porem em prática a política que quiserem (Ackerman, 1991, p. 7). Visto não haver uma Constituição limitando o poder da maioria – apenas uma forma fraca de revisão judicial é exercida pela Câmara dos Lordes – a maioria na Câmara dos Comuns pode implementar mudanças revolucionárias, independentemente de essas mudanças terem ou não grande apoio das massas populares. Assim, a democracia monista é uma receita para a tirania legislativa. No extremo oposto do espectro encontra-se a democracia fundada nos direitos, exemplificada pelo sistema alemão. Esse sistema constitucionalmente blinda ou isenta de alterações constitucionais todos os direitos fundamentais. Portanto, é a receita para a tirania judicial.

A democracia monista reflete uma compreensão prospectiva da legitimação; a democracia fundada nos direitos reflete uma concepção retrospectiva. Nenhuma dessas compreensões, tomadas isoladamente, fornece uma explicação adequada da legitimação. A democracia monista é prospectiva ao promover a articulação política da liberdade e da igualdade. No entanto, por não fornecer mecanismos confiáveis de revisão judicial, permite que maiorias transitórias façam mudanças radicais no conteúdo e no escopo de nossos direitos básicos. Portanto, suas decisões raramente alcançam o nível de um consenso amplamente majoritário. A democracia fundada nos direitos, pelo contrário, fornece mecanismos de revisão judicial com sua ênfase retrospectiva em direitos fixos e imutáveis. A revisão judicial exercida dessa maneira controla a tirania da maioria, mas impede que o significado ideal dos direitos básicos se desdobre na política democrática. A democracia dualista concede espaço para as duas concepções de legitimação, retrospectiva e prospectiva. Essa característica é evidente no dispositivo constitucional de emenda, que permite a mudança democrática prospectiva que enfrentou e sobreviveu à revisão judicial retrospectiva.

Durante períodos de intensa crise moral, cidadãos americanos veem-se arrancados de sua apatia política e de sua satisfação própria. Sob essas condições de *democracia revolucionária* (ou *soberana*), cidadãos podem se agrupar como um Povo e clamar por mudança constitucional com uma voz única. Ackerman afirma que, após inicialmente resistir a essa voz, os tribunais devem ouvir sua ordem. Inversamente, nos períodos de democracia *normal,* quando a maioria dos cidadãos está por demais absorvida em seus negócios particulares para vigiar adequadamente os destinos políticos da nação, os tribunais devem funcionar como "guardiões" da democracia, protegendo a Constituição de caprichos tirânicos de maiorias transitórias. Sob essas condições, invocar uma concepção retrospectiva da legitimidade democrática de tipo fundada nos direitos parece apropriado.

O compromisso de Ackerman entre a revisão judicial e a democracia parece favorecer esta última. Pois, diferentemente de Ely, ele recomenda enfraquecer a função retrospectiva da revisão judicial em tempos de levante revolucionário. Ackerman não gosta da ideia de Ely de que a defesa da democracia sempre significa a defesa de procedimentos constitucionais aceitos. Consequentemente, prefere a democracia popular como a estrada real para a mudança constitucional, avançando até o ponto de recomendar a adoção de um novo sistema de emenda constitucional. Seguindo a sua proposta, o presidente – e não dois terços das duas casas do congresso ou dois terços do legislativo estadual – proporia emendas que podem então ser submetidas diretamente aos eleitores para a ratificação em um referendo popular (ibid, p. 54-55).

Essa proposta, segundo Ackerman, não é tão radical quanto parece, uma vez que seja conforme ao modo como os americanos alteraram a sua constituição. As mudanças revolucionárias mais importantes feitas na constituição americana nos últimos 150 anos tiveram forte apoio presidencial e do congresso e, em menor medida, apoio popular. Em todos esses casos, as disposições sobre emendas contidas no Artigo V da Constituição, que exigia a aprovação por três quartos de todos os legislativos estaduais, foram contornadas. Mas Ackerman também concorda que o preço para promover a mudança constitucional poderia ser alto. Um líder religioso na crista da onda popular de fervor fundamentalista cristão poderia, como presidente, propor uma emenda – posteriormente ratificada por três quartos dos eleitores na votação – declarando o cristianismo a religião oficial do país (ibid, p. 14).

A INTERPRETAÇÃO CONSTITUCIONAL

Ao examinarmos se a revisão judicial é compatível com a democracia, distinguimos entre maneiras retrospectivas e prospectivas nas quais a revisão judicial pode legitimamente ser exercida. Devemos agora examinar como essas maneiras de exercer a revisão judicial relacionam-se a diferentes tratamentos da interpretação constitucional. Muitos daqueles que concebem a revisão judicial como um exercício retrospectivo estão profundamente preocupados com o que é referido frequentemente como *ativismo judicial*. Juízes envolvem-se com o ativismo sempre que interpretam a constituição de maneira a promover suas próprias agendas políticas pessoais. Aqueles (como Scalia) que se opõem ao ativismo judicial – os chamados "interpretacionistas estritos"[*] – insistem que os juízes não devem ler nada na Constituição que não esteja manifestamente nela.

Todos os juízes são interpretacionistas estritos na prática, mas não necessariamente na teoria. Pois, como argumentam os positivistas, sempre que a Constituição se cala sobre alguma questão crucial, os juízes não podem deixar, ao menos em algumas ocasiões, de ler nela o que não está nela. Isso se deve ao fato de a Constituição ser um documento no qual o uso de termos muito abstratos – como vida, liberdade, propriedade, proteção equânime e semelhantes – pode significar muitas coisas diferentes. De fato, abordagens prospectivas da revisão judicial, que são especialmente sensíveis ao significado em evolução de termos morais como esses, de fato acrescentam algo à Constituição, pelo menos a título de esclarecimento.

Surge então a questão: é teoricamente possível que juízes sejam estritamente interpretacionistas todo o tempo? Interpretar a Constituição à luz de crenças morais não expressamente enunciadas nela seria sempre ativismo? Em suma, quais são os limites e as possibilidades da interpretação constitucional legítima?

Robert Bock e o desafio do originalismo

Uma versão do interpretacionismo estrito, o originalismo mantém que o significado objetivo da Constituição é idêntico àquilo que seus autores pretendiam que significasse. Isso parece plausível, porque, na comunicação oral, o que uma pessoa diz é o que ela pretende dizer. Ademais, os juízes tratam certos documentos jurídicos, tais como contratos e testamentos, como expressão das intenções de seus autores. Podemos conceber as Constituições – frequentemente descritas como "contratos sociais" – da mesma maneira? O originalimo pensa que sim.

Todavia, quão intensa é a analogia entre contratos e Constituições? Diferentemente das partes num contrato, os autores da Constituição formam um grupo juridicamente amorfo de pessoas. Entre os autores

---

[*] N. de T.: No original, *constructionists*. Às vezes este termo é traduzido ao português por construcionista; todavia, o termo "construction", ao contrário do termo "construção" do português, pode assumir o significado de interpretação e é exatamente nessa acepção que deu origem ao termo inglês *"constructionists"*, donde o neologismo "interpretacionista" parece melhor tradução.

incluem-se aqueles que ratificaram a Constituição? Aqueles que esboçaram a primeira versão? Ou, ainda, aqueles cujos argumentos feitos anteriormente ou durante o processo de ratificação influenciaram sua forma? Mesmo que soubéssemos exatamente quem foram os autores, não seria fácil descobrir quais eram suas intenções. Em contraposição, as Constituições contêm termos gerais que significam muitas coisas diferentes dependendo do contexto e, portanto, ficam ao menos algumas dúvidas acerca das intenções dos autores. Outro problema é que muitos autores escondiam ou disfarçavam suas intenções, a fim de chegar a um acordo com seus colegas. Suas anotações e seus relatórios revelam intenções múltiplas e às vezes contraditórias. De fato, isso pode ser dito de autores individuais tomados separadamente. Por exemplo, Thomas Jeferson, que rascunhou a Declaração Americana de Independência (1776), pode ter *esperado* que seus colegas compreenderiam sua declaração de que "todos os homens foram criados iguais" como uma indicação da injustiça da escravidão, mas também *sabia* que muitos deles não entenderiam assim. Isso significa que a asserção na Declaração "todos os homens são criados iguais" tinha a intenção de condenar a escravidão? O esboço original de Jefferson da Declaração – assim como suas *Notes on Virginia* – parece deixar pouca margem para dúvidas sobre sua condenação à escravidão, mas Jefferson, um racista declarado, permaneceu como proprietário de escravos por toda a sua vida, de sorte que é difícil dizer qual era sua intenção ao escrever essas palavras históricas.

    O fato de os autores terem esboçado a Constituição em uma linguagem muito geral poderia significar que visavam permitir flexibilidade em sua interpretação. Se for assim, isso pode ser tomado como significando que eles *não* pretendiam que a Constituição fosse interpretada de uma maneira retrospectiva – de acordo com *suas* intenções –, mas de uma maneira prospectiva, de acordo com as intenções das gerações futuras que enfrentariam o desafio de aplicar a Constituição a circunstâncias sempre em mudança. É interessante notar que essa objeção à teoria de interpretação da intenção original, que altera o foco das intenções do autor para as intenções do leitor, sugere uma maneira de salvar o originalismo: se os autores estavam agindo em nome e em prol de seus concidadãos, não seria mais apropriado determinar o significado original da Constituição em termos do que seus contemporâneos teriam compreendido como o significado dela?

    O juiz Robert Bork pensa que sim. Ele afirma que um juiz que estiver interpretando a Constituição deve se perguntar como os contemporâneos dos autores teriam compreendido; *não* suas intenções psicológicas, mas "os princípios promulgados, os valores que procuravam proteger" (Bork, 1986, p. 22; 26). Sob certos aspectos, essa maneira não psicológica de interpretar as intenções dos autores é análoga à maneira como os juízes compreendem as intenções das partes de um contrato. O litígio contratual algumas vezes confronta a compreensão de uma das partes sobre o que era mutuamente pretendido com a compreensão da outra parte. Nesses casos, as cortes interpretam o significado do contrato (o que era pretendido) em termos de como uma pessoa média o teria compreendido usualmente e impõe o cumprimento do contrato apenas se o seu significado for claro e preciso, segundo essa última compreensão.

Há, no entanto, dois problemas associados à teoria da intenção original do significado que Bork deve enfrentar: é impossível saber precisamente o que os autores estavam pensando à época em que elaboraram a constituição, e não há razões para pensar que o que eles pensaram então é válido hoje. Bork responde a essas objeções afirmando que as intenções relevantes subjacentes ao significado da Constituição não são os objetivos limitados no tempo dos autores, mas antes seus valores e princípios duráveis. Ao definir a intenção original de modo a incluir as normas, valores e princípios que guiaram os autores, Bork deslocou o problema do conhecimento da psicologia pessoal para a sociológica histórica, pois essas "intenções" não seriam outras senão aqueles ideais morais compartilhados pela comunidade na qual viviam os criadores. Ademais, ao definir a intenção original em termos de *ideias* morais norteadoras dos autores, ele desloca o problema da aplicação da rígida adesão a políticas antiquadas para uma adesão flexível a generalidades permanentes.

A versão de Bork do originalismo significa um avanço prático em relação às teorias grosseiras da intenção original. Porém, sofre ainda de alguns dos mesmos defeitos que sua predecessora. Por exemplo, Bork pressupõe que a moralidade original daqueles que elaboraram a Constituição é formada da mesma maneira. Pressupõe que normas, valores e princípios que moldavam a sociedade americana na época dos fundadores não eram múltiplos nem conflitantes. Esses pressupostos são confirmados pela história?

Documentos históricos amplamente confirmam que os americanos estavam fortemente divididos quanto à adoção da Constituição e que essa divisão refletia diferenças morais profundas em suas compreensões da liberdade e da igualdade. Os federalistas, que apoiavam uma Constituição federal forte, definiam a liberdade e a igualdade em termos formais.

Endossavam vivamente a visão de uma nação comercial na qual os indivíduos estariam livres da interferência governamental, mas não necessariamente política e socialmente iguais. Os republicanos antifederalistas, em vez disso, opunham-se a uma Constituição federal forte, que viam como impondo limites externos a suas comunidades locais. Ao contrário, eles endossavam uma visão de uma nação rural composta principalmente de pequenos fazendeiros, autossuficientes, de envergadura mais ou menos igual, que seriam politicamente livres para ordenar suas vidas democraticamente, com poucos limites (se algum).

O originalismo de Bork falha também em explicar porque devemos pensar os autores como falando apenas em prol de seus contemporâneos. Aqui a analogia entre Constituição e contrato se rompe. Embora alguns (como Thomas Jefferson) pensavam que a Constituição deveria ser vinculativa apenas para aquela geração cujos representantes expressamente a ratificaram, outros pensavam que seria vinculativa também para gerações futuras. Se a Constituição pretendia comprometer gerações futuras, então seu significado deve ser, ao menos em parte, definido pelo modo como as pessoas médias das futuras gerações viriam a compreendê-la.

Observei no Capítulo 2 que falar é apenas uma metade do ato de gerar significado. Se assumirmos como fio condutor a explicação dialógica de Gadamer da interpretação, então é razoável concluir que o significado de um texto "clássico, atemporal" como uma Constituição é parcialmente constituído no curso de suas reiteradas leituras. Em resumo, aqueles que leem esse texto, interpretam-no da mesma maneira como aqueles que executam uma partitura musical completam a música. Assim, Bork tem razão ao concluir que o significado da Constituição não é exaurido pelas intenções psicológicas dos autores, mas é formado também pelas expectativas daqueles a quem a Constituição se dirige. Mas por que privilegiar o ponto de vista interpretativo dos destinatários originais em detrimento dos destinatários subsequentes? Fazer isso viola comprovadamente as intenções dos autores, que era elaborar uma Constituição cujos princípios diriam respeito às preocupações de gerações futuras de americanos, que assumiriam então a responsabilidade de interpretá-la segundo sua concepção própria e em desenvolvimento do bem comum. De fato, se Gadamer está certo sobre o "teste do tempo" permitindo interpretações mais críticas e mais acuradas, pareceria mais razoável privilegiar o ponto de vista interpretativo dos leitores subsequentes, que possuem a vantagem da visão retrospectiva.

A oposição não originalista de Dworkin

Essa última objeção dá lugar a uma séria dúvida moral sobre o originalismo. Ainda que o originalismo viesse a ser a única alternativa prática para a licença interpretativa, seu conservadorismo moral poderia torná-la moralmente inaceitável. Por que as gerações atuais deveriam estar comprometidas com as ideias morais dos autores, se essas ideias atualmente forem tidas por erradas? Bork responderia que isso desencaminha a discussão sobre o seu originalismo, que nos permite interpretar as normas, valores e princípios norteadores dos autores num tal nível de abstração que esse problema não precisa surgir; pois, quanto mais abstratamente um princípio é concebido, mais abrangente e universalmente válido ele se torna. Compreendidos em seu grau mais alto de generalidade, os valores da liberdade e igualdade, que moldam as intenções dos autores originais, supera a divisão entre gerações, do mesmo modo como cruza a fronteira que separa federalistas e republicanos.

Mas segundo Dworkin, interpretar as intenções dos autores nesse nível de generalidade perde de vista o significado constitucional específico sobre o qual interpretacionistas estritos como Bork insistem. Como nossa discussão anterior da Cláusula de Proteção Equânime da Décima Quarta Emenda amplamente ilustra, a mera concordância sobre os *conceitos* morais que moldam a Constituição não resolve o problema de escolher qual dentre várias *concepções* desses conceitos é a melhor. A fim de resolver essa questão, Dworkin teria o apelo dos juízes a seus entendimentos pessoais da filosofia moral que melhor explicaria a justiça e a integridade da Constituição (Dworkin, 1987, p. 36-40).

E como fica o temor do originalista de que interpretar a Constituição antes como um documento filosófico que como um contrato alarga demais o âmbito de seu significado? A fim de evitar a aparência de que a interpretação filosófica ampla da Constituição acarreta licença interpretativa, Dworkin toma muitos cuidados para mostrar que tal interpretação é menos subjetiva que a interpretação de leis sobre políticas públicas que foram ratificadas por legisladores vivos. Esses são documentos prospectivos que visam trazer algum bem social. Mas bens sociais precisam ser equilibrados com outros bens sociais, e os meios para implementá-los, que podem não estar especificados na norma, precisam ser continuamente aferidos para serem efetivos. Vimos isso no caso das políticas de ações afirmativas, cotas foram vistas outrora como remédios aceitáveis para a inclusão de minorias e de mulheres nas escolas e em vagas de emprego, mas atualmente a Corte está profundamente dividida sobre elas. Está dividida porque não é claro se cotas são necessárias ou efetivas e porque cotas se chocam com outros bens, como a eficiência construída exclusivamente na contratação e na seleção de estudantes baseadas no mérito.

Dworkin não pensa que a jurisprudência constitucional deva ocupar-se de questões como essas, concernentes ao bem público. Em sua opinião, jurisprudência constitucional deveria se concentrar apenas em se as políticas públicas (tais como ações afirmativas) violam direitos individuais (que "sobrepujam" o bem público). Essa determinação retrospectiva é mais objetiva que o cálculo subjetivo de custos e benefícios sociais. Determinar se uma política pública viola um direito constitucional depende largamente de determinar se a algum cidadão se nega cuidado e respeito iguais merecidos. Embora realizar essa determinação abarque descobrir a melhor interpretação filosófica do que significa tratar pessoas com igual cuidado e respeito, tal interpretação não é subjetiva. Pelo contrário, está limitada pelo texto objetivo da Constituição, pela história de sua interpretação e pelos cânones da natureza convincente da interpretação e de sua integridade (Dworkin 1977, p. 92)

A alegação de Dworkin – a saber, que a interpretação filosófica da Constituição evita a licença interpretativa – é convincente? Como observei no último capítulo, a teoria de Dworkin da interpretação jurídica é *dialética*, incorpora uma tensão entre métodos concretos, *histórico-interpretativos*, e métodos abstratos, *filosófico-racionais*. Dworkin apresenta esses métodos como dois estágios de um único processo de interpretação. No primeiro estágio, procuramos interpretações coerentes ou que se "ajustem" ao corpo jurídico. Essa busca por "integridade inclusiva" parece menos aceitável se postas sob bases borkianas, uma vez que parte do que significa uma interpretação se ajustar ao corpo jurídico corrente é que se ajuste à tradição (em termos de Gadamer, *história efetiva*) desse direito, desde a criação. Para Dworkin – bem como para Bork – essa tradição pode ser interpretada em diferentes níveis de concretude e de abstração: o mesmo dispositivo constitucional (por exemplo, a Décima Quarta Emenda) pode ser interpretado como uma *regra* específica que tem aplicação limitada e superficial (dando aos antigos escravos direitos mínimos a propriedade, e nada mais) ou como um *princípio* geral que tem uma aplicação profunda e ilimitada (comandando o respeito e o cuidado igual com todos os cidadãos).

Esse é o ponto em que entra o segundo estágio da interpretação filosófica. Nesse estágio, não estamos mais interessados em determinar se uma interpretação se ajusta ao corpo jurídico existente, mas se ela se ajusta à nossa melhor filosofia moral. Essa busca de "integridade pura" parece objetável com base nos fundamentos de Bork, porque agora o juiz não está mais meramente examinando o passado para descobrir um conjunto de intenções fixas e originais em torno das quais a interpretação constitucional tradicionalmente gravitou; mas está olhando para frente, para a interpretação idealmente melhor das ideias filosóficas abstratas implícitas nessas intenções e que "aperfeiçoaria" (ou seja, aprofundaria, expandiria e integraria) o significado da Constituição como um documento vivo. Essa jurisprudência prospectiva envolve invariavelmente alguma especulação pessoal. Como o próprio Dworkin torna claro, encontrar a melhor filosofia moral que justifica o sistema jurídico e usar isso para interpretar a Constituição tem precedência – na teoria, embora nem sempre real na prática – sobre encontrar a interpretação que melhor combina com precedentes históricos e a intenção original. Por essa razão, uma interpretação "objetiva" que se ajusta melhor à tradição pode ser rejeitada em favor de uma mais "subjetiva", que é considerada moralmente superior (Dworkin 1986, p. 176; 219; 268; 405).

Em resumo, a teoria de Dworkin da interpretação constitucional parece estar filosoficamente ancorada numa filosofia baseada em direitos subjetivos. Ironicamente, tal ancoragem a leva em direção a uma maior proximidade com a espécie de teoria do direito natural que, seguindo Hegel, fora rejeitado por ser demasiadamente aberta e pessoal. Essa redução idealista do direito constitucional à filosofia moral só pode ser evitada se assumirmos (como faz Dworkin alhures) que uma interpretação válida do direito deve também se ajustar à tradição atual. No entanto, na medida em que interpretamos essa tradição como a história de ideias abstratas, e não como uma história substantiva de intenções concretas, a questão da adequação se torna em grande parte irrelevante.

A explicação de Habermas da interpretação pela ética do discurso

Haveria um modo de mitigar o perigo da licença interpretativa que assombra a teoria de Dworkin sobre a interpretação constitucional? Jürgen Habermas sugere que o problema com o tratamento de Dworkin não é recorrer ao filosofar moral como condição necessária da interpretação constitucional, mas conceber o filosofar moral como uma tarefa "monologal", à qual falta a correção crítica do diálogo racional (Habermas 1996, p.

224). Ambos, Dworkin e Bork, equiparam a atividade de interpretação filosófica à introspecção pessoal, que pode ser corrompida pela tendenciosidade subjetiva. Todavia, Habermas observa que a racionalidade moral é dialogal: apenas pela comunicação mútua obtém-se a consciência da própria compreensão limitada e chega-se a um consenso acerca dos interesses comuns.

A teoria de Habermas nos lembra que as decisões judiciais são exemplos em pequena escala do diálogo democrático. Os nove membros da Suprema Corte comunicam-se entre si para formarem suas opiniões e devemos pressupor que respondam às objeções uns dos outros para lograrem o consenso possível. Além disso, comunicam-se com os advogados e com outras testemunhas especializadas e nutrem grande respeito pela opinião pública.

A conversação pode facilitar um consenso "objetivo" sobre a melhor interpretação moral apenas na medida em que seja conduzida racionalmente, com todos os pontos de vista relevantes sendo plenamente representados e sendo assegurada igual oportunidade de formular e rebater argumentos para todos os falantes, livres de qualquer constrangimento. Além dessas condições, os falantes devem querer chegar a um acordo sobre o que é correto, quer favoreça ou não suas posições iniciais.

Uma objeção óbvia a essa explicação ético-discursiva da interpretação judicial coletiva é que essas normas ideais do diálogo não constrangedor e desinteressado são apenas parcialmente concretizadas nos procedimentos dos tribunais. Advogados dispõem de um tempo limitado para apresentarem seus casos; e quando o fazem, devem recorrer à lei existente e aos precedentes jurídicos relevantes, portanto, renunciando a qualquer questionamento radical da justiça do direito. A natureza antagônica dos procedimentos – nos quais cada parte é obrigada a vencer a qualquer preço – parece solapar a busca desapaixonada pela justiça.

Habermas reconhece esses desvios em relação ao modelo de um diálogo ideal, mas afirma que eles não diminuem a racionalidade moral do debate judicial. Embora os contendores no debate judicial sejam inarredavelmente partidários na defesa de suas posições, as regras procedurais do tribunal garantem a todas as partes a justa audiência. Mais importante, juízes são chamados a tomar parte como intermediários neutros que representam o interesse da comunidade. Entretendo um diálogo imparcial e aberto entre eles, a meta apropriada deles é "transformar" ou integrar as "perspectivas" dos defensores e dos queixosos com aquelas da comunidade como um todo (ibid., p. 229).

Habermas, assim como Dworkin, pensa que o procedimento racional de interpretação constitucional pode superar os problemas da licença interpretativa e descobrir a *única* interpretação correta. Teria ele razão nesse ponto? Talvez tenha, *se* aceitarmos o princípio da caridade interpretativa, que pressupõe a coerência da constituição e do corpo jurídico (ou pode ser tornado coerente pela reflexão racional). Todavia, Habermas tem suas dúvidas sobre esse pressuposto. De fato, Habermas reconhece que há nas democracias constitucionais atuais um conflito entre filosofias jurídicas (ou paradigmas jurídicos): liberal, do bem estar social e democrático. Em sua opinião, uma teoria ético-discursiva da interpretação é melhor do que sua concorrente, de Dworkin, porque ela abertamente reconhece essa dialética. Uma teoria ético-discursiva afirma que os juízes devem tomar consciência desses diferentes paradigmas e procurar mediá-los. Uma maneira de fazer isso é ver como cada paradigma pode ser interpretado como complementando o outro, ao contrário de opor-se. Por exemplo, juízes podem compreender que os direitos liberais, que asseguram a liberdade sem interferência, não são limites para os direitos coletivos de autodeterminação; são, ao contrário, condições para isso. Inversamente, devem compreender que os direitos democráticos são precondições para proteger e determinar os direitos liberais de modo que sejam capazes de responder às necessidades públicas. Por último, os juízes devem entender que direitos liberais e democráticos são ineficazes quando isolados de políticas sociais que assegurem iguais oportunidades e recursos básicos a todos (ibid. 220-221). Nos dois casos de mediação, as abordagens retrospectiva e prospectiva da legitimação complementam-se mutuamente.

Muitos juízes (inclusive Bork) permanecerão não convencidos pela filosofia reflexiva da interpretação propugnada por Habermas. Este admite que uma explicação ético-discursiva da interpretação jurídica não pode assegurar a espécie de objetividade e certeza que procuram os críticos – como Bork – do ativismo jurídico de inspiração filosófica. Em uma palavra, a teoria não pode assegurar uma interpretação correta final que convenceria todas as partes razoáveis. No entanto, pode "garantir a cada sujeito de direito a reivindicação de um procedimento justo que, por sua vez, garanta não a correção do resultado, mas o esclarecimento discursivo de todos os fatos e questões jurídicas [...] [um procedimento no qual] as partes envolvidas podem confiar que [...] apenas razões pertinentes, e não razões arbitrárias serão decisivas" (ibid., p. 220).

Habermas acrescenta uma nota ulterior de cautela ao observar que a reflexão filosófica sozinha não pode conciliar os três paradigmas, liberal, do bem estar e democrático: "essa pressuposição contrafatual [de coerência jurídica] tem valor apenas heurístico unicamente na medida em que é temperada por certa dose de "razão realista" no universo do direito real (ibid, p. 232). Em outros termos, a menos que o sistema jurídico seja de fato coerente, não haverá possibilidade de conciliar verdadeiramente paradigmas jurídicos distintos. Porém, a coerência do sistema jurídico depende da integridade social, política e econômica da sociedade que é regulamentada por ele. Se a sociedade estiver dilacerada por divisões políticas, econômicas e sociais, o direito também estará.

FUNDAMENTAÇÃO CONSTITUCIONAL: ARENDT E HART

Nossa discussão do direito constitucional concentrou-se principalmente nos limites do poder judiciário de controlar a democracia e interpretar os direitos básicos. Essa explicação carece de qualquer menção ao processo de emenda constitucional. Essa ausência é notável porque fornece a originalistas como Bork uma resposta imediata aos idealistas filosóficos como Dworkin: se a Constituição como originalmente pensada é tida por moralmente retrógrada, segundo os padrões atuais, não a reinterprete, reforme-a! Em vez de autorizar juízes indicados a fazer alterações prospectivas na Constituição, permita que supermaiorias e seus representantes eleitos façam isso de uma maneira que é mais legítima.

A reforma constitucional, no entanto, pressupõe que a Constituição, tal como concebida originalmente, era já uma regra legítima de reconhecimento. Isso dá lugar a um novo conjunto de problemas: se as constituições são as regras últimas de reconhecimento que fornecem primeiramente legitimidade e juridicidade retrospectiva aos atos jurídicos subsequentes, então como elas podem ser reconhecidas como legítimas e jurídicas nesse sentido retrospectivo sem, por sua vez, recorrer a uma constituição anterior? Assim, surge

> o problema da legitimidade do novo poder, o *pouvoir constitué*,* cuja autoridade não pode ser assegurada pela Assembleia Constituinte, o *pouvoir constituent*, porque o poder da própria Assembleia não era constitucional e não poderia nunca ser constitucional uma vez que anterior à própria

---

* N. de T.: Em francês no original, expressão tomada da obra do Abade Siéyès, político, escritor e clérigo francês do século XVIII, que contrapõe *pouvoir constitué* (poder constituído) ao *pouvoir constituant* (poder constituinte).

Constituição; e o problema da juridicidade das novas leis que precisavam de uma "fonte e de um senhor supremo: a lei superior" da qual derivar sua validade (Arendt 1973, p. 163).

O primeiro problema origina questões acerca da legitimidade democrática das convenções constitucionais: o que dá a uma assembleia constituinte o direito de falar pelo povo ao elaborar a *sua* constituição? Esse direito não deveria ter sido *já* constitucionalmente delegado aos representantes pelo povo? Essa questão é semelhante a se perguntar quem veio primeiro, a galinha ou o ovo (a constituição ou a democracia)? Denominemos esse problema de problema da circularidade. O segundo problema origina questões acerca da *juridicidade* das constituições. Formulado em termos tomados do positivismo jurídico, coloca-se a seguinte questão: como é possível que a constituição – regra última de reconhecimento que identifica e autoriza o direito – seja direito? Se for reconhecida como direito, então deve haver ainda outra regra de reconhecimento que a identifique e autorize. Mas o que torna *esta* regra de reconhecimento um direito, se não outra regra de reconhecimento? Essa questão é semelhante a perguntar onde o regresso termina (se termina)? Chamemos esse problema de regresso infinito.

Arendt reduz os dois problemas a um problema de fundamento retrospectivo. Esse problema exige uma solução difícil: devemos encontrar uma razão para aceitar a constituição que não pressuponha a constituição (evitando assim o problema da circularidade) e não exija nenhuma outra razão para a sua própria justificação (evitando, desse modo, o problema do regresso infinito). O problema pode ser resolvido de duas maneiras. Ou a demanda filosófica por legitimidade constitucional está deslocada – essa estratégia equivale a "dissolver" o problema – ou a demanda pode ser atendida em termos de alguma regra absoluta de reconhecimento que não necessita identificação nem autorização anteriores, porque seu fundamento jurídico e de legitimação repousa sobre algo que é intuitivamente certo e abalizado.

Comecemos examinando o primeiro tratamento do problema. Como o leitor deve se recordar, Hart tenta dissolver o problema alegando que o reconhecimento fatual da constituição basta para legitimá-la. Não importa qual seja a razão que uma pessoa tem para obedecer à constituição, desde que exista alguma razão. O mero fato de reconhecer a autoridade do direito pode ser tomado como prova que tacitamente lhe dá seu "consentimento" antes "livre e racionalmente" que apenas por temor à sanção.

O argumento de Hart parece não convincente. Inicialmente, reconhecer a autoridade do direito não significa necessariamente consentir positivamente a ele por sua razoabilidade. Submeter-se ou adaptar-se a ele como se fosse uma inevitável lei da física é uma maneira de reconhecer sua autoridade sobre nós. Mas se "consentir" significa ter uma atitude positiva para com o que é consentido, então não tem sentido dizer que consentimos com o direito no sentido físico descrito antes. Em segundo lugar, o consentimento tácito ao direito dado pelo hábito não é cedido livremente. O consentimento livre não é coagido pelos preconceitos e é dado por razões que foram filtradas pela reflexão crítica. As pessoas não devem obedecer ao direito simplesmente porque lhes foi dito (por exemplo) que ele está de acordo com a razão divina.

Há outra maneira de dissolver o problema do regresso infinito? Hannah Arendt pensa que há. Ela afirma que a democracia e a interação constitucional têm um fundamento mais profundo na condição humana. Compreendidas assim, a democracia e a interação constitucional não são ideais morais que necessitam de justificação filosófica; antes definem o *modo de existir humano*, em todas as suas formas mundanas extrajurídicas e extramorais. Mais precisamente, a democracia consiste em se expressar para outros na fala e na ação. A atividade expressiva dá lugar à identidade de alguém, porque é apenas através da reação dos outros que sua identidade é reconhecida e constituída.

Para Arendt, a democracia é exatamente a maneira pela qual nós formamos simultaneamente nossas identidades e coordenamos nossa atividade, encetando a ação conjunta. Iniciar a ação compreende principalmente conseguir o acordo sobre metas partilhadas. Compreendida dessa maneira, a democracia é a base da interação em geral. No entanto, ela é especialmente exemplificada nas revoluções, quando as pessoas procuram fundar (constituir) suas identidades de uma maneira radicalmente nova. Como observa Arendt, "o absoluto do qual o início [da constituição] deve derivar sua própria validade [...], o princípio que vem à luz durante esses anos decisivos (da Revolução Americana) quando os fundamentos foram lançados [...], era o princípio da promessa mútua e da deliberação comum" (Arendt 1973, p. 236).*

O apelo de Arendt para a ação democrática como um *absoluto existencial* – e não um absoluto normativo – visa convencer-nos de que a

---

* N. de T.: No Brasil, *Da Revolução*. Tradução de José R. Miney. São Paulo: Ática; Brasília/Ed. da Universidade de Brasília, 1988.

atividade constitucional democrática não pode ser questionada porque é condição necessária de nossa humanidade. Contudo, sua compreensão da atividade constitucional democrática não dissolve realmente o problema do regresso e o da circularidade. Esse problema diz respeito ao reconhecimento da constituição como moralmente cogente.

Fundamentação transcendente *versus* fundamentação imanente: Arendt e Lyotard

Procedamos assumindo que o problema do regresso infinito não pode ser dissolvido. Consequentemente, nosso problema pode ser formulado da seguinte maneira: "a fim de conferir legitimidade a um conjunto de leis editadas por um conjunto real de instituições e práticas discursivas num pais, essas mesmas instituições e práticas devem estar juridicamente constituídas de forma correta" (Michelman 1998, p. 91). Segundo Michelman, a assembleia constituinte deve ter juridicidade e legitimidade conferidas por uma constituição anterior, antes que possa conferir legitimidade e juridicidade a uma *nova* constituição. Em certo sentido, nada há de misterioso nessa espécie de juridicização e legitimação prévias. Por exemplo, pode-se dizer que o congresso constituinte que se reuniu na Filadélfia em 1787 fora juridicamente autorizado pelos Artigos da Confederação (1781), pela Declaração da Independência (1776) e pela Constituição de cada Estado que elegeu representantes para a convenção. Se nos perguntássemos o que torna as Constituições estaduais jurídicas e legítimas, poder-se-ia indicar os direitos concedidos pela cidadania britânica, o Pacto de *Mayflower*, a Carta Magna e o *common law* consuetudinário que limitavam a autoridade dos ministros do rei e regulamentava os assuntos do rei.

Note que essa regressão não contém um início definido. Ora, uma regra de reconhecimento indefinida e desconhecida é uma contradição em termos. Devemos parar o regresso infinito, mas como?

Filósofos políticos recorreram a duas estratégias. Uma estratégia envolve o apelo a uma fonte transcendente ou transcendental (trans-espaço--temporal) de juridicidade e legitimação, tal como Deus ou a norma básica de Kelsen. A outra estratégia envolve o recurso ao povo soberano, que supostamente se constitui em um ato, semelhante ao de Deus, de autodeterminação espontânea e revolucionária.

Recorrer a Deus como fonte transcendente de legitimidade e legalidade é uma das maneiras mais antigas de justificar uma ordem política. Lembremos das famosas linhas de abertura do segundo parágrafo da Declaração de Independência de Jefferson: "sustentamos que essas verdades são auto-evidentes, que todos os homens são criados iguais, que eles são dotados pelo Criador de certos direitos inalienáveis".

O apelo de Jefferson a um direito natural ordenado por Deus e intuitivamente indubitável era inteiramente conforme a sua época, na qual se tinha grande confiança no poder da razão inata de discernir verdades universais. Porém, o apelo ao comando de Deus como o fiador de nossas liberdade e igualdade não é livre de problemas. Arendt, por exemplo, afirma que o clamor revolucionário de Jefferson pela independência ainda se apoiava demasiadamente no simbolismo retirado da monarquia "absolutista", contra a qual ele e seus companheiros revolucionários se opunham, "visto que a autoevidência [dessas verdades morais] as punha além do exame e da discussão, em certo sentido elas não são menos coercitivas do que o 'poder despótico' e não menos absolutas do que as verdades reveladas da religião ou as verdades axiomáticas da matemática" (Arendt, 1973, p. 233).

Arendt toca aqui em uma objeção à teoria do direito natural já assinalada no Capítulo 2: a confusão entre "ser" e "dever ser". Como *nós* podemos *sustentar* como verdade uma liberdade que se nos impõe com o peso de um destino divino? Como o dever de mutuamente respeitar os direitos, um dever que mútua e livremente acordamos, pode ser entendido como uma necessidade metafísica que ultrapassa o livre consentimento?

Outro problema com a teoria do direito natural se interpõe aqui: o fosso entre a norma universal e o decreto particular. Jefferson fazia um discurso ambíguo ao falar sobre direitos. Por um lado, estava falando em favor de direitos de uma particular população, que não havia sido ainda identificada (lembremos da ambivalência de Jefferson com respeito aos escravos). Por outro lado, estava falando por Deus – ou, antes, por "todos os homens".

Esse discurso de idas e vindas entre duas vozes não é inteiramente inocente, como pode ser visto numa passagem similar no Artigo 16 da Declaração Francesa dos Direitos do Homem e do Cidadão (1789): os representantes do povo francês, organizados na Assembleia Nacional [...] resolveram estabelecer numa declaração solene os direitos naturais e inalienáveis do homem". A tentação de invocar a voz universal e abalizada de Deus (do Homem, do Povo) ao falarem por si mesmos conduz os revolucionários franceses rapidamente a uma cruzada para converter o resto da Europa a uma versão tipicamente francesa de liberdade (que se mostrou, por fim, não ser muito diferente do velho despotismo que supostamente substituiria). Para citar Jean-François Lyotard:

> a revolução na política que é a Revolução Francesa advém dessa passagem impossível de um universo [do discurso] a outro. Portanto, não será sabido se o direito assim declarado é francês ou humano, se a guerra conduzida em nome dos direitos é uma guerra de conquista ou de libertação, se a violência exercida sob o título de liberdade é repressiva ou pedagógica (progressiva), se aquelas nações que não são francesas devem ser a França ou tornar-se humanas pela adoção de constituições conformes à Declaração, ainda que sejam contrárias à França (1988, p. 147).

Em resumo, a juridicização jusnaturalista da constituição falha porque confunde duas categorias logicamente distintas, as leis feitas pelos homens e que se aplicam a povos particulares, e as leis naturais (divinas), que se aplicam à humanidade.

A versão secular desse tipo retrospectivo de fundacionalismo absoluto substitui Deus pelo Povo soberano. Mas um Povo que se autoconstitui é tão paradoxal quanto um Deus que se autoconstitui. Para esclarecer esse paradoxo, examinemos novamente a Declaração de Independência. Por um lado, os signatários afirmam estarem agindo "em nome e pela autoridade dessas boas colônias". Essa afirmação supõe que as colônias já dispõem da autoridade de Estados soberanos e independentes, que têm o poder de delegar responsabilidade jurídica aos delegados. Por outro lado, os signatários declaram que "essas colônias unidas [...] devem ser livres". Essa declaração dota as colônias de uma autoridade de agir como Estados soberanos e independentes que elas não possuíam ainda. Combinando a declaração de nova autoridade com a afirmação de uma autoridade antiga de tal maneira que "autoridade" faz referência ao mesmo "Povo" permite aos signatários criarem a ilusão de sua própria autoautorização.

A prestidigitação oculta um círculo vicioso. Como assinala Lyotard, aquele que autoriza e aquele que é autorizado não podem ser o mesmo, do contrário as restrições impostas ao autorizado pelo autorizador não seriam restrições. O poder autoautorizador é ilimitado, é um poder despótico e não um poder legítimo limitado (ibid, p. 206). Talvez, isso explique porque muitos escravos, indígenas americanos e monarquistas viram os signatários da Declaração de Independência como usurpadores, cuja marca da democracia augurava menos independência para eles.

Portanto, meros fatos históricos não podem legitimar os Fundadores. Apesar do apelo inclusivo à humanidade como a fonte do direito, os Pais

Fundadores indicaram um grupo exclusivo de pessoas como os recebedores de direitos específicos. Por um lado, os princípios de liberdade universal e igualdade que as constituições modernas incorporam incluem todas as pessoas. Consoante essa ideia, os revolucionários franceses admitiam na comunidade dos cidadãos franceses qualquer estrangeiro que estivesse disposto a jurar por liberdade, igualdade e fraternidade. De fato, essa lógica os conduziu a expandir as fronteiras (francesas) de liberdade, igualdade e fraternidade para incluir todos os europeus. Por outro lado, constituições tornam apenas um pequeno segmento da humanidade livres e iguais, a saber, exatamente aqueles que são escolhidos para serem incluídos entre os cidadãos (americanos ou franceses) plenos.

A abordagem transcendental de Kelsen do problema da fundamentação

Tanto o tratamento jusnaturalista quanto o tratamento histórico da justificação das constituições deixam-nos com um paradoxo não resolvido. Portanto, voltemo-nos para a estratégia que parece percorrer um caminho intermediário entre esses dois extremos: o transcendentalismo. Havíamos examinado preliminarmente esse tratamento em nossa discussão da defesa de Kelsen da juridicidade do direito internacional. Kelsen afirma que o direito internacional é plenamente um direito porque há uma regra transcendental, ou uma norma básica, que nos força a reconhecê-lo como cogente. Essa regra é "transcendental" porque é uma condição necessária da possibilidade de reconhecer leis do mesmo modo como espaço e tempo são condições necessárias da possibilidade de reconhecer (ter experiência de) objetos. Exatamente como espaço e tempo não são eles próprios objetos, não tem sentido perguntar onde está o espaço ou quando começou o tempo, assim, a norma básica não é ela própria uma direito. Não apenas a norma básica não é um direito feito pelos homens (ou direito positiva), ela não é um direito natural (comandada por Deus). De fato, não tem relação alguma com a justiça moral.

Kelsen afirma, destarte, que a razão por que alguém deve obedecer à constituição não é por ela ser de fato obedecida (reconhecida) ou por ela ser moralmente justa, mas porque uma norma transcendental, sem nenhuma continuidade com a história fatual por trás da constituição, ordena-nos a agir assim. De certo modo, sua posição sobre isso equivale à visão de Arendt acerca do que ela chama de "natalidade" das fundações revolucionárias modernas. Segundo Arendt, uma condição necessária para a possibilidade de uma de uma fundação revolucionária é ser ela radicalmente descontínua com o que a precede. Pois, se a fundação não rompe completamente com o passado como um novo início (um nascimento), ela não seria revolucionária, mas simplesmente uma modificação do que a precede, do regime antigo. Ademais, se a fundação revolucionária fosse plenamente explicável em termos de causas históricas, ela seria previsível a partir do passado e, desse modo, não seria uma novidade plena no sentido revolucionário. A fim de que sejam inteiramente novas, as fundações revolucionárias deveriam ter sido levadas a cabo de maneira livre. Mas as ações livres, por definição, não são previsíveis, de outro modo seriam causalmente necessitadas pelo passado.

O apelo de Arendt à liberdade como pressuposição necessária da fundação constitucional revolucionária não explica por que razão estamos obrigados a obedecer à constituição e é aqui que entra o recurso de Kelsen a uma norma básica (Kelsen, p. 212). Todavia, seria correta a compreensão de Kelsen dos fundamentos transcendentais da juridicidade das constituições? Diversos problemas imediatamente vêm à mente. Kelsen diz (p. 193) que não temos outra maneira de explicar nossa obrigação que não cometa a falácia do ser/dever ser (porque algo de fato *é*, de certo modo, equivale a que deva ser desse modo). Mas talvez essa falácia deva ser repensada. Por que o consentimento fatual em jogar segundo certas convenções – como na democracia – não deveria nos obrigar da mesma maneira como, de fato, prometer algo nos obriga? Se o consentimento em tais convenções adequadamente explica nossa obrigação de se ater a elas, então talvez não precisemos recorrer a uma noção tão misteriosa como a de norma básica transcendental.

Porém, o apelo a tal norma é por si só suficiente para explicar essa obrigação? Como um positivista, Kelsen nega que a norma básica que comanda a obediência à constituição esteja enraizada em qualquer explicação jusnaturalista da justiça. Segundo essa leitura, obedecemos à constituição não porque é justa, mas simplesmente porque uma norma transcendental diz que devemos obedecer. Mas certamente, essa leitura é insatisfatória. Primeiramente, comparar uma norma de qualquer espécie a condições transcendentais da experiência é inadequado. Não estamos coagidos a obedecer a constituições da mesma forma que estamos compelidos a experimentar objetos no espaço e no tempo. Ademais, enquanto o espaço e o tempo explicam transcendentalmente a diferença entre experiência real, legítima, e a experiência sonhada, irreal, uma norma básica transcendental não pode explicar a diferença entre uma constituição legítima (obrigatória) e uma constituição que não o seja. O que explica nossa obrigação de obedecer à constituição deve, portanto, ser algo não transcendental, a saber, sua justiça moral.

O tratamento ético-discursivo de Habermas sobre o problema da fundamentação

O tratamento de Habermas ao problema da fundamentação evita as duas dificuldades associadas à teoria de Kelsen. Esse tratamento depende da ideia segundo a qual as regras reais garantindo a discussão democrática contêm já um ideal de justiça procedimental que legitima o processo constitucional, bem como seu produto (Habermas 2001b, p. 778).

Normalmente, pensamos que os princípios constitucionais são regras que regulamentam e limitam a democracia a partir *de fora*. Porque os direitos básicos que protegem os indivíduos são invocados como freios para o poder arbitrário de maiorias volúveis, presume-se que uma constituição deve primeiramente juridicizar e legitimar a democracia, e não o inverso. Habermas inverte essa prioridade, argumentando que é a democracia que juridiciza e legitima a constituição. O seu raciocínio sobre esse ponto segue a ideia de Rousseau de que somente posso ser obrigado a obedecer a uma norma na qual tenha livremente consentido ou, para dizer de maneira mais precisa, que nós, como povo, tenhamos unanimemente aceitado.

A diferença entre as formulações de Rousseau e de Habermas dessa ideia é que Habermas define o consentimento livre e unânime como o consentimento que surge de uma discussão racional ideal. Essa discussão distingue-se da manipulação coercitiva apenas na medida em que todas as partes afetadas pela constituição proposta estão autorizadas a participar livre e igualmente. A correção moral da discussão é o que presuntivamente assegura liberdade e racionalidade do consentimento. Podemos dizer, então, que as regras da argumentação justa que governam as assembleias constitucionais, que são exercícios em pequena escala da democracia, acarretam já uma liberdade igual de falar, associar e de aceitar apenas aqueles limites comportamentais que todos poderiam aceitar unanimemente. Regras como essas justificam, por sua vez, os direitos básicos que serão formalmente escritos na constituição e alguns casos já formam tais direitos. Compreendida dessa maneira, a constituição é apenas uma articulação formal e uma afirmação do próprio processo democrático que lhe dá origem.

A tentativa de Habermas de explicar essa justificação circular, pela qual a constituição parece retroativamente legitimar sua própria fundação normativa, depende de uma distinção importante entre regras que *regulamentam* uma prática já constituída e regras que primeiramente a constituem. Um exemplo de regra reguladora é um procedimento parlamentar limitando o tempo de fala do orador. Nesse caso a regra restringe, mas não constitui uma prática democrática que já tinha lugar, uma vez que a regra só pode ser adotada após a prática ter-se estabelecido. Pelo contrário, a regra que concede aos participantes o direito de falar e de responder, livre de ameaças e outros constrangimentos, é constitutiva de uma prática democrática, porque não podemos conceber uma discussão democrática que não incorporasse essa regra.

Habermas prossegue afirmando que *alguns* direitos constitucionais básicos – a saber, aqueles que correspondem a direitos políticos e civis *iguais* (igual liberdade de falar e igual liberdade de participar da deliberação política e da decisão) são *conceitualmente* (lógica e necessariamente) acarretados pelas regras constitutivas da prática democrática. Tais direitos não regulamentam (limitando ou coagindo) a democracia externamente, pelo contrário, constituem-na ou *possibilitam* sua existência. Elas estão presentes em algumas capacidades quase (proto) jurídicas no próprio momento da criação da constituição democrática, portanto concedendo a essa fundação um grau mínimo de justiça procedimental necessária para estabelecer ao *pelo menos parte* de suas juridicidade e legitimidade (ibid., p. 770).

Essa solução do problema do regresso e da circularidade possui todas as vantagens que encontramos nas teorias positivistas (histórica), transcendentais e do direito natural, sem suas correspondentes desvantagens. Como a teoria jusnaturalista, ela mantém que a conformidade anterior a um padrão de justiça é necessário para conferir plenas legitimidade e juridicidade à constituição. Constituições são jurídicas e legítimas na medida em que os processos democráticos que as engendram sejam inclusivos, livres e justos. Como a teoria transcendental de Kelsen, ela sustenta que quaisquer que sejam as regras que emprestam legitimidade e juridicidade – na teoria de Habermas, essas são as regras da discussão justa – elas devem ser constitutivas do processo de geração do direito (e não meramente reguladora dele). Não podemos "jogar o jogo" da persuasão racional, enquanto oposto ao jogo da manipulação retórica, sem pressupor que todas as partes afetadas pelo resultado proposto estejam plenamente representadas. Igualmente, não podemos jogar o jogo sem pressupor que os participantes estão dispostos a chegar a um acordo baseado nas melhores razões, que tenham sido filtradas por um processo no qual cada pessoa tem igual oportunidade de expor e refutar argumentos, livre de preconceitos ideológicos ou sectários. Porque essas pressuposições nunca são perfeitamente satisfeitas em nenhuma discussão concreta – Habermas refere-se a elas como pressuposições contrafactuais –, elas não são factuais, mas "ideais". No entanto, são transcendentalmente constitutivas da persuasão racional na medida em que não podemos negar que elas nos obrigam, com essa negação, a deixar de jogar o jogo da persuasão racional.

Por último, como na teoria histórica de Hart, essas pressuposições têm força fatual, a saber, de fato constituem uma prática democrática existente. A prática apenas existe na medida em que os falantes são guiados por regras de argumentação justas. A justeza dessas regras é, então, transferida para a constituição: sentimo-nos obrigados a obedecer à constituição porque ela é justa, mas pensamos que ela é justa apenas porque é o resultado real de um jogo democrático cujas regras nós, os jogadores, aceitamos como justas.

A crítica a Habermas

A tentativa de Habermas de evitar o problema do regresso infinito é bem-sucedida? Não inteiramente. Tal como teorias do direito natural, ela parece pressupor (malgrado o que Habermas pensa) uma espécie de *realismo moral*. Ou seja, pressupõe que haja normas necessárias e universais fornecendo suporte a nossas práticas argumentativas, democráticas, quer queiramos, quer não. A Razão Discursiva substitui Deus como a força que torna necessária nossa prática. Todavia, as regras que governam a argumentação não podem ser constitutivas da argumentação do mesmo modo que o movimento do bispo diagonalmente é constitutivo do xadrez, porque podem ser quebradas ou radicalmente distorcidas e interpretadas diversamente sem que a argumentação cesse de existir. Os membros de uma assembleia constituinte podem ter talentos retóricos e *status* desiguais, não serem livres (vinculados aos interesses daqueles que os constituíram) e não serem inteiramente motivados pelo desejo de alcançar o consenso em favor dos interesses de todos, mas isso não significa que suas práticas de deliberação democrática cessam de existir.

Portanto, é melhor pensar as regras do discurso como meras "ideias reguladoras" que nos comprometem moralmente, mas não juridicamente.

A abordagem de Habermas serve, assim, para legitimar apenas as ideias mais universais, reguladores que plasmam a convenção constitucional. Mas essas ideias não podem legitimar os procedimentos jurídicos que determinam quem e o que será representado.

Primeiramente, a pressuposição do discurso justo deixa indeterminado *o que* deve ser discutido no discurso jurídico. Em princípio, qualquer desacordo que ameace minar a cooperação poderia ser debatido. No entanto, a vida sob a ordem jurídica moderna delimita o espectro daquilo que pode ser discutido – aos direitos básicos a vida, liberdade e propriedade – que todo sujeito de direito sob o estado de direito presumidamente possui. Os participantes de uma convenção constituinte também discutem os procedimentos para assegurar que os direitos jurídicos serão exercidos de maneira a respeitar a igual liberdade das pessoas submetidas ao processo jurídico.

Ademais, as pressuposições do discurso justo deixam indeterminado *quem* pode participar do discurso jurídico. Essas pressuposições exigem que seja permitido a qualquer um potencialmente afetado pelo resultado da discussão a participar da discussão. A ordem jurídica, no entanto, delimita o grupo de pessoas que são afetadas pelas decisões jurídicas exatamente àqueles sujeitos de direito que residem numa jurisdição definida e são vistos como membros plenos da comunidade jurídica.

Em resumo, as regras da argumentação justa são por demais vagas e gerais para legitimarem ou deslegitimarem constituições particulares. Essas regras não podem legitimar (ou deslegitimar) a escolha da convenção da Filadélfia de excluir os indígenas americanos e os escravos da representação (embora os últimos fossem contados para determinar a representação dos brancos sulistas). Elas não podem legitimar (ou deslegitimar) a ausência ou a inclusão de um direito de privacidade na *Bill of Rights* original, na Segunda Emenda,* de um direito de portar armas. Elas não podem legitimar (ou deslegitimar) o direito de um julgamento por júri em casos civis (Sétima Emenda)** ou o direito de um julgamento rá-

---

* N. de R.T.: O texto da Segunda Emenda à Constituição Americana diz: "Sendo uma bem regulada milícia necessária à segurança de um Estado livre, o direito das pessoas a manter e portar armas não será infrigido". A título de observação, deve-se notar que este é o direito constitucionalmente garantido que tem representado maior discordância entre os juristas e a população.
** N. de R.T.: A Sétima Emenda à Constituição Americana afirma: "Em casos sob o *common law*, em que o valor em controvérsia possa ultrapassar vinte dólares, o direito ao julgamento por júri será preservado, e nenhum fato julgado por um júri será, de outro modo, reexaminado em nenhuma corte dos Estados Unidos, a não ser de acordo com as regras do *common law*".

pido e público (Sexta Emenda).* E não podem legitimar (ou deslegitimar) o método bicameral de representar os estados no Congresso.

Assim, as pressuposições da ordem jurídica moderna e as regras do discurso ético, tomadas em conjunto, poderiam no máximo justificar alguns direitos humanos universais. Esses direitos servem de fato como fundamento das constituições modernas. Mas são por demais gerais para legitimarem (ou deslegitimarem) a maneira na qual uma constituição particular os define e os atribui.

Com essa observação retornamos à alegação de Michelman de que, antes de termos uma assembleia constituinte, precisamos de uma constituição historicamente legítima para delegar o poder constituinte. Mas se isso é assim, não escapamos do problema do regresso infinito. Haveria outra maneira de fugir desse paradoxo?

UMA LEGITIMAÇÃO PROSPECTIVA DA CONSTITUIÇÃO: DERRIDA E HABERMAS

Jacques Derrida ofereceu uma resposta ao paradoxo de Michelman que recorre a um modelo prospectivo de legitimação. Seu comentário à Declaração da Independência apreende o paradoxo em sua peculiar modalidade pós-moderna (futuro-anterior).

> Esse povo [americano] não existe [...] antes dessa declaração, não como tal. Se ele dá à luz a si mesmo, como sujeito livre e independente, como signatário possível, isso só pode se dar no ato da assinatura. A assinatura inventa o signatário [...] Tenho direito a assinar, em verdade já o tivera, visto que fui capaz de dá-lo a mim mesmo. (Derrida 1986, p. 10)

Derrida está afirmando duas coisas aqui. Por um lado, está apontando a circularidade da Declaração como uma forma de autoautorização. Por outro lado, está dizendo que o ato de autorização não é circular. Como daremos sentido a isso?

---

* N. de R.T.: A Sexta Emenda afirma: "Em acusações criminais, o acusado usufruirá do direito a um processo rápido e público, por um júri imparcial do Estado e do distrito em que o crime tenha sido cometido, cujo distrito tenha sido previamente determinado por lei, e a ser informado da natureza e da causa da acusação; a ser confrontado com as testemunhas contra ele; a ter um processo compulsório para obter testemunhas em seu favor, e a ter a Assistência Jurídica para sua defesa.

A autorização não é algo que ocorre no *início*, antes da assembleia constituinte se reunir, mas *depois*, ao assinar. Essa autorização pela assinatura é ainda circular, porque capacita os signatários a criar suas próprias autoridades. Mas isso pressupõe que a assinatura é um evento que pode ser datado. Mas na realidade, a assinatura é também um processo, que não pode ser datado, de reapropriação e de apropriar-se de si mesmo que ocorre no curso dos atos subsequentes de emendas e legislação. As assembleias que esboçaram e ratificaram a Declaração e a Constituição possuíam *menos* legitimidade e juridicidade no início, porque não eram representantes de todos os "americanos". Qualquer que sejam a legitimidade e a juridicidade que esses documentos fundadores tenham para nós atualmente – onde o pronome "nós" refere-se a *todos* os americanos – fora adquirida *retroativamente*, no curso de ser renovada e reinterpretada pelas gerações *futuras*.

O processo de emendas e refinamentos da Declaração e da Constituição ocorre em legislativos democraticamente eleitos. De acordo com a perspectiva prospectiva da legitimidade advogada por Rousseau, a democracia é um processo permanente de questionar e revisar o direito que, falando idealmente, legitimaria retroativamente a constituição ao cabo de sua história e não no início. Habermas concorda. Abandonando o anterior "recurso à objetividade transparente das percepções morais últimas" e abjurando qualquer apelo ao "realismo moral", Habermas passa a afirmar que as gerações futuras de cidadãos "concretizam" e "edificam" sobre a constituição *no curso de critica e livremente apropriarem-se dela* (Habermas, 2001b, p. 774).

> Eu proponho que compreendamos o regresso [a fundações ideais] como a expressão compreensível do caráter orientado ao futuro, ou à abertura, da constituição democrática [...]. Segundo essa compreensão dinâmica da constituição, a legislação corrente leva adiante o sistema de direitos subjetivos, interpretando e adaptando os direitos às circunstâncias correntes.

Como Derrida, Habermas afirma que a plena juridicidade e a plena legitimidade da constituição são adiadas para sempre. No entanto, ao contrário de Derrida, Habermas nega que o significado e o propósito desse "projeto" seja sem termo. Pelo contrário, alega que é guiado pelo passado. De fato, tem que ser assim, pois a fim de dizermos que as futuras gerações de legisladores democráticos podem retroativa e progressivamente legitimar *e* constituir a constituição, somos obrigados a assumir que "a continuação do evento fundador [...] pode ser compreendida a longo prazo como um processo de aprendizagem por autocorreção".

Em resumo, a nova proposta de Habermas para estabelecer a interdependência da democracia e da constituição parece evitar as dificuldades associadas a seu tratamento inicial, retrospectivo. O conceito de legitimidade democrática que tem em mente aqui não se refere a um ideal regulador abstrato, fixado eternamente, que mira para uma fundação passada, mas se refere a uma tradição histórica prospectiva e que se renova. Ainda assim, como Dworkin, Habermas vê esse projeto histórico como realizando uma única meta ideal: a criação, o aprofundamento e a expansão da liberdade democrática e da liberdade civil.

Essa abordagem história para a compreensão da equivalência entre democracia e constituição é bem-sucedida? Habermas afirma que as gerações futuras de legisladores democráticos devem se identificar aos fundadores, aceitar seus padrões e visar exatamente o mesmo projeto e da mesma perspectiva. Se couber às sucessivas gerações novamente se constituírem integralmente à maneira como Jefferson pensava que fariam, elas nunca estariam em posição de emprestar legitimidade e juridicidade às constituições de seus predecessores.

Desse modo, Habermas conclui que as gerações futuras de legisladores devem ser limitadas pela fundação de pelo menos duas maneiras diferentes. Em primeiro lugar, devem ser limitadas por uma *lógica evolucionária* que dita as metas das reformas constitucionais futuras. Essa meta comanda a maior inclusão de grupos não emancipados na vida política e civil, a expansão das liberdades políticas e civis e a provisão de recursos sociais que maximizem essas liberdades. Em segundo lugar, devem ser limitadas por uma *tradição substantiva* que dita os limites e as possibilidades específicas para interpretar essa meta. Em última análise, parece que a dissensão e o desacordo, essenciais para o diálogo democrático vibrante, são finalmente resolvidos na aceitação decisiva da lógica e da história. Estando presos às conquistas e aos ideais constitucionais de seus predecessores, as gerações futuras permanecem não livres: pois lhes é negada a oportunidade de criar sua própria constituição. Mas se as gerações subsequentes devem estar limitadas a renovar as conquistas fundadoras de seu(s) predecessor(es), como elas podem realizar isso de uma maneira que não viole sua liberdade democrática?

HEGEL E ACKERMAN SOBRE AS REVOLUÇÕES CONSTITUCIONAIS

Uma maneira de reconciliar a autodeterminação democrática e a fundação constitucional é conceber o projeto constitucional como se ele fosse um projeto revolucionário, incorporando (nos termos de Habermas) "precatadas interrupções, de outro modo fechadas autorreferencialmente, de um circulo de legitimação" (Habermas, 1996, p. 318). A fim de que essa estratégia seja bem-sucedida, a revolução em questão deve consistir de séries de interrupções que se enquadram, em última instância, numa história contínua, progressiva; pois, a menos que assumamos tal história, a legitimação retroativa da fundação é inconcebível. Mas como podemos conceber uma revolução que continua o passado?

A filosofia hegeliana tem uma resposta. Como uma filosofia abstrata da justiça, a constituição incorpora ideais que necessariamente transcendem os limites e as imperfeições de suas cláusulas particulares. Esses ideais – que visam incluir mais pessoas na vida civil e democrática e expandir (e aprofundar) nossa liberdade e nossa igualdade – estão implícitos desde o inicio junto com a tradição que prepara e segue a adoção da constituição, mas eram interpretados de maneira estreita. A jurisprudência constitucional e a legislação ordinária normalmente são orientadas para preservar a coerência do sistema jurídico, sem pôr em questão esses ideais. Com o tempo, todavia, a jurisprudência constitucional normal decompõe-se como resultado do desencontro entre o ideal constitucional e a realidade constitucional. A crise constitucional resultante reclama um questionamento mais radical dos ideais constitucionais que pode levar, com o tempo, à adoção de um paradigma constitucional ou a um esquema interpretativo inteiramente novos. Nos termos de Hegel, os velhos ideais constitucionais são simultaneamente preservados, suprimidos e elevados a um plano superior.

Bruce Ackerman afirma que essas revoluções constitucionais põem em dúvida a ideia – apresentada por Dworkin e Habermas – de que os juízes devem proceder como se houvesse apenas *uma* tradição constitucional que fosse progressivamente reinterpretada. Ele afirma que, ao contrário, desde 1787, os americanos tiveram *três* Constituições (sem contar a original, *Artigos da Confederação*): a Constituição da Antiga República (1787), que fundou uma união federal de Estados igualmente soberanos; a "Constituição" posterior à Guerra Cível da República Média (1886), que fundou uma união nacional de sujeitos *de direito* iguais e a Constituição posterior ao *New Deal* da República Moderna (1938), que fundou uma união de sujeitos políticos iguais (cidadãos). Porque cada um desses regimes constitucionais possui sua própria integridade inclusiva, não é possível julgar a "juridicidade" ou a "legitimidade" de regimes anteriores a partir do ponto de vista de regimes posteriores. Contrariamente a Dworkin, não se pode dizer que *Plessy versus Fergeson* – o caso que manteve o princípio de estabelecimentos iguais, porém racialmente separados – era decididamente errôneo, porque em 1896, quando a decisão fora exarada, as cláusulas de igual proteção e do processo devido da Décima Quarta Emenda não haviam ainda adquirido o significado que viriam a ter posteriormente na República Moderna.

Isso significa que a história constitucional americana não manifesta "progresso" e, portanto, nenhuma base para julgar a Nova República mais justa que as precedentes? Ackerman não diz; porém, seu apelo à explicação dialética de Hegel do desenvolvimento histórico, no qual regimes posteriores são ditos preservar, estender e aprofundar os ideais constitucionais de regimes anteriores por atos de síntese progressiva, sugere que a historia constitucional americana de fato exibe progresso. "O uso pela Corte do passado profundo é mais bem compreendido dialeticamente [...] Tese, antítese e síntese, a atividade dialogal de cada geração fornece, por sua vez, a nova tese histórica para o contínuo confronto da próxima geração com o futuro constitucional da America" (Ackerman, 1991, p. 304). Embora Ackerman rejeite explicitamente a ideia hegeliana de que "a sociedade está seguindo alguma trilha historicamente predeterminada", ele claramente pensa que a história constitucional americana exibe progresso ou uma lógica evolutiva. O progresso em questão inclui desenvolvimento nos procedimentos democráticos, bem como o progresso na justiça substantiva. No entanto, se e como o progresso realmente ocorre é matéria para cada nova geração decidir. O ponto principal é que cada nova antítese constitucional deve se legitimar em termos da velha tese constitucional que ela rejeita. A síntese resultante de tese e antítese constitui um rompimento com o passado, bem como uma continuação dele.

Examinemos mais detalhadamente a hipótese de Ackerman. Ele argumenta que cada um dos sucessivos regimes constitucionais americanos "revolucionou" o procedimento para emendar a Constituição Americana numa direção progressivamente mais democrática. A fundação da Antiga República (1787) não era muito democrática e, de fato, poderia ser considerada ilegal e ilegítima à luz das disposições sobre emendas estabelecidas nos *Artigos da Confederação*, que governavam o regime que a precedera. Esses artigos exigiam a aprovação unânime dos legislativos de todos os 13 estados confederados (os Pais Fundadores da República Antiga excluíram os legislativos estaduais de desempenharem qualquer papel nos processos de "emendas" e, em vez disso, reuniram assembleias constitucionais especiais em apenas 9 dos 13 estados originais).

A fundação da República Média em 1868 foi mais democrática no seu procedimento, uma vez que as Emendas da Reconstrução, abolindo a escravidão (Décima Terceira Emenda),* estabelecendo a proteção jurídica nacional igual (Décima Quarta Emenda) e estendendo o direito de voto a todos os cidadãos independentemente de raça (Décima Quinta Emenda),** foram aprovadas pelo Congresso atuando como representante eleito do Povo.

Ao contornar os dispositivos de emendas contidos no Artigo 5 da Constituição, que teria exigido a aprovação de pelo menos alguns dos legislativos estaduais do Sul, hostis à emancipação dos antigos escravos, a República Média estabeleceu uma abordagem mais democrática ao processo de emenda constitucional que posteriormente viria a ser imitado pelos fundadores da República Moderna. De fato, do nosso ponto de vista privilegiado atual, a Décima Quinta Emenda parece ter sido decisiva para cimentar esse avanço democrático, uma vez que criou a ideia de que os americanos eram primeiramente e antes de tudo cidadãos da União, que gozavam de proteção e imunidade contra violações de direito infligidas a eles pelos Estados individuais nos quais residiam.

Além de revolucionarem o procedimento constitucional, a República Média e a República Moderna revolucionaram a substância constitucional, redefiniram o significado de liberdade e igualdade. Essas revoluções não ocorreram todas de uma só vez. Cada nova República teve de ser "reconciliada" com a República que substituíra. Tomemos a República Média. Ackerman observa que as *Emendas da Reconstrução*, que a criaram, eram vistas inicialmente como "superleis" (para empregar a expressão de Raoul Berger), cujo significado era compreendido literal e superficialmente e cujo escopo era definido estreitamente para aplicar apenas aos antigos escravos. Não foi senão com *Lochner versus NewYork* (1905) que a Suprema

---

* N. de R.T.: O texto da Terceira Emenda à Constituição Americana diz, em sua seção primeira: "Nem escravidão nem servidão involuntária, exceto como punição por crime no qual a parte tenha sido devidamente condenada, deverão existir nos Estados Unidos ou em qualquer lugar sujeito a sua jurisdição".
** N. de R.T.: O texto da Décima Quinta Emenda afirma, em sua seção primeira: "O direito dos cidadãos dos Estados Unidos ao voto não será negado ou restringido pelos Estados Unidos ou por qualquer Estado em virtude de raça, cor ou prévia condição de servidão".

Corte interpretou a Décima Quarta Emenda de maneira expansiva, como incorporando um ideal de igualdade que se aplicava a todos os americanos. Apenas então essa "superlei" foi vista como uma emenda que implicitamente mudou todo o significado da Constituição.

Eu disse *implicitamente*, porque até os meados de 1930, a Emenda era invocada pela Corte apenas para proteger um dos direitos contidos no *Bill of Rights*, o direito à propriedade privada. De fato, a completa síntese das repúblicas média e antiga iniciaria mais tarde, após a República Moderna ter sido estabelecida. O principal problema enfrentado pelos fundadores da República Moderna era a blindagem pela Antiga República da propriedade privada como um direito inviolável, que não podia ser confiscado ou violado sem o "devido processo" e "sem a justa indenização". Graças à aprovação da Décima Quarta Emenda, juízes conservadores da Suprema Corte podiam recorrer a esse "direito" como uma barreira absoluta, proibindo qualquer imposto de renda (que consideravam uma apropriação ilegal) e qualquer regulamentação estadual, municipal ou federal do ambiente de trabalho (que também viam como confisco ilegal de potenciais rendas dos negócios). A aprovação da Décima Sexta Emenda em 1913, concedendo ao Congresso o poder de arrecadar impostos de renda não diminuiu a barreira para os reformadores do *New Deal*, que procuravam expandir a regulamentação governamental do ambiente de trabalho e instituir reformas de bem-estar e seguridade social.

Após lançar a ameaça de aumentar o tamanho da Corte Suprema de nove para onze – a mudança "em tempo" do juiz Owen Robert e algumas aposentadorias "salvarem os nove" – o Presidente Franklin Roosevelt conseguiu convencer a corte a iniciar uma nova revolução constitucional. Como observei antes, essa revolução foi "encerrada" numa nota de rodapé a *U.S versus Carolene Products Co.* (1938), a qual regulamentou que direitos que tinham uma influência direta sobre "os processos políticos [democráticos] invocados ordinariamente para proteger as minorias" receberiam doravante um grau maior de proteção. A democracia – e não o mercado – seria agora o princípio organizador da Constituição.

Como no caso da Décima Quarta Emenda, a revolução inaugurada por *Carolene Products* compreendeu um processo em dois estágios, embora nesse caso os estágios tivessem sido condensados em uma nota de rodapé. A nota de rodapé redefine a *Bill of Rights* como uma "lista específica de proibições" que exemplificam um princípio universal democrático. Assim, a diminuição dos direitos de propriedades, iniciado pela nota de rodapé é compensado por um aumento dos direitos civis e democráticos.

Esse aumento, no entanto, faz mais do que compensar por uma perda de liberdade de mercado; ele expande o escopo daquela liberdade democrática que define o conteúdo de todos os direitos. Nesse sentido, a nota de rodapé inicia uma forma de liberdade e de igualdade não apenas diferente, mas qualitativamente superior; uma forma que, como exporei no Capítulo 6, ainda tem de suportar renovadas tentativas de voltar ao antigo regime.

DESOBEDIÊNCIA CIVIL: PLATÃO, THOREAU E ARENDT

Antes de concluir, precisamos discutir brevemente um dos aspectos mais chocantes da forma qualitativamente superior de liberdade que o *New Deal* tornou possível: a desobediência civil. A desobediência civil é importante porque fornece um poder popular – talvez acarretado, mas não expressamente sancionado pelo novo regime constitucional – para proteger e ampliar a democracia. No entanto, como envolve uma forma de violação do direito que não é expressamente sancionado pelo direito constitucional, a desobediência civil parece ser ilegítima. Como isso é possível?

Para responder a essa questão devemos examinar inicialmente o significado da desobediência civil. O conceito de desobediência civil pode ser retraçado à antiguidade. A afirmação de Sócrates, citada na *Apologia* escrita por Platão, de que recusaria obedecer a uma ordem que o mandasse parar com a investigação pública da moral, é frequentemente mencionada como um argumento *em favor* da desobediência civil. A sua recusa posterior em dar atenção ao pedido de Críton para escapar da condenação inteiramente injusta, ao contrário, é frequentemente interpretada como um argumento *contra* a desobediência civil. No *Críton*, Sócrates argumenta que desobedecer à sua condenação pelo júri seria mais que simplesmente desobedecer a uma decisão injusta, seria equivalente a desobedecer à totalidade do sistema jurídico ateniense que lhe permitira filosofar e defender-se justamente diante de seus pares. Sob alguns aspectos, a argumentação de Sócrates contra desobedecer à sentença do júri lembra a noção retrospectiva de legitimação que se encontra na base do respeito à regra democrática majoritária: se jogares o jogo e "perderes", então deves ser um bom esportista e aceitar o resultado. Sócrates tacitamente consentiu em jogar o jogo democrático da cidadania segundo regras que pensava serem justas. Portanto, a sua crença que desobedecer seria injusto e enfraqueceria ainda mais o respeito pelo direito é razoável.

Outros filósofos afirmaram que o conceito de desobediência civil descreve de maneira pobre o que Críton exortava Sócrates a fazer, mas combina bem com o que Sócrates defendeu na *Apologia*. Para ver como a desobediência civil poderia ser justificada, voltemo-nos para um cenário mais familiar. A expressão "desobediência civil" foi introduzida inicialmente na consciência pública americana pela publicação póstuma, sob esse título, da conferência de Henry David Thoreau sobre a desobediência civil, *On the Relation of the Individual to the State* (*Sobre a relação do indivíduo com o Estado*), proferida no Liceu Concord em janeiro de 1848. Thoreau nunca usou essa expressão, mas na conferência ele justifica sua recusa em pagar um imposto *per capita* de Massachusetts como uma dissociação consciente de um governo federal que mantinha a escravidão e encetara uma guerra de agressão contra o México.

Os comentadores contemporâneos discordam sobre se o ato de protesto de Thoreau é um exemplo genuíno de desobediência civil. Thoreau descreve o seu ato como uma espécie de revolta contra uma tirania, análoga à "Revolução de '75'" (Bedau, p. 30), porém a desobediência civil difere da deposição de todo um regime constitucional por ter como principal objetivo a derrubada de uma lei, de uma decisão governamental ou de um dispositivo constitucional isolado. Ademais, Thoreau não tornou seu ato público senão dois anos após. Todavia, se Arendt estiver certa, a desobediência civil envolve violar publicamente a lei – embora não necessariamente a lei cuja reversão se quer, como ilustra o exemplo de Thoreau –, a fim de ganhar apoio público para a mudança de uma política governamental injusta. Thoreau procurava manter a sua consciência limpa dissociando-se de algo que pensava ser profundamente imoral (ibid, p. 28); não procurava instigar o clamor público. Nesse sentido, seu ato de rebelião era privado.

Por último, há a questão relativa a se o ato de Thoreau poderia ser visto como um ato de desobediência civil e, ainda assim, ser moralmente justificável. Poucos discutiriam que um ato pessoal de recusa consciente pode ser moralmente justificado, mesmo quando não é precedido por esforços de boa fé para mudar a lei através dos meios jurídicos e políticos normais. Mas o mesmo não parece ser verdadeiro no tocante à desobediência civil. Thoreau expressamente afirma seu desprezo pela maioria de seus concidadãos e pensa que "não é meu assunto peticionar ao governador ou à legislatura" (ibid, p. 35).

Embora o ato de protesto de Thoreau fosse guiado por uma profunda revolta moral que lhe custou voluntariamente um dia na cadeia, seu ato parece ser antes de objeção de consciência que de desobediência civil. Um exemplo melhor de desobediência é a marcha pacífica nas ruas de Birmingham, Alabama, que o Reverendo Martin Luther King Jr. liderou durante a Luta dos Direitos Civis, no início dos anos de 1960, a fim de protestar contra a segregação racial legalizada no local. Os funcionários de Birmingham recusaram-se a fornecer a King uma autorização para sua marcha, de sorte que a sua conduta não era legal nesse sentido; embora tivesse requerido uma autorização e, segundo a opinião geral, esta deveria ter-lhe sido concedida de acordo com os direitos da Primeira Emenda[*] à liberdade de expressão e de reunião. King também exaurira os apelos aos canais normais do governo tentando pôr fim à segregação racial no Sul; a Corte havia ordenado a reversão da segregação, porém nem o Estado do Alabama nem o Governo Federal haviam agido de acordo com as ordens judiciais.

Outro exemplo de desobediência civil inclui os protestos contra a guerra do Vietnã, compreendendo a queima de documentos de convocação, a obstrução de caravanas militares e a ocupação pacífica de centros universitários de pesquisa e outros estabelecimentos que apoiavam o esforço de guerra. Em todos esses casos, os manifestantes contrários às políticas governamentais haviam peticionado às autoridades governamentais para mudarem tais políticas, mas não tiveram nenhum sucesso, malgrado o fato da maioria dos americanos – e a maioria dos jovens sujeitos à convocação – oporem-se à guerra, após 1968. Dada nossa discussão da separação dos poderes e da revisão judicial, é especialmente interessante o fato de, no caso dos protestos contra a guerra, a Suprema Corte ter recusado exercer propriamente seu poder de revisão judicial em declarar que a Guerra do Vietnã violava a Constituição, a qual outorga ao Congresso, e não ao Presidente, o direito exclusivo de declarar guerra.

Deixarei de lado a questão sobre se aqueles que cometem a desobediência civil devem se abster de qualquer forma de violência e permitir que sejam presos. Mais importante é a questão de como legitimar a desobediência civil. Muitos comentadores assumem que a desobediência civil deve ser justificada em termos de uma concepção retrospectiva da legitimidade. Alguns deles mantêm que o fundamento para a legitimação é

---

[*] N. de R.T.: O texto da Primeira Emenda à Constituição Americana afirma: "O congresso não fará nenhuma lei a respeito de se estabelecer uma religião ou proibir o seu livre exercício; ou diminuir a liberdade de expressão ou da imprensa; ou sobre o direito das pessoas de se reunirem pacificamente, e de fazerem pedidos ao Governo para que sejam feitas reparações por ofensas."

uma lei moral mais elevada: o direito natural; outros mantêm que é uma lei positiva mais elevada: a constituição. Esses fundamentos não são mutuamente exclusivos; King apelava aos dois fundamentos de legitimação para justificar seu ato de desobediência civil (Bedau, 1969, p. 77-78).

Essas legitimações retrospectivas da desobediência civil são bem-sucedidas em capturar o valor intrínseco da desobediência civil para a democracia? Um dos problemas no apelo ao direito natural como única justificação para a desobediência civil de alguém é que sua interpretação é altamente subjetiva. Apelar para o direito natural é equivalente a apelar para sua consciência moral privada. No entanto, como observei no caso de Thoreau, objetar conscientemente à lei não basta para realizar os fins da desobediência civil, a saber, convencer seus concidadãos da retidão de sua causa, apelando para razões que todos podem reconhecer e aceitar. Assim, Arendt corretamente observa que a desobediência civil é um comportamento *grupal* com vistas a influenciar a opinião pública (Arendt, 1972, p. 55). Como ilustra bem o caso daqueles que protestam contra as clínicas de aborto, o descumprimento da lei baseado apenas em convicções religiosas pode não satisfazer essa condição de razoabilidade pública. Nenhum problema precisa surgir se assumirmos que aqueles a quem se dirigem os ativistas religiosos contrários ao aborto compartilham das crenças destes. Mas um problema surge para os que não compartilham. Para esses, o descumprimento da lei pelos ativistas contrários ao aborto não expressará opiniões razoáveis. Desse modo, de acordo com a definição de Arendt, a infração da lei cometida por eles pode ser mais bem descrita antes como um ato de recusa consciente – ou testemunho público de fé dirigido aos que pensam como eles – que como um ato de desobediência civil visando convencer os não crentes a mudar a lei.

Apelar para o direito constitucional como uma base para a desobediência civil, segundo fizeram muitos manifestantes dos direitos civis e da oposição à guerra, parece mais promissor sob esse aspecto, uma vez que os dispositivos constitucionais a que se recorre são amplamente compreendidos como publicamente razoáveis. Mas como o caso de Thoreau ilustra bem, essa condição nem sempre é satisfeita. Na opinião de Thoreau, a "Constituição é má" exatamente porque justifica a escravidão. Portanto, ele dificilmente poderia ter apelado para a Constituição como uma razão para se opor a ela.

A justificação para a desobediência civil nos casos em que a própria Constituição é o objeto de protesto deve ser, portanto, baseada em uma concepção prospectiva da legitimidade democrática. De fato, o apelo a uma noção prospectiva de legitimidade democrática pareceria ser necessária mesmo quando o principal apelo fosse retrospectivo. Além das doutrinas jusnaturalistas de Agostinho e Aquino, King recorreu à Constituição para condenar a negação ilegal dos direitos de voto aos afro-americanos no Sul, que eram impedidos de votar por impostos *per capita*, testes de alfabetização e intimidações. Mais precisamente, ele recorreu à Constituição do *New Deal* e à sua elevação suprema dos direitos civis e democráticos. Essa Constituição prospectiva olha para além de si mesma e antecipa sua própria perfeição progressiva. Baseando-se nessa Constituição, King dirigia o Movimento dos Direitos Civis para além de assegurar aos negros o mesmo direito que os brancos usufruíam. Pois, é manifesta em sua crítica da Guerra do Vietnã e da pobreza americana, uma visão prospectiva de uma democracia justa, na qual todos seriam julgados por seu caráter e não pela cor de suas peles.

 O comentário de Arendt de que a desobediência civil não é nem pode se tornar constitucional expressa acuradamente a relação paradoxal entre um ideal constitucional prospectivo e uma jurisprudência constitucional retrospectiva: "embora a desobediência civil seja compatível com o espírito das leis americanas, as dificuldades de incorporá-la no sistema jurídico americano, de justificá-la com bases puramente jurídicas parecem ser proibitivas [...]. O direito não pode justificar a violação do direito" (ibid., p. 99). Dito isso, a desobediência civil permanece uma expressão vital da democracia, que opera, nos termos de John Rawls, como "um dispositivo estabilizador no regime constitucional, tendendo a fazê-lo mais decisivamente justo" (Rawls, 1999, p. 187). Seu objetivo é usar a razão pública na construção de um apoio público amplo para uma visão do bem comum que irá pressionar um governo recalcitrante a se tornar mais democrático. Esse uso da razão pública, contudo, torna-se especialmente importante sempre que os tribunais abdicam de suas responsabilidades como guardiões da constituição e do processo democrático. Para citar Rawls: "A desobediência civil apela [ao eleitorado] [...]. Se legitimar a desobediência civil parece ameaçar a paz civil, a responsabilidade recai nem tanto sobre aqueles que protestam quanto sobre aqueles cujo abuso da autoridade e do poder justifica tal oposição" (ibid., p. 188-190).

NOTA

1. A distinção entre o devido processo substantivo e o procedimental está imersa na cláusula do devido processo da Décima Quarta Emenda, que afirma que "nenhum Estado [poderá] privar qualquer pessoa da vida, da liberdade ou da propriedade sem o devido processo legal". A cláusula faz referência a pessoas tendo tanto os direitos substantivos da vida, da liberdade e da propriedade quanto os direitos aos mesmos procedimentos jurídicos garantidos a outros cidadãos. Direitos contra a autoincriminação e ao duplo julgamento pelo mesmo crime são procedimentais, porque regulamentam *como* os processos judiciais hão de ser conduzidos; os direitos a livre expressão, imprensa livre e livre associação são substantivos porque afirmam *quais* tipos de coisas não podem ser juridicamente subtraídas. Começando com *Palko v. Connecticut* (1937), a Corte seguiu a direção do juiz Benjamin Cardozo de que apenas aqueles direitos substantivos e procedimentais que são fundamentais para o "conceito de liberdade ordenada", sem os quais a própria "justiça" "pereceria", devem ser incorporados sob a cláusula do processo devido. É importante notar que questões sobre redistribuição distrital com fundamento racial dão lugar a questões procedimentais sobre se tais esquemas violam ou mantêm o direito de votar, bem como questões substantivas sobre se ter oportunidade igual de eleger candidatos de sua própria escolha é parte de uma liberdade protegida.

4

Crime e castigo

A maioria de nós tem uma boa compreensão do direito penal graças à ampla cobertura que a imprensa popular dá aos crimes. Malgrado nossa familiaridade com esse lado obscuro da vida, poucas pessoas tem uma ideia clara sobre o que distingue atos criminosos de outras formas de transgressões da lei ou outros delitos. No entanto, isto é certo: crimes são violações do direito que merecem punição porque causam um dano significativo para a sociedade. A desobediência civil é um caso anômalo por essa definição; embora seja punível (tal como o crime), é socialmente benéfica (ao contrário do crime). Os ilícitos tratados no direito privado, que examinaremos no próximo capítulo, não são criminosos, porque geralmente são considerados como menos danosos para a sociedade que os crimes. Prejuízos e quebras de contratos são infrações jurídicas, cujos danos são restritos a pessoas particulares e, portanto, são tratados como assuntos privados com os quais se lida melhor permitindo que as partes prejudicadas busquem compensações. Apenas quando esses delitos privados ameaçam a segurança pública – como no caso do roubo – eles se tornam também matéria de aplicação do direito penal.

O QUE É O CRIME? O CASO DOS INIMIGOS COMBATENTES

O terrorismo apresenta novos desafios para a nossa compreensão do crime. Os terroristas e seus cúmplices são soldados empenhados numa guerra ou criminosos empenhados em assassinar e criar o caos? A administração Bush pensa que eles são os dois e ressuscitou um antigo termo, "inimigos combatentes" para descrevê-los.[1] Sob essa classificação, pessoas são detidas como se fossem soldados inimigos, sem julgamento e sem a maioria dos direitos que pessoas acusadas de cometer crimes normalmente possuem. Ao mesmo tempo, estão sendo submetidas a interrogatórios e castigos reservados normalmente aos suspeitos de crimes.

A administração Bush justifica esse tratamento dado aos inimigos combatentes pelo fato de constituírem um grupo peculiar de guerreiros criminosos. Tal como os guerreiros, os inimigos combatentes estão dispostos a sacrificar suas vidas numa guerra santa contra uma nação inimiga; e como os criminosos, atingem principalmente civis inocentes. Se aceitarmos a correção dessa descrição, parece razoável tratar suspeitos de terrorismo (combatentes inimigos) como pertencendo a uma classe manifestamente singular de malfeitores, cuja supressão pede um novo instrumento jurídico, combinando elementos dos dois, da guerra e do crime.

Para muitos observadores, essa síntese de dois elementos distintos parece perversa porque priva aqueles a quem se aplica tanto dos direitos de soldados quanto dos direitos de criminosos. Segundo a Terceira Convenção de Genebra, "prisioneiros de guerra que se recusarem a responder [a questões] não podem ser ameaçados, insultados ou submetidos a qualquer tratamento desagradável ou desvantajoso" e "devem ser soltos logo após o término das hostilidades". A lógica por trás dessa convenção é razoavelmente imediata: soldados são vistos como legalmente recrutados por um governo cujos atos letais de *legítima autodefesa visam exclusivamente os exércitos oficialmente marcados como hostis até o momento em que os atos oficiais de guerra tenham cessado*. Tais exércitos são definidos de maneira ampla para incluir pessoas que pareçam encetar atos hostis, mesmo que ainda não os tenham cometido. Portanto, soldados não podem ser repreendidos se, no calor da batalha, matarem civis não intencionalmente (algumas vezes referido como "dano colateral").

A lógica por trás do crime e de sua punição é inteiramente diferente. Atos criminosos são *ataques ilegais que intencionalmente visam civis e a sociedade*. A interdição do crime pelos órgãos encarregados de fazer cumprir a lei deve ser empreendida com o máximo cuidado, porque tem como meta primária a proteção dos civis inocentes. A força jurídica empregada contra os suspeitos de crime deve ser proporcional à ameaça que fazem aos outros e deve estar baseada em conspirações criminosas e crimes que se suspeita já terem sido cometidos. Tal força não pode pôr em risco a vida de civis e deve estar baseada em mais do que a mera preponderância das provas. Na jurisprudência anglo-americana, a presunção de inocência até prova em contrário exige que seja concedido à pessoa acusada de ter cometido crimes o direito a um julgamento que determine sua inocência ou culpa. Também requer que lhes sejam concedidos o direito a acompanhamento jurídico, bem como o direito de confrontar e refutar todas as acusações e os fatos contrários que forem levantados. A demonstração da culpa deve ser além da dúvida razoável e não apenas apoiada na preponderância de provas, como nos julgamentos cíveis.

A maioria desses direitos é negada aos inimigos combatentes mantidos em custódia nas prisões americanas, porque são estrangeiros lutando como soldados e, portanto, têm apenas os direitos mínimos assegurados pela Convenção de Genebra sobre o tratamento humano de prisioneiros de guerra. Segundo a Convenção de Genebra, os prisioneiros de guerra têm menos direitos, porque permitir que se defendam em julgamentos criminais exigiria revelar fontes militares sigilosas. No entanto, alguns dos inimigos combatentes sob custódia, como José Padilla, são cidadãos americanos, os quais alegam que devem ser processados segundo leis penais e que lhes deveriam ser concedidos os plenos direitos constitucionais ao devido processo. Para complicar ainda mais o tema, muitos dos combatentes no Afeganistão e encarcerados na prisão militar de Guantánamo não eram soldados, em nenhum sentido reconhecível do termo, e não pertencem a nenhum grupo hostil aos Estados Unidos. Pelo contrário, foram presos por terem *possíveis* vínculos com o regime talibã, que era *suspeito* de ter dado respaldo aos terroristas associados à Al-Qaeda. Não foram eles, mas George Bush, que os definiu como soldados. Desse modo, o governo Bush deu mais um passo, escolhendo alguns (entre os quais David Walker Lindh) para serem também processados criminalmente, borrando totalmente a distinção entre soldado e criminoso. O fato de a "guerra ao terror" não terminar até que todos os inimigos combatentes no mundo estejam mortos ou capturados significa que esses soldados podem permanecer na prisão indefinidamente.

Numa decisão recente, *Hamden versus Rumsfeld* (2006), a Corte Suprema finalmente obrigou o governo Bush a conceder aos suspeitos de terrorismo, aprisionados pelas autoridades americanas nos Estados Unidos e no exterior, o direito a audiências em tribunais, em que seus direitos como réus criminais sejam respeitados segundo a Convenção de Genebra. No entanto, sob as estipulações do Ato Patriótico, as pessoas ainda podem ser mantidas sob custódia indefinidamente pela mera suspeita de terem vínculos com organizações terroristas. De fato, como é ilustrado pelo caso recente do clérigo muçulmano Ali al-Timimi, podem ser sentenciados a prisão perpétua por se manifestarem veementemente contra a ocupação do Afeganistão e do Iraque pelos Estados Unidos, se isso for visto como incitação a outros para se envolverem na resistência armada contra os soldados americanos nesses países.²

Numa análise final, o que preocupa muitos críticos sobre a classificação dada pelo governo Bush de combatentes inimigos é que, sob sua proteção, pessoas estão sendo punidas por reagirem em autodefesa contra as forças americanas de ocupação ou estão sendo mantidas como prisioneiros de guerra por possíveis conspirações criminais contra civis. Essa nova definição do direito penal é errada porque, nas palavras de David Luban,

> [...] o modelo jurídico e o modelo de guerra são como pacotes conceituais [e] é sem qualquer fundamento separá-los e recombiná-los simplesmente porque é um interesse americano agir assim. Declarar que os americanos podem combater os inimigos com a liberdade de soldados, mas se os inimigos reagem, eles não são soldados, mas criminosos, equivale a uma espécie de moralidade internacional "par, eu ganho; impar, tu perdes", que torna justificado tudo aquilo que reduzir os riscos americanos, não importa a que custo para os outros (Luban, 2002, p. 418).

Danos, atos e intenções: problemas filosóficos sobre a *mens rea**

Luban afirma que incorporar o modelo da guerra ao modelo jurídico destrói "o ideal do direito como protetor dos direitos subjetivos". Isso é feito ao se prender pessoas "por suas intenções e não por seus atos": "abandonaram-se os princípios de que uma pessoa nunca deve ser punida por seus pensamentos, mas apenas por seus atos, e que pessoas inocentes devem ser antes protegidas que feridas por seus próprios governos" (ibid, p. 418). Uma pessoa vestida com o uniforme de um inimigo combatente não precisa agir antes que atiremos nele: sua intenção hostil é suficiente para justificar que lhe causemos danos. Mas o que dizer sobre uma pessoa não uniformizada, vestida como civil? A menos que tenha cometido atos hostis, não temos como saber quais são suas intenções e, assim, não temos o direito de lhe ferir. Esse é o padrão no direito penal. Consequentemente,

---

* N. de R.T.: Termo latino traduzido no direito americano geralmente por *guilty mind* (mente culpada). Trata-se da abreviação de uma máxima jurídica latina: *actus non facit reum nisi mens sit rea*. Essa máxima encarna o princípio jurídico penal de que o ato não torna uma pessoa culpada a não ser que também sua mente seja culpada, isto é, a não ser que tenha havido intenção de praticar uma conduta que sabia ser crime. Entende-se que tal princípio não se aplica a casos de responsabilidade civil, nos quais o conhecimento da ilicitude da ação não é condição necessária para que haja reparação do dano causado.

Luban admite que o propósito do direito penal é punir atos, não intenções. Sua opinião seria correta?

A perspectiva tradicional do direito penal concentra-se no sofrimento causado à vitima pelos atos criminosos. Um exame superficial do direito penal sugere que a relação entre intenção e comportamento criminoso é muito mais complexa do que Luban presume. Por um lado, o direito penal moderno pune ações e não pensamentos. O que determina se uma pessoa tem um pensamento maldoso não é suscetível de demonstração no mesmo grau que aquilo que determina se a pessoa cometeu um ato maldoso; e pensamentos maldosos são normalmente considerados menos danosos e mais difíceis de controlar do que atos maldosos. Dito isso, a maldade criminosa de um ato depende em parte do estado mental do acusado (*mens rea*). No direito anglo-americano, a fim de que um ato seja criminoso, deve ser demonstrado que o agente visou o ato como tal.

Há diversas razões para isso. Primeiramente, é impensável que alguém possa executar certos tipos de crimes, tais como suborno e sequestro, sem ter a intenção de agir assim. Em segundo lugar, a seriedade do ato criminoso e a severidade com a qual deve ser punido são normalmente consideradas como dependentes da intenção do autor. Uma pessoa que mata alguém não intencionalmente ao desferir golpe raivoso pode ser julgada culpada de homicídio culposo; ao passo que uma pessoa que desfere um golpe igualmente letal, com a intenção de assassinar, pode ser julgada culpada de homicídio doloso premeditado. Em terceiro lugar, como observado no Capítulo 1, considerar as pessoas como responsáveis por seus atos é parte integrante do estado de direito, porque assumimos que as pessoas pretendem fazer o que fazem com inteiro conhecimento das consequências de suas ações. Sanções jurídicas inibem delitos apenas na medida em que as pessoas possam ser tomadas por responsáveis pelos atos que causam danos. No entanto, a responsabilidade diminui na medida em que as ações e suas consequências não são pretendidas.

Finalmente, as teorias modernas do direito afirmam que pessoas podem ser responsáveis por tentativas de cometer um crime, independentemente de suas terem ou não sido bem-sucedidas. Em alguns casos, pessoas foram condenadas por tentativa de cometer crimes que não poderiam ser bem-sucedidos (por exemplo, a tentativa de matar alguém que já estava morto).[8] Em outros casos, foram condenadas pela tentativa de cometer crimes que eram impossíveis, dada a definição legal de crime (como ocorre ao se comprar mercadorias roubadas que se revelam já ser suas). Em todos esses casos, a responsabilidade criminal do réu tinha pouca relação com realmente causar dano a alguém. Pelo contrário, a preocupação era que permitir a impunidade encorajaria novas tentativas – algumas delas com sucesso – no futuro.

Tentativas fracassadas de cometer crimes são criminosas por atos ou apenas por intenções? Podemos pensar que a mera intenção criminosa é suficiente para estabelecer um ato criminoso, porque a distinção entre preparar-se para realizar um ato criminoso e de fato encetá-lo é inerentemente vaga. Essa vagueza é o que torna tão tentador criminalizar a "conspiração". Se eu comprar veneno de rato com a intenção de pô-lo posteriormente no ensopado de meu tio, já não terei dado início à ação criminosa? Se a resposta for afirmativa, então o que dizer sobre pesquisar venenos? Ou sobre imaginar como eu poderia causar a morte dele? Não estão essas intenções preliminares e esses atos preparatórios igualmente preparando e iniciando o real assassinato?

Por mais convincentes que sejam essas razões para vincular comportamento criminoso e intenção criminosa, casos julgados segundo a regra do homicídio decorrente de crime grave (*felony murder rule*)* sugerem que alguns crimes não precisam ser acompanhados de nenhuma intenção criminosa. Por exemplo, uma pessoa P pode ser condenada pelo homicídio do indivíduo R em decorrência de um crime grave (*felony murder*), mesmo que não tivesse nenhuma intenção de ferir R; basta que seja cúmplice de um crime grave durante o qual um de seus cúmplices causou a morte de R. Outro exemplo ilustrando essa espécie de responsabilidade criminal é a condenação de pessoas que inocentemente possuem substâncias ilegais por ignorância da lei ou por indiferença. Igualmente, pela doutrina da *intenção transferida*,** se a pessoa P acidentalmente matar R ao tentar matar Q, ela pode ser condenada por matar R intencionalmente (homicídio doloso). Finalmente, na ausência de intenções criminosas cla-

---

* N. de R.T.: Doutrina do direito penal anglo-americano segundo a qual o homicídio é visto de maneira diferenciada em situações de crime que resulta em morte. Quando alguém mata outro em um crime que seria de outra natureza (assalto, por exemplo), aquilo que seria homicídio culposo, visto não ser o objetivo do assaltante matar, é tido como homicídio doloso. Do mesmo modo, qualquer dos coautores do crime que resulta em morte, mesmo quando não tendo sido ele próprio quem matou a vítima, é tido como igualmente responsável pela morte. Essa regra é vista por muitos como exceção à *mens rea*, visto que não requer intenção de matar para que o crime seja considerado homicídio doloso.

** N. de R.T.: *Transferred intent* é uma doutrina do direito anglo-americano segundo a qual uma pessoa que tem a intenção de ferir outra, caso fira um terceiro, é considerada como tendo a intenção de ferir esse terceiro, sendo processada como se tivesse cometido ato doloso, e não culposo. Essa doutrina é aplicada não apenas no direito penal, como no exemplo do texto, mas também no direito privado.

ras, a não satisfação de *padrões de razoabilidade* pode ser empregada para condenar pessoas por crimes. Por exemplo, um homem que erroneamente interpreta a resistência de uma mulher aos seus avanços sexuais como timidez pode ser condenado por estupro, porque uma pessoa razoável – imaginando a si mesmo(a) em uma situação similar à dessa mulher – teria compreendido o comportamento da mesma como resistência genuína.

Esses casos são controversos. Por exemplo, os que privilegiam a responsabilidade objetiva[*] afirmam que suas vantagens superam as desvantagens. Essas vantagens incluem a redução do dano para a sociedade causado por pessoas incautas ou que sistematicamente deixam de levar em conta o inteiro espectro de possíveis consequências decorrentes de seus atos, quer sejam pretendidas, quer não sejam. Parece justa a aplicação de critérios estritos de responsabilidade ao criminalizar atividades que oferecem um risco maior do que outras, na medida em que as pessoas livremente escolhem empreender atividades de alto risco, com inteiro conhecimento de suas responsabilidades. A aplicação parece razoável porque é mais barato processar os crimes sem ter que lidar com os detalhes confusos da intenção.

Outros, no entanto, afirmam que a ausência de intenção criminosa, especialmente nos casos processados segundo a regra da responsabilidade objetiva retira completamente essas ações da esfera das condutas criminosas ou, pelo menos, da esfera das condutas pelas quais estão sendo processados. A responsabilidade objetiva parece se chocar com o princípio jurídico da previsibilidade; obriga as pessoas a calcular todas as consequências possíveis de seus atos, o que é impossível de ser executado, porque as consequências das ações das pessoas são sempre afetadas por eventos que estão fora de seu controle. O estado de direito, todavia, pressupõe que as pessoas podem ser responsabilizadas criminalmente pelas consequências de suas ações exatamente na medida em que exercem controle sobre elas. Portanto, parece errado, por exemplo, responsabilizar objetivamente um comerciante de armas por um tiro mortal proveniente de uma arma que vendera a um assaltante, cujos antecedentes o negociante verificara e conferira exaustivamente junto às autoridades competentes.

---

[*] N. de R.T.: Chama-se, na doutrina ango-americana, *strict liability* o caso em direito penal ou privado em que não se dá o exame de culpa ou dolo para se determinar a ilegalidade da conduta e a consequente pena (direito penal) ou indenização (direito privado). Equivale à responsabilidade objetiva do direito brasileiro; com a diferença de que, no direito brasileiro, é uma doutrina apenas de direito privado, não de direito penal.

O mesmo raciocínio aplica-se ao motorista de um carro de fuga. Se estiver razoavelmente seguro que seu comparsa não portava uma arma, não deve ser responsabilizado por nenhuma consequência letal causada pelo uso de uma arma por seu cúmplice.

Para fins de argumentação, suponhamos que o estado de direito presume que pessoas são agentes responsáveis, que planejam as consequências de seus atos. O debate sobre a responsabilidade objetiva, então, gira em torno da relação ente intenções, ações e consequências. Em primeiro lugar, o que queremos dizer por ação intencional? Em um sentido, qualquer ação não causada por um reflexo involuntário pode ser descrita como intencional. De fato, alguns filósofos afirmaram que uma ação não é propriamente uma ação, se não puder ser descrita em termos da intenção de um agente. O problema é saber o que é uma intenção. O movimento de um lado para outro das mãos de Joe indica a intenção de:

a) mover as mãos;
b) acenar para Jane;
c) indicar a Jane para que desse um tiro;
d) matar Sally;
e) matar Billy, postado diante de Sally (o alvo de Jane);
f) matar a avó de Billy, que morre de um ataque cardíaco ao vê-lo morto?

Para considerar os movimentos físicos de Joe de algum modo como uma ação é necessário que eles sejam descritos como expressando a intenção de fazer (a). Novos elementos de juízo são necessários para mostrar que Joe fez (a) no desenrolar da pretensão de fazer (b), (c) ou (d). Suponhamos que foi determinado que Jane pretendia matar Sally, o seu único alvo primário. Podemos dizer que pretendia também a morte de Billy e de sua avó? Suponhamos que ela não quisesse ferir Billy, mas previu que ele estaria em sua linha de tiro. Alternativamente, suponhamos que não previra que Billy estivesse na linha de tiro, mas apenas que alguém (que, por acaso, é Billy) poderia estar nas proximidades de Sally. Podemos, ainda assim, dizer que ela matou intencionalmente Billy e sua avó?

Nossa resposta para essas questões depende de se pensamos que uma pessoa que intenciona imediatamente fazer (d) também intenciona as consequências previsíveis de (d). Se Jane prevê que a consequência de matar Sally será matar Billy, então talvez tenha sentido dizer que ela pretende também matar Billy. Se souber que a avó de Billy tem o coração muito fraco, então poderíamos também concluir, empregando o mesmo raciocínio, que intenciona também a morte da avó. Se souber apenas que alguém está nas proximidades de Sally, poderíamos ainda concluir que intenciona que uma pessoa inocente seja acidentalmente morta. Podemos ainda concluir que intenciona as mortes de outras pessoas, distantes da cena do crime, mas que poderia prever que viriam a ter um ataque cardíaco ao saberem da morte brutal de seus entes queridos.

Empregando essa noção ampla de ação intencional, poder-se-ia considerar razoável condenar o clérigo muçulmano Ali al-Timimi por conspirar para o assassinato de americanos no exterior. Certamente (ao menos assim poderia ser alegado) deveria saber que seu discurso antiamericano poderia incitar muçulmanos passionais a pegar em armas contra soldados americanos no Afeganistão. Portanto, parece razoável concluir que ele pretendia agir desse modo.

Todavia, essa noção ampla de ação intencional, que conduz a essa conclusão, seria defensável? Se fosse, pelo mesmo raciocínio teríamos que dizer que o governo pretende a morte de centenas de pessoas sempre que permite um ato – como o de dirigir veículos automotores – que sabe (com um alto grau de certeza) que terá esse resultado (indireto). Mas isso é claramente contraintuitivo. Talvez, tenhamos que invocar a doutrina tomista do "duplo efeito", segundo a qual uma ação é descrita e julgada por sua intenção primária e não por seus efeitos não intencionais, ainda que previsíveis. A razão pela qual o Estado permite que pessoas dirijam não é matar pessoas inocentes. Ademais, embora pessoas inocentes morram nas estradas, é incorreto descrever a legalização do dirigir como a causa do infortúnio, uma vez que dirigir legalmente é apenas uma das muitas condições necessárias de fundo para que a causa decisiva real – direção imprudente – sobrevenha.

Talvez nunca venhamos a saber se al-Timimi alguma vez pretendera que alguns de seus ouvintes matassem soldados americanos. Na falta de tal demonstração de intenção, parece errado condená-lo por conspiração para matar americanos, mesmo se tivesse sabido que alguns de seus ouvintes ficariam ainda mais excitados em seus sentimentos antiamericanos ao ouvirem seus sermões.

Casos como esse levaram os juristas americanos a reconsiderarem a doutrina da intenção criminosa. Por causa das dificuldades associadas a destrinchar os diferentes níveis de intenção e de conhecimento prévio, muitos Estados confeccionaram suas leis penais de sorte a refletir o Código Penal Modelo (*Model Penal Code*),* que substitui o conceito de intenção criminosa pelo conceito de *propósito criminoso* e *conhecimento criminoso*. Ao autorizar a condução de veículos automotores, o propósito do governo não é causar a morte de pessoas inocentes, mas facilitar as atividades da vida diária que exigem transporte. Talvez, o propósito dos discursos antiamericanos de al-Timimi também não fosse o de matar soldados americanos, mas levar os muçulmanos a criticarem – e, portanto, a boicotarem – o que entendia ser uma invasão injusta do Afeganistão. Quanto ao conhecimento criminoso, não diríamos que o governo sabe que entre as consequências de simplesmente *permitir que pessoas dirijam* esteja *necessária* ou *provavelmente* a morte de pessoas inocentes. No máximo, uma consequência de permitir que pessoas dirijam é tornar *possível* que algumas venham a abusar desse direito com resultados fatais. Al-Timimi sem dúvida sabia que seria possível que alguns de seus ouvintes reagissem a seus discursos pegando em armas contra os Estados Unidos, tenha sido ou não esse o seu propósito. Mas apenas saber que isso era uma pura possibilidade não seria suficiente para mostrar que sabia que isso provavelmente ocorreria. Inversamente, se quisesse – mas não soubesse – que isso ocorreria, poderíamos ainda concluir que o seu propósito era criminoso; que conspirara de algum modo para o ato, sabendo que era ao menos uma possibilidade.

No entanto, substituir "pretendeu causar (dano)" por "fez com o propósito de causar (dano)" e "fez sabendo que provavelmente causaria (dano)" não resolve todos os problemas concernentes à *mens rea*. Consideremos novamente casos envolvendo tentativas de crimes. Segundo o *common law*, pessoas que fracassam em suas tentativas criminosas são menos condenáveis que aquelas que logram sucesso na execução de um crime. Mas por que isso deve ser assim? Uma tentativa fracassada de cometer um crime pode ser idêntica em todos os aspectos a uma tentativa bem-sucedida, salvo pelo resultado. Por que a pessoa que fracassou no seu intento deve ser recompensada com uma pena menor do que a da pessoa

---

* N. de T.: O leitor deve ter em mente que na peculiar estrutura federativa americana, cada Estado da união tem suas próprias leis penais, o que previsivelmente provoca diversos problemas. A fim de contribuir na unificação dessas leis, o American Law Institut (uma influente organização independente que congrega juízes, advogados e professores de Direito) elaborou e divulgou em 1962 um modelo de código penal, o chamado Model Penal Code (ver Robinson, Paul H. e Dubber, Markus D. *The American Model Penal Code: A Brief Overview*. New Criminal Law Review, Vol. 10, p. 319, 2007; disponibilizado pela SSRN: http://ssrn.com/abstract=661165 ou doi:10.2139/ssrn.661165).

bem-sucedida, se o fracasso daquela foi não intencional e simplesmente uma questão de sorte? Se as duas tentativas põem os mesmos riscos para a sociedade, não deveriam ser punidas identicamente?

Escusas e justificativas

Propósitos malévolos e conhecimento do dano previsível obviamente pesam sobre a condenação de atos criminosos. Mas o direito penal reconhece dois tipos de circunstâncias atenuantes que livram os agentes da acusação de agir com propósito e conhecimento: justificativa e escusa.*
Justificativa compreende fazer algo proibido pela lei, mas que justificadamente promove um bem social, sem causar nenhum dano social. Ferir um agressor criminoso em defesa imediata da vida de alguém (a sua própria ou a de outrem) é justificável, se o acusado tiver agido de maneira razoável, proporcional ao grau e à natureza da ameaça do agressor. O emprego de força desproporcional, incluindo força potencialmente fatal, por policiais agindo sob a autoridade da lei é justificado para evitar a ocorrência de sérios crimes, mesmo se esses crimes não ameacem imediatamente a vida de alguém.

Outro exemplo de transgressão da lei justificável é quando pessoas, no decorrer da prática de um crime, acabam por impedir algum crime ou dano maior. Um caso interessante desse gênero é a história de Motti Ashkenazi, que roubara a sacola encontrada por ele na praia em Jerusalém e acabou descobrindo que ela continha uma bomba. Ashkenazi alertou a polícia e não foi acusado de roubo.

As autoridades israelenses decidiram corretamente que o "crime" de Ashkenazi era retroativamente justificável? Na maioria dos casos de transgressão justificável da lei, o réu tem uma boa razão para transgredir a lei que lhe permite executar um ato benéfico para a sociedade. No caso de Ashkenazi, apenas uma dessas condições é satisfeita: ele executou um ato benéfico para a sociedade, mas essa não era a razão pela qual roubara a sacola. Segundo o Código Penal de Israel, seção 27, que é semelhante ao Código Penal Modelo, pareceria que o ato de Ashkenazi não era justificável

---

* N. de R.T.: No direito penal anglo-americano, justificativa (*justification*), explicada melhor a seguir, não se confunde com escusa (*excuse*), na medida em que a primeira estabelece uma exceção na proibição jurídica de uma conduta (exemplificada pela legítima defesa e pelo estado de necessidade), não havendo, pois, crime. Já a escusa implica reconhecimento de que houve crime, embora sua punição seja moral e socialmente indesejável.

e que ele deveria ser punido pelo roubo. Essa lei reza que uma tentativa de crime pode ser punida da mesma maneira que se o crime substantivo tivesse sido perpetrado, e supõe que a mera ocorrência do propósito criminoso oferece um perigo que não deve ficar impune. Seja como for, pode-se afirmar que essa lei é contraprodutiva. Ao definir a culpabilidade apenas em termos das razões do réu para transgredir a lei, efetivamente desencoraja o réu de executar atos benéficos após o crime inicial ter sido cometido. Ashkenazi, por exemplo, poderia ter evitado acusações criminais simplesmente deixando a bomba no vão da escada do prédio no qual por fim largara a sacola. Portanto, parece que executar um ato benéfico deveria bastar para justificar retroativamente um ato infrator, mesmo se o próprio ato fora motivado por uma intenção má.

Nos casos que envolvem agressões conjugais surge um conjunto diferente de problemas filosóficos associados à justificação. A síndrome da mulher agredida é frequentemente invocada de maneira ambígua como justificativa (agir em autodefesa) e escusa (compelida pelo medo). Essa mescla ocorre exemplarmente sempre que o ato ilegal do réu não satisfaz um dos quatro critérios tradicionalmente usados para estabelecer a autodefesa justificável.

1. O propósito do ato é defender-se contra um ataque imediato que ameaça a vida ou a integridade corpórea de maneira séria.
2. O ato deve ser justificado em termos de uma avaliação razoável do agressor e do dano iminente, haja vista o contexto peculiar no qual a ameaça ocorre.
3. O ato deve apresentar um grau de uso da força razoavelmente proporcional à força da agressão ameaçada.
4. O que conta como uma razoável avaliação e uma resposta ao dano envolvido deve ter como ponto de referência uma perspectiva objetiva e imparcial.

O famoso caso de Lorena Bobbit, que alegou estar agindo em autodefesa ao mutilar os órgãos genitais de seu marido enquanto ele dormia, mostra quão problemáticos são esses quatro critérios na avaliação da justificação da autodefesa na reação ao abuso conjugal prolongado. À primeira vista, esse caso parece não satisfazer os critérios 1 a 3, uma vez que o marido de Bobbit estava dormindo quando ela o mutilara. No entanto, essa aparência é enganadora, porque um juízo acurado sobre se o critério 1 fora atendido depende parcialmente do grau de satisfação dos critérios 2 e 3, e o juízo acerca desses, por sua vez, depende da satisfação do critério 4.

Para fins de argumentação, aceitemos a alegação de Bobbit, normalmente feita por mulheres que sofrem da síndrome da mulher agredida, que queria deixar seu marido, mas temia fazer isso porque receava que ele fosse em seu encalço e a ferisse ainda mais do que antes (Bobbit alegou que seu marido jurara persegui-la e violentá-la, se tentasse deixá-lo). A questão que surge agora é essa: supondo que Bobbit acreditava razoavelmente que estava presa a uma situação que ameaçava sua vida, e da qual não havia saída, podemos conceber o ato dela como um ato justificável de autodefesa?

O problema com o qual nos deparamos ao responder essa questão gira em torno da definição de razoabilidade em termos de um ponto de vista objetivo. O direito equaciona objetividade ao ponto de vista médio. Porém, que ponto de vista é esse? Na jurisprudência anglo-americana, o júri ou o juiz (se não houver júri) é encarregado de responder essa questão. Mas juízes e júris são tendenciosos com respeito a isso.

Dado que a objetividade é fugidia, algumas feministas afirmaram que deveria ser adotado em casos como o de Bobbit o ponto de vista de uma mulher agredida que presuntivamente se encontra numa situação privilegiada singular para avaliar o grau de risco e a força necessária para evitá-lo.

Essa alegação parece ter mérito considerável. Inicialmente, muitas mulheres agredida acreditam – não sem razão – que não podem contar com os tribunais e os órgãos policiais para protegê-las dos maridos ameaçadores, pois esses órgãos têm um histórico de confiabilidade insatisfatório. Porque não podem se defender, escolhem atingir seus maridos enquanto eles estão dormindo ou em algum outro estado vulnerável.

Isso explica porque o primeiro critério de legítima autodefesa – resposta a uma ameaça imediata – não parece se aplicar à situação delas. Dada a longa história de abusos passados, o ataque "preventivo" a seus agressores pode ser concebido como um ato razoável de autodefesa em resposta a um impendente (se não iminente) estupro ou espancamento. O mesmo raciocínio se aplica ao segundo e ao terceiro critérios de autodefesa legítima. Mulheres como Bobbit podem crer razoavelmente que devem agir com força decisiva (e às vezes letal) a fim de assegurarem a incapacitação de um abusador colérico, cuja vingança não seria impedida por nenhum dano menor.

Recorrer às experiências comuns de mulheres agredidas na determinação da razoabilidade de seus atos preventivos de autodefesa não está livre de problemas. Como mostra o nosso exemplo anterior, a tentativa de desenvolver um padrão desse gênero de razoabilidade sensível ao contexto pode ser sempre levada mais adiante. Se procurarmos o ponto de referência mais sensível ao contexto para o que conta por razoável, devemos encontrá-lo refletido no ponto de vista único da ré (Bobbit). Mas vejamos agora o que ocorreu. Invertemos a relação entre nossa compreensão sobre o que é razoável (critério quatro) e nossa compreensão do que é justificável, dadas as características particulares do contexto (critério três). Em vez de perguntarmos como uma pessoa razoável teria avaliado essas características, perguntamos como essas características – especificadas por uma história singular de abuso conjugal – determinam nossa compreensão do que tomar como razoável.

A razoabilidade como ponto de referência objetivo (comum e compartilhado) parece ter sido substituída ou redefinida pelo ponto de referência subjetivo (pessoal) do réu. Ao definir razoabilidade em termos do que o réu pensou ser razoável no momento em que agiu em autodefesa, eliminamos a razoabilidade como um padrão independente de avaliação da justificabilidade de seu comportamento. De fato, se aquilo que o réu pensou ser razoável quando agiu é, em parte, função de seus medos, torna-se menos claro se realmente era razoável, e não apenas compreensível (explicável). Se seus temores foram patologicamente exagerados ou distorcidos, então o ato ser razoável (racionalmente justificável) torna-se indistinguível de ser desculpável como uma compulsão que, pelas circunstâncias, estava fora de seu controle.

A dificuldade de separar a justificação da escusa nos casos de agressão conjugal leva-nos a examinar as múltiplas formas de escusas. Infratores da lei podem ser inteira ou parcialmente escusados de atos criminosos não justificados se, no momento em que cometeram o ato,

a) eram menores de idade;
b) foram coagidos;
c) foram ludibriados ou induzidos a agir desse modo por uma autoridade policial;
d) estavam enganados sobre o que estavam fazendo;
e) eram dementes ou, ainda,
f) agiam sob pressão extrema.

Cada tipo de escusa origina questões filosóficas próprias. Em que idade alguém se torna adulto, podendo ser considerado plenamente responsável por seus atos? Dado que o grau de maturidade varia de pessoa para pessoa e de situação para situação, a determinação da responsabilidade criminal deveria caber aos jurados e aos juízes (consultando especialistas) que decidiriam caso a caso? Quanto ao logro, em que situações um policial infiltrado a fim de descobrir e identificar definitivamente criminosos e que solicita atos ilícitos ultrapassa a linha, incita ou cria o criminoso e o crime que quer coibir?

Algumas das escusas mais controversas envolvem a alegação de coerção psicológica, pressão e insanidade. Exemplos das duas primeiras alegações incluem incapacidade devido à síndrome pré-menstrual, à depressão pós-parto e, como acabamos de ver, medo extremo e ira reativa causada pela exposição prolongada à agressão conjugal. Nos casos envolvendo agressão conjugal, nos quais é empregado um padrão subjetivo de razoabilidade para determinar a justificativa da autodefesa, os jurados poderiam ser instruídos a considerar como o medo peculiar, causado pelas duas características que definem a síndrome da mulher agredida (um "estado psicológico de baixa autoestima" e um "estado psicológico de desamparo aprendido") conspira para criar na ré uma crença sincera de que a força extrema era necessária. Mesmo se a força empregada pela ré é avaliada pelo júri como objetivamente desproporcional à ameaça oferecida pela vítima, é permitido ao júri escusar o ato como empreendido razoavelmente. Nesse caso, o ato não seria considerado um ato justificável de autodefesa, mas um ato escusável a que fora a ré compelida de maneira razoável.

O conceito de ação compelida razoavelmente soa vagamente como um oxímoro: ações razoáveis são aquelas que, por definição, são empreendidas voluntariamente e não constrangidas psicologicamente. Todavia, nos casos envolvendo a síndrome da mulher agredida, é inevitável definir a razoabilidade subjetiva da ação da ré em termos de condições restritivas de uma psicopatologia específica sobre a qual o testemunho de especialistas em psicologia deve ser dado. Na tentativa de determinar a quadratura do círculo – reconciliar o conceito de ação razoável e voluntária com o de ação coagida e não razoável (objetivamente) – a corte permite aos jurados recorrer a uma espécie de razoabilidade patológica na escusa – mas não na justificação – de um ato criminoso. No caso de Lorena Bobbit, o júri foi ao ponto de absolvê-la com base em um "impulso irresistível" que a tornara temporariamente insana.

A absolvição de Bobbit chamou novamente a atenção para o que inegavelmente é a mais controversa das escusas: a defesa por insanidade mental. A definição jurídica – distinta da definição médica – de insanidade usada no direito ordinário dos países data do caso de M'Naghten (1843), no qual o réu (Daniel M'Naghten) sofria da ilusão de que a pessoa que matara, Edward Drummond, era o primeiro ministro da Inglaterra, Sir Robert Peel. Considerando o argumento do advogado de defesa de M'Naghten, segundo o qual seu cliente não distinguia o certo do errado, a Câmara dos Lordes formulou a definição de insanidade, conhecida como Regra de M'Naghten. Segundo essa regra, para que uma pessoa seja absolvida por insanidade, ela deve sofrer de uma doença mental relativamente permanente, anulando sua capacidade de saber o que está fazendo ou de saber que o que está fazendo é errado. O termo "saber" nessa definição tem sido interpretado ora amplamente, ora estritamente. Falando amplamente, alguém sabe o que está fazendo se puder identificar sua ação, por exemplo, a de matar alguém; alguém sabe que é errado se estiver cônscio de que (por exemplo) matar é contra a lei. Em falando estritamente, alguém sabe o que está fazendo se, além de identificar o que está fazendo, for capaz de apreender o contexto total no qual está agindo (os sentimentos dele próprio e dos outros, as consequências das ações, etc.).

A definição ampla tem sido criticada por negligenciar os casos como o de M'Naghten, nos quais as pessoas sabem que estão cometendo um crime (possuem *mens rea*), embora estejam alucinando, como quando uma pessoa mata um estranho que crê ser Satã. Sob a definição estrita, tais pessoas alucinadas seriam consideras ignorantes de contexto de suas ações, portanto, não seriam consideradas sãs. Contudo, como ilustra o caso de Lorena Bobbit, pode ainda ser criticado por definir insanidade apenas em termos de deficiência cognitiva. Mulheres como Bobbit que sofrem de síndrome da mulher agredida não estão alucinadas: são compelidas a transgredir a lei por razões que são tanto compreensíveis (subjetivamente razoáveis) quanto patológicas.

Diferentemente da Regra de M'Naghten, a defesa por "impulso irresistível" que fora empregada para escusar Bobbit reconhece que as dimensões cognitivas, afetivas e volitivas da ação não podem ser separadas umas das outras. Essa visão holística da ação está mais de acordo com a psicologia moderna e deu lugar a mais definições modernas de insanidade, tais como a regra proposta em *Durham versus U.S.* (1954), segundo a qual um réu não é criminalmente responsável se seu ato for o "produto de doença ou deficiência mental". Embora essas definições de insanidade legal assinalem um claro avanço para além da psicologia ultrapassada implícita na Regra de M'Naghten, nenhuma delas parece fornecer padrões suficientemente claros para guiar os jurados. É impossível determinar se uma ação é causada por um impulso que é irresistível em um sentido absoluto; e a determinação da doença ou deficiência mental, que fora rejeitada pela Suprema Corte como regra para avaliar a insanidade, obriga os jurados a decidir entre opiniões conflitantes dos especialistas, portanto (ironicamente) presumindo que juristas sejam especialistas.

Procurando contornar a vagueza desses complementos à Regra de M'Naghten, O Código Penal Modelo define a insanidade mental em termos de incapacidade substancial, causada por doença ou deficiência mental, ou para reconhecer a natureza criminosa (a ilegalidade) de sua conduta ou para conformar sua conduta às exigências da lei (sec. 4.01). Essa definição evita as dificuldades associadas às suas predecessoras? Bobbit estaria substancialmente incapacitada por uma deficiência mental que a impediria de conformar suas ações às exigências da lei? Aqueles que sustentam que a defesa por insanidade deveria ser abolida afirmam que esse item é irrelevante para a questão da culpabilidade. Segundo eles, todos os criminosos sofrem de alguma incapacidade, patologicamente induzida, de conformarem-se às exigências da lei, incapacidade que pode sempre ser explicada em termos de má criação, pressões grupais ou sentimentos de desespero oriundos da pobreza, da falta de instrução formal ou da indiferença social. Isso não os desculpa de assumir a responsabilidade pelo que fizeram. Os únicos atos criminosos que devem ser escusados são aqueles nos quais os réus carecem da correspondente *mens rea*. Em casos como esses, os atos em questão são ilegais, mas não criminosos. Uma vez que pressupõe que réus na situação da Bobbit possuem a *mens rea* – que sabem num sentido mínimo que estão transgredindo a lei – a defesa por insanidade não pode servir para escusá-los.

Além de ser aplicada de maneira arbitrária, a defesa por insanidade é cara, sempre que usada, o que é usual apenas para os casos que envolvem as piores espécies de crimes. Talvez a melhor razão para abolir seja raramente alterar a situação, salvo nos casos de pena capital; as consequências de cometer um ato horrível qualquer, seja ele escusável ou não pela insanidade, são, *grosso modo*, as mesmas: anos passados num hospital psiquiátrico *versus* anos na prisão. Todavia, parece haver ainda uma razão para preservar essa defesa: a saber, o estigma social ligado à condenação e à punição por crime. A punição penal visa dissuadir criminosos em potencial de transgredirem a lei, mas isso pressupõe que as pessoas sejam responsáveis por suas ações, vale dizer, que as empreendem livre e racionalmente. A diminuição da capacidade de agir livre e racionalmente depõe contra tal responsabilidade.

A GENEALOGIA DA PUNIÇÃO: NIETZSCHE E FOUCAULT

Nossa discussão sobre a defesa por insanidade sublinha um dos propósitos mais importantes da punição do crime: dissuadi-lo e preveni-lo. A maneira zelosa com a qual esse propósito é perseguido hoje em dia nos Estados Unidos confirma a exigência cada vez mais imposta às pessoas de conformarem seus comportamentos a padrões de razoabilidade e normalidade. Graças ao número crescente de atividades sujeitas à sanção penal, à adoção dos procedimentos de sentença mandatória (*mandatory sentencing*)* e à ampliação dos períodos de encarceramento, os Estados Unidos têm atualmente a segunda maior população carcerária (o número cresceu de 320.000, em 1984, para 2.400.000 atualmente), sendo superada apenas pela população carcerária da China. Os Estados Unidos não apenas lideram o percentual de cidadãos encarcerados, mas são também o líder mundial na construção de prisões.

As funções dissuasivas e preventivas da punição, tão impressionantemente exemplificadas pelo sistema penal americano, merecem uma explicação. Por que os Estados Unidos progressivamente proscreveram atividades – como a prostituição, a posse e o consumo de drogas ou de matérias de sexo explícito, a omissão em revelar fontes confidenciais que podem se mostrar úteis no combate ao terrorismo –, como fatos que podem causar menos dano à sociedade do que atividades lícitas como possuir armas, consumir bebidas alcoólicas, fumar, acumular vastas somas de rendimentos em paraísos fiscais? A resposta para essa questão é indubitavelmente complexa, abarcando o poder dos *lobbies*, as restrições aos usuários de drogas, o medo de gangues e talvez políticas raciais e classistas. Mas outra questão emerge dessa. O confinamento em massa de populações é uma característica das sociedades modernas que exige explicação ulterior. A punição nem sempre assumiu essa forma.

Uma breve genealogia da punição "carcerária" é conveniente. Em seu famoso tratado *Vigiar e Punir* (1975), o teórico social Michel Foucault

---

* N. de R.T.: Por *mandatory sentences* entendem-se certos procedimentos do direito anglo-americano segundo os quais o juiz é obrigado por lei a sentenciar de uma determinada maneira ou dentro de um espectro limitado de possibilidades quando de sentenças condenatórias em certos crimes definidos em lei. São procedimentos muito controversos na teoria jurídica anglo-americana, pois impedem o juiz de sentenciar de modo diferente, principalmente com pena abaixo da prevista legalmente, e, com isso, diz-se que viola o princípio da discrição judicial, pelo qual o juiz tem discricionariedade para sentenciar de acordo com as exigências do caso concreto a ele submetido. Esses procedimentos são muito semelhantes ao modo como se dá a sentença penal condenatória no direito brasileiro.

apresenta a tese indulgentemente surpreendente de que a função mais ampla do encarceramento não é reprimir as atividades criminosas, mas produzir uma população disciplinada – donde a referência às prisões como estabelecimentos correcionais. Foucault apresenta uma tese um pouco mais surpreendente: a sociedade em geral se tornou um "sistema carcerário" em larga escala, fábricas, escolas, bases militares, hospitais e prisões apresentam as mesmas "microtécnicas" de vigilância, de exame, de classificação, de subdivisão espacial dos grupos e suas regulamentações táticas em vistas de fins eficientes e de modificações detalhadas do comportamento. Juntamente com esse regime disciplinar, surgem as ciências humanas da psicologia, da estatística social, da criminologia, da sociologia e da medicina – ramos do conhecimento que podem servir para disciplinar. Segundo Foucault,

> a "observação" prolonga naturalmente uma justiça invadida pelos métodos disciplinares e pelos processos de exame. Acaso devemos nos admirar que a prisão celular, com suas cronologias marcadas, seu trabalho obrigatório, suas instâncias de vigilância e de notação, com seus mestres de normalidade, que retomam e multiplicam as funções do juiz, tenha se tornado o instrumento moderno da penalidade? Devemos ainda nos admirar que a prisão se pareça com as fábricas, com as escolas, com os quartéis, com os hospitais, e todos se pareçam com as prisões? (p. 227-228).*

O uso da prisão como modelo da sociedade moderna pode parecer paradoxal, dada a observação de que o encarceramento punitivo não diminui a taxa de criminalidade, causa reincidência, promove a formação de gangues criminosas organizadas, cujo poder se estende para além dos muros da prisão, e priva as famílias de seus provedores, portanto reduzindo-as ao estado de pobreza propício a cair na tentação dos pequenos crimes. Escrevendo há mais de um século atrás, Friedrich Nietzsche diagnosticou o ressentimento psicológico profundo subjacente a esse paradoxo: a hipocrisia de um sistema que legaliza todas as formas de roubo, exploração e crueldade pelas classes dominantes, enquanto penaliza as insignificantes reações das classes subalternas. O que quer que a punição possa realizar, ela falha no convencimento do criminoso sobre seu erro moral e, pelo contrário, exacerba a sua resistência.

---

* N. de T.: No Brasil, *Vigiar e punir: nascimento da prisão*. Tradução de Raquel Ramalhete. Petrópolis: Vozes, 1987.

Ele vê o mesmo gênero de ações exercido a serviço da justiça, aprovado e praticado com boa consciência: espionagem, fraude, o uso de armadilhas, suborno, toda essa arte capciosa e trabalhosa dos policiais e acusadores, sem mencionar as práticas legais a sangue frio de roubar, difamar, torturar e assassinar a vítima. (Nietzsche, 1956, p. 215)*

Como Theodor Adorno e Max Horkheimer observariam posteriormente, "a prisão é uma imagem do mundo burguês do trabalho levado ao seu desfecho lógico; percebida odiosamente pelos homens por tudo o que gostariam de vir a ser, mas que está além de seu alcance, é posta como um símbolo do mundo" (Adorno e Horkheimer, 1972, p. 226).** O prisioneiro é punido por ser muito obcecado por sua própria preservação, por ser demasiadamente egoísta, demasiadamente burguês; e nós, os bons burgueses, que encontramos um expediente para usar o direito na busca por satisfação de nossos desejos competitivos por poder e domínio, ofendemo-nos com o criminoso por ousar ser francamente burguês, assim como ele se ofende conosco por sermos tímida e hipocritamente burgueses.

Visto dessa perspectiva fria, as prisões fracassam em inspirar o remorso introspectivo que os defensores das prisões esperaram que levasse os criminosos a se arrependerem de sua má vida e a se emendarem. Foucault, todavia, crê que os pequenos vícios que cercam o encarceramento ocultam inúmeras virtudes, quando vistas da perspectiva vantajosa do desejo de domínio da classe governante que, como ensinara Nietzsche, é um dos principais prazeres a serem obtidos ao infligir o castigo. Essas virtudes se manifestam de maneiras notavelmente sutis, vinculadas todas à emergência das instituições econômicas, sociais e políticas modernas. O primórdio dos hospitais modernos, nos séculos XVII e XVIII, com suas exaustivas classificações de patologias e anormalidades, coincide com a emergência do capitalismo moderno e a destruição do campesinato (pelo cercamento*** das terras comuns, transformando-as em pastagens) e dos

---

* N. de T.: No Brasil, *Genealogia da moral: uma polêmica*. Tradução, notas e posfácio de Paulo César de Souza. São Paulo: Companhia das Letras, 2009.
** N. de T.: Trad. bras. *Dialética do Esclarecimento: fragmentos filosóficos*. 2ª ed. Tradução de Guido Antonio de Almeida. Rio de Janeiro: Zahar, 1985.
*** N. de R.T.: Nome dado ao processo pelo qual as terras aráveis comuns, isto é, terras que no regime feudal eram de propriedade comum (e não privada), foram transformadas em propriedade privada. O equivalente brasileiro a esse processo se deu com a Lei de Terras de 1850 (ainda em vigor), que dissolveu o antigo regime das sesmarias, substituindo-o pela propriedade privada da terra.

negócios urbanos (pela substituição das guildas por fábricas). O resultado foi a criação de uma classe baixa urbana e rural composta de desempregados desesperados e famintos, que eram classificados como mentalmente delinquentes, consequentemente, prontos a se rebelarem contra a nova disciplina do trabalho que estava sendo forçosamente imposta a eles. Subitamente, pequenas ofensas à propriedade pelas massas famintas, anteriormente toleradas e mesmo justificadas pela Igreja, eram agora criminalizadas e severamente punidas.

Foucault prossegue, afirmando que a criação de uma classe de delinquentes, ou de transgressores habituais, extraída das classes baixas, mas distinta das classes trabalhadoras, fornecia um pretexto para a vigilância generalizada sobre toda uma população suspeita, composta de prostitutas, usuários de drogas, traficantes de armas e outros pequenos marginais. Delinquentes, na verdade, podiam ser recrutados pelo sistema judicial para se infiltrarem e espionarem seu próprio grupo ou outro grupo "perigoso", donde a importância deles em furar greves, reprimir tumultos e agir como *agentes provocadores* para incitarem associações operárias e partidos políticos a se envolverem em atividades ilegais. Por fim, a criminalização tácita e ampla da sociedade leva ao policiamento social no qual o modelo do direito penal foi estendido numa forma alterada; o outrora ridicularizado projeto de Jeremy Bentham de prisão modelo (o *Panopticon*), dotada no centro de um observador não observado cuja vigilância se estende aos vãos das grades das celas, dispostas concentricamente e voltadas para o interior, não apenas foi adotado em alguns estabelecimentos correcionais, mas se tornou um símbolo de um Estado policial que continua crescendo dia a dia. Para citar Foucault,

> os juízes da normalidade estão presentes em todos os lugares. Estamos na sociedade do professor-juiz, do médico-juiz, do educador-juiz, do "assistente social"-juiz; o reino universal do normativo baseia-se neles; e cada um, onde quer que se encontre, a ele submete seu corpo, seus gestos, seus comportamentos, suas condutas, suas aptidões, seus desempenhos.

Requer-se pouca imaginação para perceber que a atual guerra contra o terror forneceu o pretexto perfeito para estender o olhar *panóptico* do Estado às vidas de uma população suspeita, mas cativa. Permanece a questão relativa a se há uma base moral para a punição do crime que possa ser separada da função disciplinadora perversa que assumiu gradativamente em nossa sociedade.

A JUSTIFICAÇÃO CONSEQUENCIALISTA DE BENTHAM PARA A PENA

A pena pode ser definida como a imposição, juridicamente sancionada, de ônus ou privações peculiares a pessoas que foram condenadas por transgressão criminal. Porque envolve sujeitar pessoas a danos que são

a) imorais e ilegais se levados a termo por pessoas privadas;
b) muito custosos de administrar e algumas vezes errônea ou excessivamente aplicados – estima-se que "pelo menos 10% dos condenados por crimes sérios são completamente inocentes – a pena deve ser justificada (McCloskey, 1989, in Gorr and Harwood, p. 304).

Assim, não apenas pessoas envolvidas nos processos judiciais devem justificar a imposição de uma pena específica a um transgressor em particular, mas também a sociedade e seus representantes legislativos devem justificar as instituições que permitem a pena como tal. Em outras palavras, deve-se mostrar que a pena é um meio geral, efetivo e indispensável para alcançar certas metas sociais necessárias.

Um olhar casual na história da pena nos apresenta uma série estonteante de "propósitos utilitários" a serviço dos quais ela foi posta. Nietzsche, um dos primeiros a observar que a pena serviu e continua a servir a muitos propósitos, até mesmo propósitos aparentemente contraditórios, menciona onze propósitos, que incluem educar (aperfeiçoamento da memória), inspirar temor nas massas, escarnecer de um inimigo derrotado, exigir compensação pela promessa quebrada, isolar elementos perturbadores da sociedade, eliminar pessoas degeneradas, exercer a vingança contra um inimigo, despertar um senso de remorso nos infratores da lei e restabelecer uma equivalência moral (Nietzsche, 1956, p. 211-213). Por conveniência, proponho que se agrupem esses propósitos sob os títulos de justiça e bem-estar social.

Começaremos pelo último propósito, que focaliza as consequências sociais boas que supostamente resultariam da pena. Essa justificativa recebe sua formulação clássica na filosofia moral utilitarista de Jeremy Bentham. Bentham afirma que o único padrão com sentido para determinar a correção e o erro moral das ações é sua utilidade ou sua capacidade de produzir um saldo maior de prazer que de dor para o maior número de pessoas. Segundo ele, a pena pode ser defendida com bases utilitaristas, apesar de infligir dor aos indivíduos submetidos a ela, porque previne que uma dor maior recaia sobre a sociedade. Em resumo, a razão por que devemos infligir esse "mal" aos criminosos condenados não é porque o merecem, mas porque isso evita um mal maior: o crime.

A prevenção do crime é uma categoria ampla que tem muitas faces: a eliminação das condições sociais, tais como pobreza e ignorância, que "causam" o crime; a reabilitação e a correção dos criminosos pelo trabalho, pela terapia e pela educação; a retirada dos criminosos do convívio social pelo encarceramento e pela execução; a dissuasão do comportamento criminoso em geral. O primeiro desses meios, a prevenção do crime pela engenharia social, não se relaciona diretamente às formas institucionalizadas de pena ou de disciplina, sobre as quais Foucault fala. Independentemente de seu *status* como um tipo de punição, é uma questão importante se uma engenharia social dessa espécie, através de reformas econômicas e educacionais, pode servir melhor aos fins de prevenir o crime do que a punição institucional. Países com melhores redes de proteção ao bem-estar e leis mais rígidas sobre armas, por exemplo, apresentam uma taxa de homicídios bem menor que os Estados Unidos, que gasta mais do que todos os outros para manter o seu sistema de justiça penal.

A reabilitação surgiu como um importante meio para prevenir o crime nos anos de 1960 e 1970, graças aos esforços reformadores de psicólogos como B. F. Skinner, os quais afirmavam que o comportamento criminoso era amplamente causado por condicionamentos sociais "patológicos", como o abandono e o abuso de crianças. Por volta dos anos de 1980 essa ideia caiu em desuso. Em primeiro lugar, a educação, a terapia, o emprego e outras formas de reabilitação não baixaram significativamente a taxa de reincidência – um fato que muitos defensores da reabilitação atribuem à maneira irresoluta como esses programas foram executados. Em segundo lugar, a reabilitação foi criticada por não ser punitiva. Condenados que recebiam "penas" reabilitadoras tinham livre acesso à educação superior e ao aconselhamento psicológico, negados aos cidadãos comuns. Em terceiro lugar, muitos duvidavam do *status* "científico" da psicologia que servia de base para a reabilitação e, compreensivelmente, eram relutantes em conceder muito poder aos psicólogos no controle das sentenças que os criminosos condenados deveriam cumprir. Por último, em conjunto com a última análise, críticos da reabilitação afirmavam que a psicologia em sua base era oposta ao próprio conceito de pena; tratava as pessoas antes como se fossem coisas empurradas por forças fora do controle delas que como agentes livres que devem ser tratados como inteiramente responsáveis por suas ações.

Apesar dessas objeções, a reabilitação poderia ser a justificativa mais forte para a pena. Deixando de lado a visão de Nietzsche – que a pena não reabilita, mas acirra o ressentimento – encontramos de fato casos nos quais o sistema penal facilitou a "redenção" do criminoso, permitindo um despertar moral e espiritual. A descrição de Dostoievsky, em *Crime e Castigo*, do remorso de Raskolnikov por ter assassinado, motivado por razões niilistas, a velha senhora penhorista e sua meia irmã, remorso que surge enquanto cumpre a sentença de trabalhos forçados, é emblemático da espécie de conversão religiosa que transformou a vida de muitos condenados "embrutecidos".

Dito isso, a reabilitação não tem sido o foco central das teorias da pena e, assim, a deixaremos de lado no restante deste capítulo. Continuando nossa discussão, observamos que o terceiro e o quarto meios para prevenir o crime, o afastamento do criminoso da sociedade e a dissuasão do comportamento criminoso pelo medo da pena, sobreviveram melhor à crítica social. Comecemos pela dissuasão. Comumente se pensa que a pena dissuade do crime e que penas mais duras dissuadem do crime melhor que penas mais brandas. No entanto, estudos empíricos mostram que nenhuma dessas afirmações é verdadeira sem qualificativos. O *Report of the Panel of the National Research Council in the United States on Research on Deterrent and Incapacitative Effects* (Relatório do Painel do Conselho Nacional de Pesquisa dos Estados Unidos da pesquisa sobre efeitos dissuasórios e incapacitantes) (1978) observa que a pena não parece ter um impacto nas taxas de reincidência de antigos condenados, taxas que se presume estarem inversamente relacionadas às taxas de reabilitação e de dissuasão. Embora os estudos mostrem que para alguns crimes, tais como pequenos furtos em lojas, tem algum efeito dissuasivo acusar formalmente seus autores (além de serem apanhados e interrogados), o efeito dissuasivo da pena sobre criminosos potenciais não pode ser definitivamente estabelecido. Alguns estudos mostram que crescimentos significativos na severidade da pena (inclusive taxas crescentes de captura, condenação e punição) para certos crimes estão correlacionados à diminuição na incidência desses crimes. A legislação do terceiro delito (*three strikes laws*),*

---

* N. de R.T.: Legislações no estilo *three strikes law* exigem que a corte estabeleça um período de encarceramento compulsório e estendido para aqueles que já foram condenados por delitos violentos (*violent offenses*) e/ou delitos sérios (*serious offenses*) em três ou mais ocasiões distintas. Delitos violentos em geral incluem assassinato, estupro e roubo a residência com uso de arma potencialmente mortal. Delitos sérios incluem, além destes, invasão de domicílio e assalto com intenção de estupro ou de assassinato.

especialmente quando aplicada a delitos violentos, como no estado de Washington, reduziu significativamente o crime. No entanto, isso não vale para todos os crimes. Por exemplo, as taxas de homicídio parecem não ser afetadas por aumento da pena máxima de prisão perpétua para morte (embora a explicação para isso pudesse ser encontrada na pouca frequência com a qual a pena de morte é imposta e finalmente cumprida). Ademais, a correlação entre punições menos severas e maior incidência de crimes não mostra que o aumento da severidade nas punições causaria a queda das taxas de criminalidade. Taxas mais altas de criminalidade podem ser a causa – antes que o efeito – de punições menos severas; em face da superlotação das prisões, juízes e promotores sobrecarregados de casos serão tentados a descartar ou a reduzir as acusações e oferecer acordos. Inversamente, taxas de criminalidade mais baixas podem ser a causa, e não o efeito, de punições mais severas.

Em geral, o efeito dissuasivo da pena supõe que os possíveis criminosos são calculadores racionais dos riscos potenciais a que estarão sujeitos e dos benefícios a serem ganhos empreendendo atividades criminosas. Deixando de lado o fato desse pressuposto não valer para pessoas cujas faculdades racionais estão obscurecidas pelas paixões, por drogas ou por deficiências mentais, essa crença sobre a mente criminosa impõe certo dilema para os defensores da teoria da dissuasão. Tipos criminosos que calculam racionalmente creem que os benefícios a serem ganhos com o crime superam o risco de captura, condenação e punição porque tais riscos são menos certos e mais distantes do que os benefícios oriundos do crime. Utilitaristas como Bentham consequentemente afirmam que a pena deve compensar a sua falta de certeza e de proximidade infligindo uma quantidade de dor que seja maior que o prazer que pode ser derivado do crime. Quão maior é uma questão discutível em certa medida. Bentham (1973, p. 172-173) mantém que a dor infligida pela pena deve ser suficientemente justa para dissuadir o possível criminoso de cometer um delito, mas nenhuma pena – não importa quão severa seja – irá dissuadir de qualquer forma de crime.

Críticos da defesa da pena por seu caráter dissuasivo atacam essa fraqueza como uma acusação ao utilitarismo em geral. Porque os utilitaristas se preocupam apenas com a prevenção do crime, aceitariam punições excessivamente severas ou excessivamente lenientes, dependendo das circunstâncias. Se sentenciar transgressores reincidentes a prisão perpétua é considerado necessário para reduzir de maneira acentuada a incidência de delitos graves – como supõe a legislação californiana dos três delitos (*three strikes law*) –, então os utilitaristas apoiariam essa decisão, mesmo se isso significasse que aquele que foi condenado três vezes por furto em lojas acabará por passar mais tempo na prisão que alguém condenado duas vezes por assassinato. No lado oposto da escala, utilitaristas pouparjam assassinos e estupradores de qualquer punição, se tal punição for tida como não servindo a algum propósito útil; pois, de acordo com Bentham "é cruel expor mesmo o culpado a sofrimentos inúteis" (ibid, p. 171). Utilitaristas também pouparjam tais pessoas de punição se agir assim contribuísse mais para o bem ou para a felicidade da comunidade – um expediente invocado pelo Departamento de Estado Americano quando protegeu antigos nazistas de processo criminal porque eram úteis para alcançar as metas de inteligência estratégica e armamentos durante a Guerra Fria.

Mais desfavorável ainda, a defesa da pena pela dissuasão parece permitir a punição de inocentes ou de pessoas mentalmente doentes. A seu favor, Bentham afirma que é inútil punir pessoas insanas; no entanto, pode ter subestimado as consequências benéficas de punir todas as pessoas que transgridem a lei, especialmente em situações em que sutilezas da psicologia não são bem compreendidas ou avaliadas pela vasta maioria das pessoas. Quanto à punição de inocentes, Bentham (1962, p. 24-26) afirmou que essa medida "não apenas pode, mas deve ser introduzida", se isso for tido como necessário para produzir um balanço mais favorável de bem. Bentham tem em mente a punição coletiva de um grupo composto de pessoas cuja culpa e cuja inocência não podem ser determinadas individualmente, mas o princípio geral de conveniência que invoca poderia justificar igualmente a punição de "bodes expiatórios", sempre que os órgãos de segurança forem incapazes de efetivamente capturar o verdadeiro criminoso.

Concluindo, as justificações consequencialistas da pena pressupõem que a prevenção do crime é o principal propósito da pena. A pena é, então, justificada apenas se for o método mais compensador para prevenir o crime, um fato que, como observei antes, não foi demonstrado. Ademais, sua efetividade em prevenir o crime tem sido acaloradamente discutida por Foucault e outros. Dados referentes a taxas de reincidência e outras estatísticas sobre o crime sugerem que a pena é apenas parcialmente efetiva e mesmo assim apenas com respeito a certos tipos de criminosos e de atividades criminosas.

Por mais importante que sejam essas desvantagens, a questão filosófica em torno do uso da pena para a prevenção do crime pede maiores investigações. A objeção ao uso da pena como método de reabilitação parece aplicar-se a todas as defesas consequencialistas da pena. Essas defesas veem a natureza humana em termos desfavoráveis. Pressupõem que seres humanos são dirigidos por impulsos irracionais que só podem ser mantidos sob controle pela ameaça de punição. Formas científicas do comportamentalismo, que reduzem as ações humanas ao mero efeito de causas neurológicas e ambientais, avançam ainda mais e negam livre arbítrio para os seres humanos, portanto, eliminam as razões tradicionais para a punição, que giram em torno da responsabilidade e do merecimento. Como observou Hegel, "justificar a pena desse modo (como condicionamento comportamental) é como erguer uma vareta para um cão; significa tratar o ser humano como um cachorro em vez de respeitar sua honra e sua liberdade (Hegel, 1991, p. 127). A pena que é justificada por ter efeitos (consequências) benéficos sobre as pessoas negligencia a capacidade interna de agir e a intencionalidade interna que parecem tão importantes para vincular atos criminosos puníveis a graus de responsabilidade penal. Ao ignorar essa ligação, defesas consequencialistas da punição não fornecem um padrão claro para o que constitui uma punição justa a um determinado crime.

Foucault concordaria com Hegel, embora por razões um pouco diferentes. O pensamento moderno, pós-kantiano, inclusive a própria filosofia de Hegel, atribui à humanidade demasiadas liberdade e responsabilidade por seu próprio destino. A humanidade substitui Deus como força criativa ilimitada subjacente à natureza. Concebendo a si mesma dessa maneira, a humanidade se torna obcecada com sua autorrealização progressiva enquanto livre e ilimitada. Os custos para se aperfeiçoar, no entanto, incluem sua redução paradoxal ao *status* de um objeto passivo, sujeito ao mesmo processo de engenharia social e genética do qual ela própria se livrara. Tal como grande parte de nossa civilização, que se tornou "progressivamente humana", a pena moderna, com sua vigilância corretiva indefinida e seu condicionamento comportamental ilimitado, queda-se como um monumento ambíguo ao nosso desejo de obter maior autocontrole através de meios menos violentos.

TEORIAS DA PENA BASEADAS NO MERECIMENTO: LOCKE, KANT E HEGEL

Embora nos tempos modernos a pena tenha sido pensada principalmente como necessária para dissuadir de crimes futuros, algumas de suas justificativas mais antigas, datando da lei da retaliação (o princípio de *lex talionis* ou "olho por olho") contido no Velho Testamento e em outros códigos jurídicos, focam na compensação de um dano passado. Mas a pena retributiva pode ter servido a funções mais mundanas, comerciais. Nietzsche afirma que as formas mais antigas de retribucionismo não se baseavam nem na vingança nem no merecimento moral, mas na simples ideia de compensação contratual. Literalmente falando, pessoas ofereciam suas vidas em garantia de empréstimos. Na concepção romana do direito, consignada nas Doze Tábuas, "não faz diferença o muito ou o pouco (de carne do devedor) que o credor poderia cortar fora" (Nietzsche, 1956, p. 196). A compensação aqui se baseava em uma equivalência rudimentar ao prazer – nesse caso, entre a pena (dor ou morte) infligida ao devedor faltoso e o valor do empréstimo. (No *Mercador de Veneza*, Shakespeare leva o usurário, Shylock, a barganhar por apenas uma libra de carne, o que se mostra, por fim, ser sua ruína.)

Se Nietzsche está certo sobre essa conjectura é irrelevante para nossos propósitos, pois a pena gradualmente evolui em uma instituição política e moral na qual a retribuição veio a servir a propósitos diferentes. Antes de Cesare di Beccaria e outros repensarem as instituições penais, por volta do fim do Iluminismo, a pena era vista como um fenômeno complexo, combinando elementos de retribuição e elementos de verdade confessional. Partindo do modelo francês, que prevalecera por toda a Europa, exceto na Inglaterra, Foucault ilustra essa complexidade por referência à tortura e à execução de Damiens, que falhara na tentativa de matar o rei Luís XV com um único golpe de seu canivete. Impressionante em sua macabra descrição da dor infligida a Damiens, meticulosamente medida, a discussão de Foucault dessa execução ilustra a extensão em que o condenado era obrigado a participar, como ator destacado de uma peça moralista, que visava revelar a verdade sobre o poder ilimitado do soberano, a integridade do corpo político como expressão desse poder e, desse modo, o poder da punição divina e da redenção. De fato, a tortura não visava apenas propósitos de retribuição e de dissuasão (*la supplice*), mas estava incorporada no próprio processo de descoberta (*la question*), a saber, em procedimentos de busca de fatos designados para elucidar a verdade. A mera suspeita de transgressão criminosa poderia justificar o uso de métodos inquisitoriais de tortura visando extrair a confissão, e a pena era aferida segundo a quantidade de provas reunidas contra um suspeito. Enquanto a plena prova (como a confissão) poderia levar a qualquer espécie de pena, provas parciais poderiam levar a qualquer pena, menos à execução; e embora uma mera pista pudesse garantir uma sanção, diversas dessas pistas somadas poderiam constituir uma prova parcial. A tortura judicial era aplicada apenas nos casos em que o juiz cria poder buscar uma confissão; pois se o suspeito torturado não confessasse, era libertado.

Atualmente achamos bizarros os processos inquisitoriais de pena; frequentemente não era permitido aos suspeitos terem conhecimento das acusações ou de qualquer prova incriminadora contra eles, de sorte que todo o processo inclinava-se para demonstrar sua culpa. No entanto, havia uma razão por trás dessa loucura. Antes da Idade da Razão (como nós a entendemos), conhecer a verdade acerca de algo significava ser capaz de associá-la a coisas que se poderia dizer que a ela se assemelhavam, ainda que fosse frouxa a semelhança. Assim como se pensava que o ouro, que se assemelhava ao Sol com sua radiação amarela, possuía poderes semelhantes ao de Deus para aquecer e alimentar a vida, também (para tomar a associação menos positiva) se pensava que uma velha solteirona corcunda era estéril e semelhante a um gato e, portanto, em aliança com o demônio. Aparência de culpa constituía culpa, violação da lei era violação da vontade do rei e violações dessa vontade eram vistas como ataques à pessoa por trás dela – à sua pessoa, a seu corpo, ao corpo político, cuja integridade mantinha, e à ordem divina das coisas. Esse pensamento associativo explica porque a distância entre ser solteirona incapacitada e a fogueira era um passo curto.

Há diversas razões por que esse regime de pena desapareceu. Em primeiro lugar, o conceito de retribuição como uma forma de vingança era muito intimamente ligado ao de poder arbitrário da monarquia e da aristocracia, um poder que se manifestava especialmente nas execuções *públicas*. As estranhas peças moralistas nas quais criminosos arrependidos encontravam mortes horríveis tornaram-se a ocasião para todas as espécies de pequenos crimes (batedores de carteira eram um lugar-comum). Mais importante, geraram uma reação contrária; ao invés de provocarem temor reverencial nas massas vendo o poder ilimitado, semelhante ao de Deus, do monarca, elas criaram simpatia pelo condenado – que normalmente vinha das classes baixas –, portanto incitavam os espectadores à rebelião.

A outra razão diz respeito aos movimentos reformistas no final do século XVIII. Com o advento do Iluminismo, pena e retribuição seriam reinscritas em uma economia do conhecimento e do poder inteiramente diferente. O conhecimento é agora definido como a representação acurada da realidade e a razão (ou senso comum) é vista como uma faculdade universal, pela qual a realidade poderia ser conhecida. O acordo racional sobre ideias claras e distintas significava, entre outras coisas, que a suspeita de culpa, baseada em provas inconclusivas não poderia mais ser erroneamente tomada como prova de culpa; padrões mais elevados de prova, que aboliram o uso da tortura inquisitorial e que permitiam aos acusados confrontarem-se com as provas apresentadas contra eles e refutá-las, tornaram-se a ordem do dia.

Teorias políticas e jurídicas também exibiram essa mudança. Refletindo o surgimento de uma nova ordem capitalista baseada em contratos, essas teorias do contrato social procuravam simultaneamente justificar e limitar o direito de punir do Estado. Segundo essas teorias, a sociedade é fundada em um acordo tácito, ou contrato, de respeitar mutuamente os direitos naturais ou "inatos" à propriedade e à autopreservação (Locke, 1980, §§ 4-6).* Se uma pessoa rompe esse contrato, perde esses direitos; nas palavras de Locke, tendo "abandonado os princípios da natureza humana", torna-se "uma criatura danosa" (ibid., §10).

Tal como a antiga concepção contratualista (ou compensatória) da pena, descrita por Nietzsche, essas teorias insistem que pessoas que cometem crimes merecem ser punidas porque o sofrimento que infligiram à sociedade deve ser "cancelado", como se fosse para equilibrar a contabilidade.[9] Locke, por exemplo, crê ainda que a parte prejudicada possa procurar a "reparação" que irá cancelar o dano que lhe fora feito (ibid., §§ 7-8). Essas teorias também insistem no principio de equivalência ou proporcionalidade: nos termos de Locke, a pena deve "retribuir o que for proporcional à transgressão, medida pela razão tranquila e pela consciência" (ibid., § 8). Mas, contrariamente aos modelos primitivos de retribuição baseados na vingança e na compensação, Locke observa que há um limite moral para a pena, e isso apesar de sua visão utilitarista de que a severidade da pena deve ser aferida com base na "dissuasão de outros de cometerem semelhante delito" (ibid., § 11). Além disso, observa que não é apenas a vítima que pode reclamar o direito de punir. Porque a violação de qualquer direito individual é indiretamente a violação do direito de todos a viver em paz e segurança, qualquer um tem um direito igual e natural de punir malfeitores. Segundo Locke, apenas por causa das "inconveniências do estado de natureza", no qual cada um julga e executa a lei da natureza segundo seu próprio juízo pessoal, transferimos esse direito ao estado, que age como nosso fiduciário.

---

* N. de T.: No Brasil, *Segundo Tratado Sobre o Governo*. Tradução de E. Jacy Monteiro. São Paulo: Abril Cultural, 1978 (Coleção Os Pensadores).

Contratualistas sociais como Locke e o famoso advogado da reforma penal, Cesare Beccaria, ainda defendiam a pena principalmente por razões utilitaristas, como meio necessário para proteger a liberdade e a segurança humanas. Pensadores posteriores, da tradição idealista alemã, incluindo Kant e Hegel, viriam a defender um retributivismo fundado na razão, totalmente separado de tais propósitos utilitaristas. Hegel, por exemplo, insiste que o "o estado não é de modo algum um contrato [...] e sua essência não consiste incondicionalmente na proteção e na salvaguarda das vidas e das propriedades dos indivíduos como tais" (Hegel, 1991, p. 126). Segundo Hegel, os seres humanos satisfazem o seu destino moral único enquanto agentes livres e responsáveis apenas na medida em que pautam seus comportamentos por leis universais da razão, que impõem obrigações absolutas a cada um de respeitar os direitos básicos de todos os demais. Quando criminosos rompem com a lei, estão agindo irracionalmente, excluindo-se das próprias condições que sabem ser necessárias para sua própria liberdade e seu respeito próprio. O criminoso que rouba outra pessoa não pode consistentemente querer que outros venham a roubar dele, porque isso violaria sua própria liberdade e sua dignidade. Portanto, ao romper com a lei, ele está agindo contra seu interesse racional próprio. Nesse sentido, o criminoso quer a sua própria punição, não como um parasita social, mas como um membro racional da sociedade humana. Para citar Kant: "qualquer mal imerecido que faças a outrem é um mal feito a ti mesmo: se o roubas, roubas a ti mesmo, se o difamas, difamas a ti mesmo, se o matas, matas a ti mesmo... Apenas a lei da retribuição (*ius talionis*) pode determinar exatamente a espécie e o grau da punição exigida" (Reiss, p. 157).* Em resumo, segundo Kant, não é meramente permissível punir os criminosos, mas mandatório, porque de outro modo violamos o direito do criminoso de ser tratado com o respeito humano devido ao agente racional autônomo, que é responsável por suas ações. Nas palavras de Hegel, "na medida em que a pena que isso acarreta é vista como incorporando os direitos próprios do criminoso, ele é honrado como um ser racional" (Hegel, 1991, p. 126). Kant conclui que "mesmo se a sociedade civil se dissolvesse [...] o último assassino na prisão deveria ser executado a fim de que cada um recebesse o que merecesse justamente" (ibid., p. 156).

---

* N. de T.: Kant, Immanuel. *Die Metaphysik der Sitten*. Primeira Parte: *Metaphysische Anfangsgründe der Rechtslehre*, A197-8;B 227-8.

Críticos das justificações retribucionistas da pena questionam as alegações de Kant de que:

a) considerações de merecimento moral exigem a punição dos malfeitores;
b) a igualdade pode determinar exatamente a espécie e o grau da punição;
c) a autoridade jurídica soberana tem o direito de punir;
d) pessoas, em particular criminosos, são agentes livres e responsáveis.

Em primeiro lugar, alguns atos mencionados por Kant, tal como difamação,* normalmente não são passíveis de penalidades criminais, malgrado serem inerentemente maus e motivados pela malícia. Tais atos caem propriamente na esfera do direito civil, porque prejudicam um indivíduo e não a humanidade (sociedade). Outros atos inerentemente maus, como a infidelidade conjugal, nem alcançam esse nível de ofensa civil. Teorias retribucionistas não podem explicar por que nem todos os atos moralmente repugnantes podem – muito menos devam – estar sujeitos a punições juridicamente sancionadas.

Inversamente, teorias retribucionistas da justiça parecem francamente indulgentes com respeito à punição de atos que não são inerentemente maliciosos, tais como dirigir alcoolizado. Em geral, violações inocentes do código de trânsito não podem ser ditas merecedoras de punição *per se*, mas na medida em que ameaçam a segurança pública podem ser a causa da avaliação da culpabilidade e da negligência, porque envolvem afastar-se de um sistema de expectativas mútuas (e auferir vantagens indevidas dele).

Em segundo lugar, é errada a crença kantiana de que a igualdade pode determinar precisamente os padrões de punição. Assassinos em massa só podem ser executados uma única vez. De qualquer modo, ao insistir que a pena não degrade a humanidade moral do culpado (ou seja, não viole seu direito a ser tratado com dignidade), Kant exclui punições cruéis e degradantes que pareceriam ser merecidas pelos criminosos mais cruéis. Embora insista que todos os assassinos sejam executados, reconhece que

---

* N. de R.T.: Nos países de *Common Law*, como Estados Unidos e Inglaterra, difamação não é considerada crime, sendo em geral resolvida civilmente através do instituto da responsabilidade civil. No direito brasileiro, além de gerar dever de indenização através da responsabilidade civil, é também crime – previsto no Código Penal, art. 139.

o homicídio cometido em nome da honra própria – tal como o infanticídio de filhos adulterinos ou o assassinato de um companheiro de armas durante um duelo – dá lugar a dificuldades peculiares, visto que executar pessoas que agem sob a coação patológica do dever público e não por uma intenção maldosa *per se* seria cruel (Reiss, p. 159). Na verdade, como a justiça kantiana reconhece graus mistos de intenção homicida culposa, seria incorreto executar todos os assassinos.

Hegel concorda com Kant que "o assassino [...] necessariamente incorre na pena de morte" porque a vida é inestimável. No entanto, concebe que, com respeito a todos os outros crimes, a pena pode ser dita igual ao crime apenas no sentido abstrato em que "significa meramente o formato do crime se voltando contra si mesmo". A pena deve ser aproximadamente o equivalente em *valor* (ou o proporcional) ao crime (Hegel, 1991, § 101). A substituição da igualdade pela proporcionalidade promovida por Hegel, no entanto, não resolve o problema da precisão. A pena proporcional à severidade do crime é tão inexata quanto a pena proporcional ao efeito dissuasivo. Por exemplo, desde que seja reservada a pena mais severa para o crime mais severo, é pouco importante se tal pena é a morte ou a prisão perpétua. A aceitação por Hegel de que a punição retributiva deva levar em conta fatores psicológicos sobre a motivação e a fraqueza da vontade deixa essa possibilidade em aberto, uma vez que é difícil conceber atos homicidas que não tenham alguma fonte patológica nas circunstâncias físicas e sociais do criminoso. Nesse caso, como em outros crimes, é provável que, como o próprio Hegel pontua, o espectro de penas seja fixado por considerações "externas" (tais como dissuasão), e não considerações internas ao conceito racional de merecimento.

Em terceiro lugar, é difícil ver como justificações retribucionistas da pena fornecem apoio à pena sancionada pelo Estado. De fato, poucas teorias explicam como o Estado adquire o direito de punir. Teóricos do contrato social, tal como Locke, tipicamente assumem que os indivíduos possuem um direito natural, que pode ser transferido para o Estado, de punir pessoas que causem dano a eles ou a outros. Mas, contrariamente ao direito de autodefesa, é difícil de constatar como o direito de punir decorre de nosso direito primário de autopreservação. Mesmo se possuíssemos tal direito natural de punir, é difícil compreender como esse direito pode ser transferido para o Estado.

Além disso, como os argumentos retribucionistas para a pena concentram-se no merecimento passado, não podem justificar a adoção prospectiva de penas sancionadas pelo Estado em nome da autopreservação da sociedade. De fato, do ponto de vista da justiça cósmica, argumentos retribucionistas para a pena são compatíveis com leis penais retroativas. A punição dos criminosos de guerra nazistas era sem dúvida merecida, mas apenas juridicamente justificável em conformidade com a Carta de Nuremberg, posterior aos crimes. Finalmente, porque defesas retribucionistas da pena proíbem absolutamente a punição de inocentes, elas parecem condenar todas e quaisquer formas institucionais de pena, que por suas próprias naturezas estão propensas ao erro humano.

Por último, defesas retribucionistas da pena pressupõem que criminosos sejam, em sua maior parte, agentes racionais e responsáveis. No entanto, provas consideráveis podem ser levantadas para mostrar que a maioria dos criminosos sofre de alguma deficiência mental. De fato, compreensões científicas do comportamento humano são deterministas, sugerindo que aspectos centrais da personalidade moral são formados por circunstâncias genéticas e ambientais que estão fora de nosso controle. Dada essa visão cientificamente esclarecedora da natureza humana, o desejo de manter as pessoas como moralmente responsáveis (culpados) enquanto agentes racionais e livres parece – como afirma Nietzsche – uma racionalização moderna, mascarando desejos básicos, se não de vingança, então talvez de simples crueldade (Nietzsche, 1956, p. 195 e 197).

OS LIMITES DA PENA: TEORIAS MISTAS E A PENA DE MORTE

Tomadas isoladamente, nem as defesas baseadas no merecimento nem as defesas baseadas nos resultados fornecem respostas satisfatórias para as duas questões que são centrais para a justificação plena da punição: "por que ter punições institucionalizadas?" e "por que punir determinadas pessoas exatamente dessa maneira e não daquela?". Defesas utilitaristas são bem-sucedidas em responder a primeira questão, mas não a última; explicam porque a punição institucionalizada é necessária a fim de prevenir que danos flagrantes sejam feitos a pessoas inocentes, talvez como uma forma de autodefesa social (ou defesa contra ataques previstos, análoga ao uso de ameaça nuclear como dispositivo para dissuadir). No entanto, não explicam por que apenas pessoas que se crê terem cometido crimes devam ser punidas e não explicam por que a punição não deve ser cruel e degradante, se essa for a única maneira de prevenir danos graves a pessoas inocentes. O retribucionismo é bem-sucedido em explicar porque isso é assim, mas não explica por que:

a) alguns erros devam ficar impunes;
b) algumas transgressões "sem vítimas" que não envolvem o agir errado devam ser punidas;
c) a justiça deva ser realizada por instituições imperfeitas que ocasionalmente condenarão e punirão pessoas inocentes;
d) a justiça deva ser realizada pelo Estado, segundo o estado de direito, e não pela ação justiceira de indivíduos ressentidos.

Segundo Hart, pois, tanto as teorias utilitaristas quanto as teorias retribucionistas da pena são necessárias para explicar, respectivamente, a meta geral da pena (dissuasão tendo em vista minimizar o dano social) e o seu método de distribuição (aplicada apenas a transgressores condenados): "é perfeitamente consistente afirmar que o objeto geral justificador da prática da punição são suas consequências benéficas e que a busca dessa meta geral seja qualificada ou restrita por respeito a princípios de distribuição que exigem que a punição deva ser apenas de um transgressor por sua transgressão (Hart, 1962, p. 8).

Hart admite que teorias utilitaristas possam se aplicar a questões de distribuição, assim como as teorias retribucionistas podem se aplicar (embora de uma maneira subordinada) à questão sobre as metas gerais (ibid, p. 6-13). Em particular, pensa que um utilitarista consistente provavelmente descartaria a punição de pessoas inocentes como socialmente danosa a longo prazo. Hart concorda igualmente com Bentham que o utilitarismo converge com o retribucionismo ao manter que a severidade da pena deve ser proporcional à gravidade do crime.

No entanto, é precisamente aqui que a aparente consistência do utilitarismo com o retribucionismo sucumbe. Para os utilitaristas, a gravidade de um crime é definida pelo dano que causa; para o retribucionista, é definido por sua intenção maliciosa. Porque tanto considerações utilitaristas quanto considerações retributivistas devem tomar parte das decisões dos legisladores sobre quais tipos de penas aplicar a tipos específicos de crimes e porque o utilitarismo e o retribucionismo apelam para diferentes fundamentos a fim de fazerem essa avaliação, está longe de ser claro se teoria da punição defendida por Hart, que mistura utilitarismo e retribucionismo, é tão coerente quanto pensa que é. Como vimos, o retribucionismo vai além do princípio da proporcionalidade ao impor limites absolutos à severidade da punição. Esta nunca deve ser cruel ou degradante; pois embora o criminoso condenado tenha perdido alguns de seus direitos, não perdeu todos. Ademais, o dano infligido pela punição não deve ser maior do que o dano infligido pelo crime.

Considerações utilitaristas invariavelmente esbarram nesse último limite. Como Bentham corretamente observou, dado o fato de que captura, indiciamento, condenação e punição dos crimes são incertos, muitos criminosos em potencial – certamente aqueles economicamente desesperados – não serão suficientemente dissuadidos pelas penas que impõem custos equivalentes aos benefícios que esperam ganhar com o crime. A fim de reduzir a incidência de atividade criminosa a níveis aceitáveis, o dano ameaçado e infligido pela pena deve ser maior do que aquele infligido pelo crime. Isso explica por que crimes contra a propriedade, tal como o roubo, são frequentemente punidos pelo encarceramento, além das multas e da restituição dos bens roubados. A única maneira de diminuir essa *in*justiça retributiva é ou aumentar a efetividade de captura, indiciamento, condenação e punição de crimes, ou reduzir as causas, talvez eliminando grandes desigualdades econômicas, as quais alguns afirmam fazer com que pessoas desesperadas arisquem o custo maior da punição a fim de adquirirem um benefício criminoso menor. A primeira alternativa provavelmente exigiria aumentar a vigilância, enfraquecer os direitos à privacidade e, em geral, reduzir as restrições procedimentais na captura, no indiciamento e na condenação de suspeitos de crimes, de uma forma que muitos achariam objetável. A última alternativa certamente seria preferível, mas também imporia ônus financeiros aos membros das classes médias e altas que provavelmente não seriam aceitos por eles.

No entanto, como observado anteriormente, o homicídio é um dos crimes que é uma exceção à regra segundo a qual a dissuasão é proporcional à severidade da punição. A mais severa das punições – execução – foi abolida por quase todas as democracias. As exceções mais notáveis são o Japão, que executa um punhado de pessoas todo ano, e os Estados Unidos que está atrás apenas da China no número de execuções realizadas anualmente (em 2005, os Estados Unidos deixaram de ser o único pais do mundo que ainda permitia a execução de menores de idade, tendo executado 21 deles desde 1976, e pararam de executar pessoas que sofrem de retardo mental em 2002, ver *Atkins versus Virginia*).*

Entre as muitas razões pelas quais a pena capital foi abolida, uma se destaca: nenhum dado apoia que a pena capital dissuada homicídios

---

* N. de R.T.: Nesse caso, a Suprema Corte americana decidiu que a pena de morte para pessoas que sofrem retardo mental é punição cruel, violando a Oitava Emenda à Constituição Americana, a qual afirma: "Não se requererá cauções excessivas, nem se imporá multas excessivas, nem penas cruéis e não usuais serão infligidas."

dolosos melhor do que a pena de prisão perpétua sem possibilidade de condicional. De fato, Estados do sul dos Estados Unidos que apresentam as mais altas taxas de execução também detêm as mais altas taxas de homicídio e, em algumas jurisdições, as taxas de homicídio caíram após a abolição da pena de morte. Obviamente, defensores da pena de morte afirmam que a razão por que isso é assim é a pouca frequência com a qual ela é aplicada: em média, apenas 10% dos sentenciados a morte nos Estados Unidos – um grupo que compreende apenas 3% de todos os assassinos condenados – são executados. No entanto, opositores da pena de morte afirmam que essa punição de fato aumenta a incidência de homicídios de testemunhas (matar a testemunha de crimes que, tal como o homicídio, é punível com a morte) e desempenha um papel perverso nos impulsos suicidas de alguns matadores psicopatas. Por último, mas não menos importante, opositores da pena capital observam que o custo considerável para processar um único caso de pena capital através dos vários estágios de apelação – cerca de um milhão de dólares – é um dinheiro que poderia ser mais bem gasto em outras fontes de prevenção do crime.

Em face dos dados inconclusivos em apoio do efeito dissuasivo superior da pena de morte em comparação com a pena de prisão perpétua, resta o argumento retributivo de que os piores assassinos merecem morrer. Como observei antes, o problema com esse argumento é que ele não se aplica à pena capital institucionalizada, na qual a maioria daqueles que de fato são executados não são os piores assassinos, mas simplesmente os mais indigentes, os mais discriminados e mais azarados dentre os que foram condenados por assassinato. Defensores públicos frequentemente estão sobrecarregados de trabalho e são mal pagos. Promotores dispõem de considerável liberdade para escolher se pedirão ou não a pena capital para acusados de homicídio, uma acusação que podem arbitrariamente reduzir por acordos. Júris exercem seu arbítrio na aplicação das instruções dos juízes sobre circunstâncias agravantes ou atenuantes e na ponderação dos enunciados sobre os impactos na vítima. No estado do Illinois e em outras jurisdições, erros processuais têm sido tão excessivos que levaram a uma moratória das execuções.

Por último, a raça e o gênero parecem ter um impacto significativo na probabilidade de um assassino condenado receber a pena de morte. Mulheres representam apenas 3 dentre as 970 pessoas que foram executados nos Estados Unidos desde 1976, apesar do fato de elas representarem 13% de todas as condenações por homicídio doloso qualificado. A estatística com respeito a raças também é chocante. Embora constituam 12% da população norte-americana, os negros representam 50% de todos os assassinos condenados e 40% dos mais de 3 mil prisioneiros que aguardam no corredor da morte (estima-se que metade de todas as pessoas executadas entre 1930 e 1967 eram negras). As sentenças de morte nos Estados Unidos sofreram uma reviravolta por conta da discriminação racial; e um estudo realizado por David Baldus (Baldus, Woodward e Pulaski, 1990), a partir de 2 mil casos de assassinato no estado da Geórgia entre 1973 e 1979, mostrou que a probabilidade dos réus que mataram brancos serem condenados a pena de morte era 4,3 vezes maior do que daqueles que mataram negros.

O risco de executar pessoas inocentes é uma possibilidade muito real num sistema que permite tão grande discrição, manipulação emocional e abuso. O risco é grande demais para aqueles retribucionistas que são avessos a comprometer a proibição de punir pessoas inocentes em favor da prevenção do crime. Ao contrário do aprisionamento errado, a execução errada não pode nunca ser compensada por indenização monetária. Como um tema relacionado de preocupação por parte dos retribucionistas, pode-se afirmar que os anos gastos no corredor da morte, esperando o longo e contínuo processo de apelação, sem mencionar as preparações ritualizadas que levam à execução, constituem uma forma de tortura psicológica que excede em muito o sofrimento infligido à maioria das vítimas de homicídio (a taxa de suicídio entre os presos no corredor da morte é dez vezes maior do que na população civil). Além disso, a aplicação da pena de morte nos 37 estados que ainda a aplicam é tão sobrecarregada de fatores arbitrários que alguns questionaram se essa inusitada excentricidade, num processo no qual os riscos são tão altos, não constitui ela própria uma espécie de crueldade. No caso *Furman versus Georgia* (1972),* a corte consequentemente decidiu que a pena de morte viola a proibição na Oitava Emenda de punições cruéis e não usuais; e, apesar de todas as tentativas posteriores dos estados para eliminar o preconceito e outras formas de arbitrariedade através do processo separado de sentenciar,**

---

* N. de R.T: Nesse caso, a Suprema Corte decidiu que a pena de morte viola a Oitava Emenda à Constituição Americana. Porém, os votos vencedores dos juízes, numa decisão de 5 contra 4, apresentaram razões divergentes entre si. Dois juízes consideraram qualquer forma de pena de morte como inconstitucional; um considerou que os procedimentos de sentença prejudicavam mais réus negros que brancos; outros dois consideraram que as regras da época é que tornavam a pena de morte cruel. Dada essa divergência, não foi possível estabelecer precedente considerando a pena de morte em si como inconstitucional.
** N. de R.T.: Como resposta à decisão do caso *Furman versus Georgia*, muitos Estados americanos estabeleceram um procedimento duplo para sentenças que possam condenar réus a pena de morte, separando o julgamento de culpabilidade (culpado ou inocente) do julgamento da pena em si.

instruindo os jurados a considerar uma lista precisa de circunstâncias atenuantes e agravantes (*Gregg versus Georgia* [1976]),* a decisão anterior da corte soa tão verdadeira hoje como foi no passado: a aplicação da pena capital é inevitavelmente subjetiva e arbitrária.

A título de conclusão, apesar das várias razões que os filósofos têm dado para eles, crime e pena permanecem ainda conceitos elusivos. Vemos isso no caso da pena capital que, mesmo se merecida, pode ser tida como bárbara. A prisão preventiva e a tortura de pessoas que são apenas suspeitas de serem inimigos combatentes mostram de maneira ainda mais profunda o quanto se pode abusar das categorias jurídicas. E existem ainda numerosos exemplos de crimes "sem vítimas" e desvios da norma que são punidos como vícios proibidos. Sentimentos de decência moral desempenham um papel decisivo em guiar nossos julgamentos sobre a aceitabilidade ou não desses tipos de direito penal, o que dá lugar à nossa próxima questão: podemos apelar a padrões racionais de decência moral para restaurar a ordem no direito penal?

NOTAS

1. A Suprema Corte define um "inimigo combatente" como qualquer um "que sem uniforme atravessa secretamente as linhas com o propósito de travar guerra pela destruição da vida e da propriedade". Tais pessoas não teriam o direito de "prisioneiros de guerra" e seriam vistos, pelo contrário, como "transgressores do direito da guerra, sujeitos a julgamento e punição por cortes militares". Sob essa definição, inimigos combatentes são criminosos que têm direito a um julgamento, mas não num tribunal civil. Ver Ex parte Quiren, 317 U.S. 1, 31 (1943).
2. Em abril de 2005, um júri federal condenou Al-Timimi (que enfrenta uma pena de prisão perpétua) por instigar um grupo muçulmano a juntar-se à "jihad violenta" no Afeganistão, cinco dias depois do 11 de setembro, a fim de defenderem o Taliban contra a provável invasão por soldados americanos.
3. Ver *People v. Dlugash* (363 N. E. 2.ed 1155 (1977).
4. O retribucionismo forte defende que as pessoas que agem erradamente *devem* ser punidas, retribucionismo fraco mantém que *podem* ser punidas.

---

* N. de R.T.: Nesse caso, a Suprema Corte afirmou claramente a constitucionalidade da pena de morte. Desde *Furman versus Georgia*, a constitucionalidade da pena de morte não estava clara, o que levou a uma moratória nas execuções. Após *Gregg versus Georgia*, as execuções voltaram a ocorrer.

5
Justiça cega: raça, gênero, sexo e os limites da coerção jurídica

Estatísticas sobre a composição racial da população do corredor da morte, emparelhadas ao fato perturbador de que um percentual desproporcional da população carcerária americana é não branca, dão lugar a sérias dúvidas sobre a "cegueira para cor" do sistema de justiça penal como um todo[1]. Essas dúvidas atingem tanto a imparcialidade racial de jurados, promotores e juízes ao processarem todos os tipos de casos criminais, quanto a imparcialidade racial dos legisladores na escolha por criminalizar e punir certos comportamentos e não outros. Por que criminalizar o consumo de maconha medicinal e de drogas recreativas que vêm a ser preferidas por populações urbanas não brancas e não o consumo de álcool que (é defensável) causa maior dano para a sociedade? Por que criminalizar vícios "sem vítimas" entre adultos que consentem, como a prostituição,* e não a venda de substâncias cujo consumo foi demonstrado ser prejudicial ao indivíduo e à sociedade, como o tabaco.

Essas questões tocam em dois problemas centrais para as nossas preocupações presentes: os limites morais (se algum) de legalmente restringir a *liberdade* das pessoas de se envolverem em certas formas de comportamento e o *tratamento igual* perante a lei. A primeira dificuldade obriga-nos a examinar se há certas espécies de atividades que nunca deveriam ser criminalizadas. A segunda clama considerar a correção de leis penais

---

* N. de R.T.: A prostituição é ilegal em 50 Estados americanos, com exceção do Estado de Nevada, em que somente é permitida em estabelecimentos autorizados.

que têm impacto díspar sobre grupos distintos, bem como a legitimidade (ou ilegitimidade) do apelo ao gênero e à raça dos réus e de suas vítimas ao esboçar leis penais e processar casos criminais.

O PRINCÍPIO DO DANO DE MILL

O texto *Sobre a Liberdade* (1859), de John Stuart Mill, é frequentemente visto como o *locus classicus* para tratar da primeira questão: o uso do direito penal na restrição da liberdade. Segundo Mill,

> o único fim para o qual a humanidade está, individual ou coletivamente, justificada a interferir na liberdade de ação de qualquer um de seus membros é a autoproteção [...] [e] o único propósito para o qual o poder pode ser exercido de direito sobre qualquer membro de uma comunidade civilizada, contra sua vontade, é para prevenir danos a outros (Mill, 1978, p. 9).*

Mill articula seu princípio do dano em termos de uma distinção entre ações que "diretamente e em primeira instância" afetam apenas o agente e as ações que dizem respeito "às relações externas do indivíduo" perante outros. Dentre as do primeiro tipo, enumera ter, expressar, discutir e tornar pública sua opinião; e seguir estilos de vida que, empreendidos sozinhos ou em grupos, não causam danos a outros (ibid., p. 11-12)

Dois desafios foram lançados contra o princípio do dano de Mill. O primeiro diz respeito à justificativa do princípio. Mill argumenta que seu princípio é justificado por sua utilidade, ou promoção do bem-estar social. Porém, como observamos por ocasião de nossa discussão de Bentham, a utilidade não impõe nenhum limite ao que a sociedade pode estimar ser necessário para promover o bem-estar. Em princípio, nenhum pensamento ou ação está protegido contra a criminalização, porque nenhum pensamento ou ação é absolutamente inocente no tocante ao dano que pode causar à sociedade. Os utilitaristas igualmente pareceriam sancionar a interferência paternalista na vida dos indivíduos a fim de protegê-los também de danos que causem a si mesmos.

A resposta de Mill para essa objeção é invocar uma teoria da natureza humana que essencialmente identifica utilidade com a prosperidade humana, mais especificamente, com o desenvolvimento das capacidades

---

* N de T.: Em português, *Sobre a Liberdade*. Tradução, introdução e notas de Pedro Madeira. Lisboa: Edições 70, 2006.

individuais através da atividade autoiniciada (livre). Para Mill, não apenas os indivíduos são, em geral, os melhores juízes sobre o que os satisfaz, mas se não o fossem, a restrição de suas liberdades em nome de um paternalismo benevolente obstruiria o próprio mecanismo pelo qual os indivíduos se desenvolvem e contribuem para o progresso social (ibid., p. 74). Dada a natureza juridicamente impraticável de sopesar benefícios e custos da liberdade no tocante a todas as ações, Mill crê que devemos adotar uma regra geral que respeite a prioridade da liberdade individual (e os direitos individuais de não interferência) em comparação a outros bens sociais, como a maneira mais eficiente de maximizar a felicidade individual e social a longo prazo.

A segunda dificuldade com o princípio do dano de Mill é a falta de precisão. O próprio Mill afirma que nenhuma ação, estritamente falando, é inteiramente autoconcernente. Apesar dessa concessão, insiste que muitas ações que afetam adversamente interesses de outros, ou por lhes negar uma vantagem competitiva ou por lhes causar ofensa moral, devem ser toleradas. Segundo sua regra, a ação de alguém deve estar sujeita à sanção apenas se violar "uma obrigação definida e conferível para com alguma outra pessoa ou pessoas" (ibid., p. 79). Usando essa versão do princípio do dano, pais podem ser penalmente responsáveis por negligenciarem seus filhos, com os quais têm uma obrigação moral distinguida e conferível; da mesma forma, executivos podem ser responsabilizados por violarem suas obrigações contratuais com seus acionistas e com seus empregados. No entanto, ninguém pode ser responsabilizado por ter relações sexuais privadas, livremente consentidas, com alguém do mesmo sexo, visto não violar nenhum direito que o parceiro consensual pudesse alegar contra ele.

A tentativa de Mill de tornar mais preciso o significado de seu princípio do dano, recorrendo a direitos distinguidos e conferíveis, é apenas parcialmente bem-sucedida. Em primeiro lugar, muitos delitos criminais, como portar armas ocultamente, não envolvem a falha no cumprimento de uma obrigação distinguida e conferível. De fato, não é claro o que vale como tal obrigação na teoria de Mill. Ele crê que pessoas podem ser juridicamente responsabilizadas "por não executarem certos atos de benevolência individual, tal como salvar a vida de um semelhante ou interpor-se em proteção do indefeso contra maus tratos" (ibid., p. 10), porém muitos questionariam se temos tal obrigação forte de interceder em favor de estranhos, especialmente se envolver riscos e desconfortos para nós mesmos. Mesmo aqueles que concedem que possamos ter uma obrigação fraca de prestar assistência aos necessitados podem ainda questionar se esses têm o direito de exigir a assistência.

O princípio do dano de Mill é mais bem compreendido como estabelecendo o *ônus da prova* que o Estado deve assumir antes de criminalizar certas formas de conduta. Utilitaristas como Mill estão certos em insistir que nenhuma forma de conduta – mesmo uma acerca da qual podemos alegar ter um direito "natural" – está imune da regulamentação jurídica, independentemente das circunstâncias. No entanto, porque a liberdade de pensamento e de ação é condição necessária da prosperidade em nossa civilização, o Estado deve primeiro estabelecer que restringir essa liberdade é necessário a fim de prevenir sérios prejuízos a outros.

HOMOSSEXUALISMO E O DEBATE ENTRE HART E DEVLIN

Vejamos como o princípio do dano de Mill pode ser aplicado para criminalizar a sodomia,* um ato que alguns Estados ainda proscreviam em data tão recente quanto o ano de 2003. Mill não trata da sodomia ou da homossexualidade, mas afirma que a poligamia consensual, tal como praticada pelos mórmons, deveria ser tolerada, malgrado o dano que faz às mulheres. Seu argumento é que essas relações poligâmicas são entabuladas livremente e por consentimento mútuo e não prejudicam diretamente outros (ibid., p. 89-90).

O argumento de Mill aparentemente apoiaria o direito dos homossexuais de praticarem a sodomia. A suprema Corte concorda com Mill, e recentemente derrubou uma decisão anterior, *Bowers v. Hardwick* (1986),** que apoiava a constitucionalidade da legislação da Geórgia contrária à sodomia. Escrevendo pela maioria na decisão mais antiga, o juiz Byron White declarou que o sexo homossexual não era nem reconhecido como um direito fundamental pela Constituição nem popularmente reconhecido como uma liberdade comparável àquelas que giram em torno do casamento, da família e do lar, que estivesse "enraizado na história nacional e

---

* N. de R.T.: É importante notar que o termo "sodomia" tem diferentes definições legais, dependendo da legislação em questão. Assim, ora é definido restritamente como sexo anal entre homens, ora tão amplamente quanto qualquer ato sexual que não a penetração vaginal mesmo em relações heterossexuais. Como o autor nota mais adiante no texto, a essa variação de significados correspondem diferentes objetivos nas leis que proíbem a sodomia.
** N. de R.T.: Nessa decisão, a Suprema Corte americana julgou a constitucionalidade de uma lei do Estado da Geórgia que criminalizava como sodomia atos de sexo anal e oral, tanto entre homossexuais quanto entre heterossexuais. A decisão da Suprema Corte foi pela constitucionalidade da lei apenas no que toca a proibição de tais atos entre pessoas do mesmo sexo.

na tradição". A maioria em *Lawrence v. Texas* (2003)* discorda. Seguindo a decisão exposta na memorável decisão da Corte em *Griswold v. Connecticut* (1965)** legalizando o uso de contraceptivos, o juiz Kennedy afirmou que o sexo homossexual exemplifica um princípio fundamental da liberdade – especificamente, um direito a privacidade – que estava implícito na Primeira, na Terceira, na Quarta, na Quinta e na Nona Emendas.*** Numa opinião concordante, a juíza Sandra Day O'Connor observou adicionalmente que, ao contrário das leis antissodomia do século XIX, que regulavam a procriação, a lei antissodomia editada pelo Texas expressamente visava apenas os homossexuais. Assim, ao definir sodomia em termos de sexo anal e oral *apenas* entre pessoas do *mesmo* sexo, a lei texana não apenas violou um direito substantivo, mas também contrariou a Cláusula de Proteção Equânime da Décima Quarta Emenda.

Os dissidentes da Corte, liderados pelo juiz Scalia, negavam que as leis antissodomia eram, de algum modo, menos legítimas que leis proibindo a bigamia, o incesto e a obscenidade. Também negavam que a lei texana antissodomia violasse a proteção equânime de homossexuais ao negar-lhes a liberdade normalmente concedida aos heterossexuais: "[a proibição pela legislação de atos sexuais entre membros do mesmo sexo] não pode ser uma violação da proteção equânime, uma vez que é precisamente a mesma distinção acerca dos parceiros que é traçada nas leis estatais proibindo o casamento com alguém do mesmo sexo enquanto permite o casamento com alguém do sexo oposto". A lógica de Scalia parece irrefutável: se não é inconstitucional discriminar gays que querem se casar,

---

* N. de R.T.: Em histórica decisão, a Suprema Corte voltou atrás no veredicto de *Bowers v. Hardwick* (1986), entendendo pela inconstitucionalidade de qualquer lei que proíba quaisquer tipos de atos sexuais entre adultos que expressamente consintam. Essa decisão expressamente reverteu *Bowers v. Hardwick*, afirmando: "*Bowers* não estava correto quando foi decidido, e não é correto hoje".

** N. de R.T.: Decisão histórica da Suprema Corte americana que, pela primeira vez, decidiu pela existência de um direito constitucional à privacidade. Como não há menção expressa ao direito à privacidade na Constituição Americana, a Corte entendeu que tal direito era decorrência do direito ao devido processo legal.

*** N. de R.T.: A Terceira Emenda à Constituição Americana diz: "Nenhum soldado poderá ficar, em tempo de paz, aquartelado em qualquer residência sem o consentimento de seu proprietário, nem em tempo de guerra, salvo na maneira prescrita em lei".

A Quarta Emenda afirma: "O direito dos habitantes de que suas pessoas, domicílios, papéis e efeitos permaneçam à salvo de buscas e apreensões arbitrárias não será violado, e não se expedirão mandados que não se apoiem em fatos verossímeis, e estejam apoiados em Juramento ou afirmação, e que descrevam particularmente o lugar no qual se dará a busca e as pessoas ou coisas a serem buscadas".

A Nona Emenda diz: "A enumeração, na Constituição, de certos direitos não deve ser etendida de modo a negar ou restringir outros direitos possuídos pelas pessoas".

então não pode ser inconstitucional discriminar gays que querem praticar a sodomia? Mas esse argumento, observa, pode ser revertido a fim de apoiar a conclusão mais radical evitada por Kennedy, mas posteriormente extraída pela Suprema Corte de Massachusetts (*Goodrich v. Dept. of Public Health*, [2003]):* se homossexuais devem ter iguais direitos a praticarem sodomia, então devem ter igual direito a se casarem.

No debate atual sobre a legalização da homossexualidade e do casamento entre pessoas de mesmo sexo está em questão em que medida o direito penal deve ser usado para promover a moralidade. Scalia pensa que a crença popular de que a homossexualidade é "imoral e destrutiva" basta para justificar sua proibição; no entanto, não demonstrou porque os sentimentos morais populares isoladamente, separados de qualquer outra razão obrigatória, devam ser a base para restringir a liberdade. Afinal, era a opinião popular que parecia sancionar a lei da Virginia contrária aos casamentos inter-raciais, entre brancos e negros – uma lei que foi corretamente derrubada como violando a proteção equânime e infringindo uma liberdade básica (cf. *Loving v. Virginia* [1967]).**

Kennedy, pelo contrário, deve mostrar por que a liberdade não é apenas um entre muitos valores constitucionalmente privilegiados, ao lado de outros ideais morais, que não podem ser sopesados em termos de uma consideração utilitarista de possíveis danos sociais. Mais ainda, deve mostrar que o apelo a uma liberdade básica, um direito à privacidade, não se estende demasiadamente, como sugere Scalia, protegendo atos imorais que mesmo ele, juntamente com muitos outros liberais, pensam que devam ser proscritos. Esses atos incluem transações comerciais "sem vítimas", tais como vender a si mesmo como escravo, vender seus órgãos vitais com fins lucrativos, jogar roleta russa também com fins lucrativos, e semelhantes. Como prova adicional de que os limites são ultrapassados, Scalia observou que Kennedy não pensa que condescender com relações homossexuais deva acarretar condescender também com o casamento

---

* N. de R.T.: Nessa histórica decisão, a Suprema Corte de Massachussets entendeu pela inconstitucionalidade, à luz da Constituição do Estado de Massachussets, da proibição de casamento entre pessoas do mesmo sexo, argumentando, entre outras coisas, que o casamento não é um instituto regulado pelo Estado, mas um direito fundamental das pessoas que o Estado não pode violar. Afirma ainda que é inconstitucional qualquer lei que crie cidadãos de segunda categoria, o que a proibição de casamento homossexual criaria.

** N. de R.T.: Outra decisão histórica da Suprema Corte americana, que entendeu pela inconstitucionalidade de leis que proibissem casamentos inter-raciais. O caso tratava de um casal, ele branco, ela descendente de negros e de nativos americanos, que casaram em Washington, D.C., e, ao voltarem para Virginia, foram presos e obrigados a deixar o Estado.

homossexual, mas está longe de ser claro por que não, uma vez que o casamento é um direito protegido e os objetivos de vida que levam os homossexuais a se casarem não são diferentes daqueles que levam heterossexuais a fazerem o mesmo. Em resumo, Kennedy precisa explicar como a homossexualidade difere de outros estilos de vida sexual, como aqueles compreendendo o incesto e a poligamia, que ele crê violar a inviolabilidade das pessoas. Os liberais precisam explicar como o princípio do dano estabelece uma linha clara e fulgurante demarcando certos tipos gerais de comportamento protegido, a saber, aqueles que são voluntários, consensuais, estritamente autoconcernentes, privados e não danosos.

Em uma famosa resposta às constatações do Relatório do Comitê das Ofensas Homossexuais e da Prostituição (também conhecido como Relatório Wolfenden), o jurista britânico Patrick Devlin desenvolveu o que muitos veem como a defesa mais persuasiva da legislação moral proscrevendo a homossexualidade e outras práticas sexuais que a maioria acha profundamente ofensiva. "A supressão do vício é tanto assunto do direito como a supressão de atividades subversivas; definir uma esfera da moralidade privada não é mais possível que definir uma esfera da atividade subversiva privada."

O argumento de Lorde Devlin em defesa de leis antissodomia gira em torno de três pontos principais:

a) todo direito penal é uma legislação moral, e toda legislação moral está enraizada, em última instância, nos sentimentos populares de "intolerância, indignação e aversão" para os quais não se pode dar uma fundamentação racional;
b) atos voluntários entre adultos que consentem e que não lhes cause danos pode ainda prejudicar a sociedade ao enfraquecer o código moral popular que impede a sociedade de decair para o caos;
c) é impossível estabelecer previamente, pelo recurso a alguma teoria filosófica, racionalmente fundada, quais tipos de atos imorais devem ser imunes à legislação moral.

O primeiro ponto fornece o elemento faltante no dissentimento de Scalia no caso *Lawrence*. Scalia teme que a decisão desse caso anuncie o fim de toda a legislação moral, porque tal legislação não pode satisfazer a espécie de "revisão com bases *racionais*" que Kennedy e outros liberais exigem. Segundo eles, a repugnância moral profunda que a sodomia incita na maioria não é uma razão suficiente para bani-la. Deve ser invocada outra, concernente sua natureza prejudicial, cientificamente provada, a "deveres conferíveis para com outros".

Devlin discorda dessa exigência rigorosa de justificação racional e a substitui por uma exigência mais fraca, exigindo apenas que a legislação em questão pareça "razoável" à maioria das pessoas. De fato, Devlin afirma que os sentimentos "razoáveis" de aversão que estão na base das crenças morais mais fortes de uma pessoa comum – e isso, por sua vez, molda suas concepções de que certas formas de conduta não devem ser toleradas – não são de modo algum fundados em razões, mas em preconceitos que foram inculcados através da socialização. A predisposição do direito em tolerar a sexualidade lésbica mais do que a homossexualidade masculina* não é, ele observa, logicamente consistente, mas simplesmente uma expressão de diferentes graus de repulsa moral. A mesma espécie de raciocínio inconsistente parece moldar nossa crença de que vender seu próprio corpo como "mãe de aluguel" está certo, ainda que vender seus órgãos (ou todo o seu corpo) com fins lucrativos não esteja. É inútil perguntar por uma fundamentação racional desses juízos de gosto, assim como é inútil perguntar por uma teoria racional explicando por que pessoas acham vales cobertos de florestas virgens mais bonitos que parques industriais. De fato, mesmo nossos julgamentos morais mais fortes – por exemplo, sobre o errôneo do assassinato, do aborto, da eutanásia, da pena capital – parecem fundados antes em sentimentos que em razões. Podemos tentar racionalizar porque cremos que essas formas de matar são "erradas em princípio", mas a tentativa de justificar o princípio, seja ele o imperativo de maximizar a felicidade para o maior número ou o imperativo de respeito à inerente dignidade igual de cada pessoa, está condenada ao fracasso. Princípios últimos como esses são simplesmente aceitos como "intuitivamente" corretos; e é irracional exigir justificativa racional para o que é, em última instância, um preconceito profundamente entranhado (e sentido). De qualquer modo, mesmo se esses princípios pudessem ser racionalmente demonstrados, a aplicação deles aos casos particulares seria ainda guiada por nossas próprias predileções sentidas.

O ponto de Devlin – sobre a extensão na qual a moralidade pré-racional molda o direito penal – sugere que uma lei limitando uma área básica da liberdade (tal como o comportamento sexual privado) não pode

---

* N. de R.T.: No direito britânico até 1967, atos homossexuais e relações homoafetivas entre mulheres não sofriam qualquer tipo de restrição jurídica, enquanto os mesmos atos praticados entre homens eram ilegais (tendo havido leis que exigiam pena de morte por enforcamento).

satisfazer (e talvez não se deva esperar que satisfaça) exigências constitucionais rigorosas de justificativa racional. Seja como for, Estados que procuram proscrever o comportamento homossexual devem mostrar porque é racional fazer isso, quando, de outra parte, toleram adultério e outros atos que são considerados seriamente imorais e socialmente prejudiciais. Na explicação de Devlin, a única razão para proscrever a homossexualidade, e não o adultério, é que o dano infligido à sociedade pela homossexualidade é tido como maior que o dano que o adultério lhe inflige. Esse dano, observa Devlin, não precisa ser específico ou demonstrável; pode consistir simplesmente que seja juridicamente tolerado algo que o público julga moralmente repulsivo. Se o direito falha no cumprimento da moralidade pública nesses casos, ele deixa de impor respeito. Isso, por sua vez, mina a segurança do Estado tão certamente quanto se fosse um ato de sedição.

Dado que a determinação de quais tipos de conduta moral são adequados à sanção jurídica é matéria de gosto, Devlin conclui que é impossível "estabelecer previamente as exceções da regra geral" segundo a qual a matéria própria da supressão jurídica é o comportamento moralmente repugnante. Mesmo os liberais geralmente admitem que alguns atos concernentes às próprias pessoas entre adultos que consentem devem ser ilegais. E consideram, assim, pela mesma razão que Devlin: a indecência moral prejudica a sociedade. Embora lutas privadas entre cobras peçonhentas sem as presas e fuinhas, que são inimigos naturais na vida selvagem, não prejudiquem ninguém (menos ainda os animais a quem se lhes concede desempenharem seus destinos naturais), ninguém questionaria que podem ser tidas como suficientemente indecentes para que seja justificada a interdição legal. A exposição constante a tais manifestações indecentes enfraquece nossa resistência à crueldade e diminui nosso respeito pelos seres humanos.

A resposta de Hart a Devlin (Hart, 1963, p. 48-63) contesta cada um dos três pontos mencionados antes. Em primeiro lugar, nega que todos os aspectos da moralidade popular sejam cruciais para a manutenção da ordem social. O desdém moral por assassinato, roubo, fraude, traição e semelhantes, é crucial; porém, o mesmo não pode ser dito da aversão popular pelo comportamento homossexual. De fato, como apontado por Hart, a moralidade popular não é um pano homogêneo, mas um tecido formado de muitos fios – de modo algum concordantes – e que pode suportar inúmeros contrastes e enfraquecimentos sem perder a integridade. Devlin e Scalia exageram o quanto o público está unido e fixado em seus sentimentos acerca da imoralidade da homossexualidade. Porém, ainda que estivessem corretos sobre isso, não anularia o fato de estar errada a crença pública sobre a natureza prejudicial da homossexualidade.

Em segundo lugar, Hart discorda da posição de Devlin de que o preconceito moral popular sozinho que fornece uma base racional para a legislação moral. O próprio Devlin concede que os legisladores devam sopesar racionalmente as consequências da legislação moral proposta, inclusive as dificuldades de impingir um comportamento sexual privado, antes de promulgá-las como lei. Proscrever a homossexualidade não apenas acarreta tormentos para os homossexuais, forçando-os a serem desonestos sobre quem são, mas também fortalece o poder do governo de interferir em nossa vida privada e pavimenta o caminho para chantagem e outras atividades criminosas. No entanto, para além do sopesar as consequências da legislação moral proposta, Hart lembra-nos que se deve recorrer a padrões racionais de prova para determinar que a conduta cuja supressão é buscada é realmente tão prejudicial quanto a opinião popular pensa que é.

A invocação por parte de Hart de padrões racionais de evidência na determinação do caráter prejudicial da homossexualidade promove a ciência (social) acima da religião e dos costumes populares como a nova autoridade subjacente à legislação penal. Isso tem sentido, porque numa sociedade pluralista, cujos membros subscrevem a muitas moralidades populares conflitantes, deve haver uma base comum (ou ideologicamente neutra) para raciocinar sobre o direito, ou então o direito se torna uma ferramenta para promover a moralidade do mais forte ou do mais numeroso. Como John Rawls observa (Rawls, 1997, p. 573-615), sem a "razão pública" – ou uma autoridade compartilhada à qual todos os cidadãos podem recorrer na persuasão uns dos outros da imoralidade destrutiva de certos tipos de comportamento –, o direito penal não seria reconhecido por todos como cogente ou legítimo e, pelo contrário, alguns resistiriam a ele como uma imposição não razoável do preconceito popular.

Seriam os liberais muito otimistas quanto ao que a "razão pública" pode realizar para o estabelecimento de limites universalmente aceitos da regulamentação legal? Mesmo que Rawls esteja certo sobre

a) nossas principais religiões e doutrinas filosóficas conflitantes coincidem no apoio a uma moralidade única, dominante;
b) essa moralidade privilegia a liberdade individual sobre outros bens morais, disso não se segue que essa moralidade pode traçar um

claro cordão em torno de certas categorias de conduta, isolando-as da possibilidade de criminalização.

Quando muito, isso confirma a posição de Devlin segundo a qual a determinação de quais formas de conduta devem ser proscritas é em grande parte política.

Liberais como Rawls admitem esse ponto, mas insistem que a opinião pública, que guia legisladores e juízes na formação e na interpretação do direito penal, deve ser iluminada "civil" ou racionalmente pelas descobertas "neutras" da ciência. Isso supõe diversas hipóteses questionáveis, quais sejam, que o esclarecimento proferido pela ciência social é em si mesmo consistente e unitário e que a ciência social, antes que a religião ou alguma outra autoridade dogmática, é (pode ou deva ser) vista por todas as pessoas razoáveis como a autoridade suprema para determinar se os prejuízos potenciais de uma determinada conduta justificam a supressão legal. Seja como for, a menos que os cidadãos em geral acatem a primazia da liberdade individual e da tolerância, para coletivamente superarem o ônus do julgamento nessa área, é difícil imaginar como o estado constitucional de direito pode prevalecer sobre a tirania democrática majoritária.

DIREITO PENAL E PROTEÇÃO EQUÂNIME

Além de ilustrar os dilemas que acompanham a criminalização de atos consensuais privados julgados indecentes pelo público, as leis antissodomia mostram como o direito penal pode entrar em conflito com a proteção equânime: essas leis proscrevem a sodomia entre homossexuais, mas não entre pessoas de sexo oposto. Discriminações jurídicas nem sempre entram em conflito com a proteção equânime. Por exemplo, o direito costumeiramente trata as crianças e pessoas com incapacidades mentais diferentemente do resto da população. Nesse caso, as diferenças no tratamento podem ser compreendidas como promovendo a proteção equânime de grupos que são peculiarmente vulneráveis dadas suas diferenças. Excepcionalidades concedidas a opositores de consciência e a membros de grupos religiosos que usam vestes especiais e têm códigos alimentares particulares, assim como ações afirmativas que privilegiam mulheres e minorias raciais que sofreram situações desvantajosas, também podem ser compreendidas como formas de tratamento jurídico diferenciado que promove a causa da proteção equânime.

Ao contrário do direito civil e de outras políticas sociais, o direito penal geralmente desautoriza o tratamento diferenciado. Pressupõe-se que o direito penal seja "cego" a raça, religião, classe, orientação sexual e (in)capacidades das vítimas e dos réus. As notórias exceções a essa regra são, portanto, controversas. Consideradas superficialmente, as leis antissodomia – que criminalizam apenas a homossexualidade masculina por encetar atos que de resto seriam legais se executados por outros – parecem discriminar sem o apoio de nenhuma razão científica e, portanto, violam o princípio da proteção equânime. Mesmo as leis penais que são expressamente formuladas sem consideração de diferenças de raça, gênero ou classe suscitam questões sobre a proteção equânime, se tiverem impactos díspares em certos grupos raciais, de gênero ou econômicos. Isso se aplica, por exemplo, a leis sobre o estupro, o assédio e o abuso conjugal que criminalizam formas de conduta encetadas quase que exclusivamente por homens; leis contrárias ao aborto que visam mulheres, leis que visam as "mães da cocaína" (que comumente são mulheres não brancas); leis sobre drogas que possuem um impacto ímpar sobre jovens afro-americanos e latinos; e leis sobre crimes de ódio que se aplicam geralmente a atos cometidos por brancos racistas, antissemitas ou homófobos.

Procedimentos penais que permitem que diferenças de classe, raça, gênero e capacidade influenciem a determinação da culpa e da punição também podem ser controversos. Diferenças de idade e de (in)capacidades mentais são, sem dúvida, cruciais para determinar a *mens rea* e a avaliação justa das penas, mas estabelecer uma fronteira filosoficamente satisfatória separando o *status* de minoria do de maioria ou a competência da incompetência parece ser totalmente impossível.

A apresentação de situações atenuantes e a admissão de afirmações sobre o impacto na vítima* durante a fase de sentença nos julgamentos que envolvem a pena de morte também são pontos controversos. Na verdade, essa espécie de testemunho convida os jurados a considerarem a classe econômica da vítima e do réu na recomendação da pena. Advogados de defesa que buscam leniência para seus clientes apelando para as infâncias sofridas de seus clientes frequentemente jogam com as simpatias de classe do júri. Ao mencionarem as trágicas patologias tipicamente associadas à pobreza – abuso infantil, negligência e educação desvantajosa –, convidam

---

* N de T.: No original, *Victim-impact statements*, que consiste num relato escrito do dano pessoal sofrido pela vítima, pretende-se assim dar voz à vítima no tribunal; é escrito ou pela vítima ou em seu nome por outrem, ou mesmo por alguém próximo de uma vítima falecida.

os jurados a considerarem a incapacidade do réu de desenvolver uma consciência moral, que parece ser relevante na determinação em grau pleno da culpabilidade do réu e no merecimento da punição. Referências similares a classe algumas vezes afloram nos enunciados do impacto sobre a vítima, que sublinham as contribuições e a posição social distinguida da vítima.

Essas referências à classe da vítima e do réu são legítimas? Os enunciados do impacto sobre a vítima parecem ser menos relevantes que a apresentação das circunstâncias atenuantes na determinação do grau de responsabilidade penal e do merecimento da pena. Talvez isso explique porque alguns Estados (como Washington) permitem que tais enunciados sejam apresentados apenas por ocasião da sentença. No entanto, qualquer referência a classe econômica é irrelevante para a avaliação da culpa e da punição, e deve, portanto, ser excluída da deliberação do júri sobre a avaliação das penas.

Procedimentos penais também são influenciados por considerações de gênero e raça. Para que o júri determinasse se a castração do marido praticada por Bobbit representava um ato defensável ou desculpável, os jurados foram convidados a adotar a perspectiva de uma mulher que havia sofrido uma longa história de abuso conjugal. Leis que protegem alegadas vítimas de estupro do interrogatório hostil também parecem refletir uma perspectiva feminina. Esse afastamento notável do direito do acusado de se confrontar com seus acusadores impede os advogados de defesa de impugnarem o caráter da autora pela referência a estereótipos sexistas sobre mulheres promíscuas.

O DIREITO SENSÍVEL A GÊNERO, RAÇA E CAPACIDADES: LIBERAIS *VERSUS* RADICAIS

Para avaliarmos a legitimidade dos tratamentos sensíveis à raça e ao gênero no direito penal é imperativo examinar mais detalhadamente como esses tratamentos pretendem lidar com as espécies únicas de danos que recaem sobre mulheres e minorias raciais. Examinar esses danos exigirá reexaminar brevemente os remédios jurídicos que foram propostos para mitigá-los em áreas como os direitos civis fundamentais, o direito de família e as políticas sociais.

Mulheres e minorias raciais sofrem dois tipos de prejuízos oriundos, respectivamente, da discriminação intencional e dos efeitos díspares das instituições e estruturas sociais. A discriminação intencional normalmente consiste em violações deliberadas de direitos civis, mas pode assumir a forma branda da indiferença para com o impacto danoso de instituições e estruturas sociais nas mulheres e nas minorias (como quando legisladores brancos toleram danos infligidos a mulheres e a minorias que seriam tidas como intoleráveis se infligidos aos homens ou aos brancos).

O impacto danoso que instituições e estruturas sociais têm sobre mulheres e minorias frequentemente se origina do legado de discriminação intencional passada. Um exemplo apropriado envolve os negros do sul dos Estados Unidos que receberam uma educação inferior em escolas segregadas e, portanto, ficaram em uma posição desvantajosa quando posteriormente solicitaram admissão em colégios e universidades não segregadas. No entanto, danos díspares podem brotar de circunstâncias inteiramente inocentes, por exemplo, quando imigrantes latinos sofrem grandes desvantagens no mercado de trabalho por conta da falta de domínio do inglês e de outras habilidades valorizadas.

Embora as duas espécies de impactos díspares possam causar danos que justifiquem remédios jurídicos, o impacto díspar de instituições causado por discriminação deliberada claramente exige retificação de uma maneira que o impacto díspar causado por circunstâncias inocentes não exige. Todavia, o mero fato de mulheres, minorias e crianças serem especialmente vulneráveis à pobreza e aos riscos atinentes (crime, doença e poluição) impõe aos legisladores a obrigação de retificar essa discriminação, independentemente de sua fonte.

Patriarcado é o termo empregado pelos *feministas* para designar o impacto danoso díspar que instituições socioeconômicas, estruturas políticas e normas têm sobre as mulheres; *racismo institucional* é o termo empregado pelos *teóricos raciais* para designar o mesmo impacto com respeito a minorias raciais. Feministas *liberais* e teóricos raciais liberais discordam de feministas *radicais* e de teóricos raciais *radicais* (*críticos*) sobre a extensão da opressão patriarcal e do racismo institucional. Assim, discordam sobre os remédios jurídicos a serem adotados.

Segundo os liberais, o principal obstáculo para a igualdade de gêneros e de raças é a discriminação intencional, e não a opressão estrutural. Os liberais acreditam que se lida melhor com tal discriminação por meio de leis sobre direitos civis que permitam que mulheres e minorias movam ações contra instituições que os discriminem. Quando tais leis se mostrarem inadequadas – como inevitavelmente se mostram, porque o ônus da prova recai nos autores, aos quais cabe demonstrar que a entidade em questão intencionalmente os discriminará com base em considerações de gênero, incapacidade ou alguma outra consideração estranha (não do mercado) –, muitos liberais endossam políticas de ação afirmativa como um remédio secundário contra a discriminação.

Esses remédios, no entanto, são problemáticos para os liberais. Em primeiro lugar, porque estendem o tratamento preferencial a alguns grupos e não a outros, portanto, tratando os indivíduos de maneira não equânime. Portanto, os liberais veem as ações afirmativas como um "mal necessário" que deve ser substituído por políticas indiferentes ao gênero e à cor assim que a discriminação tiver sido suficientemente reduzida. Em segundo lugar, políticas de ação afirmativa são justificadas, às vezes, com base no impacto díspar, independente do impacto em questão se originar de discriminações passadas ou presentes. Os tribunais decidiram que os testes de alfabetização, aparentemente neutros com respeito às raças, podem servir para perpetuar os efeitos da discriminação, mesmo se não foram planejados para isso (*Griggs v. Duke Power*).* Contudo, mesmo quando o impacto em questão se origina de intenção discriminatória, a ação afirmativa, segundo os críticos liberais, fracassa como justiça compensatória. Assim como é possível que homens brancos, preteridos no emprego, na promoção, no contrato ou na admissão na educação superior, não tenham nunca discriminado mulheres e minorias, também mulheres e minorias que obtêm as posições e os contratos podem não ter sido discriminadas. "Punir" jovens homens brancos como um grupo por um pecado cometido muito tempo atrás por alguns poucos indivíduos parece especialmente injusto, porque viola o principio liberal de mostrar igual cuidado e respeito pelos indivíduos.

Radicais são mais propensos que os liberais a apoiar remédios sensíveis às diferenças. Afirmam, preliminarmente, que os jovens homens brancos beneficiaram-se indiretamente dos efeitos díspares da opressão sexual e racial passada e presente, ainda que não tivessem eles próprios discriminado negros e minorias raciais. As vantagens competitivas nas habilidades valorizadas pelo mercado, às quais recorrem ao reivindicar seus direitos aos contratos e às posições em disputa, não são merecidas, porque derivam de leis e instituições injustas. Portanto, as políticas de ação afirmativa, que concedem preferência a mulheres e a minorias raciais que

---

* N. de R.T.: Esse caso, julgado em 1971, versava sobre o impacto de testes de aptidão e exames de QI para promoção interna dentro de uma empresa. A Suprema Corte considerou que testes de aptidão que não demonstrem estar ligados às funções para as quais a promoção interna ocorre e que tem impacto diferente em diferentes minorias étnicas ferem direitos fundamentais destas.

possuem menos talentos valorizados pelo mercado, não são injustas e não violam o princípio liberal de mostrar igual respeito e cuidado por todos.

Os radicais sustentam que a opressão racial e sexual é mais profunda do que os liberais supõem, tão profunda que, na verdade, interpõe um obstáculo insuperável para a igualdade racial e de gênero que não pode ser remediada por leis sobre os direitos civis e de ações afirmativas. Observam que as leis sobre ações afirmativas beneficiam apenas um pequeno percentual das mulheres instruídas de classe média e das minorias. Não apenas desempenham mediocremente a função de compensar as mulheres e as minorias pelas injustiças, como não logram equilibrar o jogo e fornecer oportunidades iguais e igual proteção. Sob as vestes da *diversificação* – a bandeira atual sob a qual é defendida a política de ação afirmativa de admissão à educação superior – tais políticas tornam-se um pouco mais que ferramentas para perseguir uma educação universitária* com um viés multicultural (cf. *Regents of the University of California v. Bakke* [1978] e *Grutter v. Bollinger* [2003]).**

Os radicais defendem, portanto, que erradicar a opressão de gênero e racial exige alterar radicalmente, se não abolir, a sua fonte estrutural. Por exemplo, muitos afirmam que a opressão de gênero e racial está estruturalmente embutida no sistema econômico capitalista. Porque o crescimento econômico depende da manutenção da lucratividade competitiva impulsionada pelos baixos salários e pelas baixas taxas de inflação, o sistema precisa de um "exército de reserva" formado por desempregados, subempregados e trabalhadores marginalmente empregados, que sature o apertado mercado de trabalho com mais trabalhadores. Tradicionalmente, esses trabalhadores têm sido as mulheres e as minorias raciais.

A diminuição dos salários depende também de sindicatos fracos, cujas fileiras tenham sido depauperadas ao longo dos anos por regras de ad-

---

* N. de T.: No original *liberal arts education*, expressão que designa um perfil de currículo, para a formação posterior à *High School*, o *College*, no qual a ênfase é concedida ao desenvolvimento de habilidades intelectuais e à formação cultural mais ampla do estudante, e não aos componentes profissionalizantes, ou seja, confere-se um viés propriamente universitário ao currículo.
** N. de R.T.: O primeiro desses casos versa sobre a constitucionalidade de um programa de admissão à UC (Universidade da Califórnia) Davis Medical School, a qual, no ano de 1974, não abriu nenhuma vaga para candidatos brancos, apenas para candidatos pertencentes a outras etnias. A Suprema Corte entendeu que qualquer programa que exclua uma raça, ainda que o objetivo seja aumentar a diversidade racial no ensino superior, é inconstitucional, embora o uso do critério raça na admissão seja constitucional. No segundo caso, a decisão se manteve a mesma, mas com a observação de que as ações afirmativas devem ser vistas como políticas limitadas no tempo e que devem cessar e dar lugar a uma política "cega à cor" assim que a diversidade étnica no ensino superior se tonar algo capaz de se manter por si só, sem qualquer política de ação afirmativa.

missão racistas e sexistas que bloqueavam mulheres e minorias (que eram então frequentemente contratadas pelas companhias como fura-greves). Nesse ínterim, o problema do desemprego e de seu impacto desagregador é parcialmente resolvido trancafiando nas prisões uma parte da força de trabalho de reserva, principalmente jovens negros e homens adultos latinos.

Os radicais sustentam que as fontes econômicas da discriminação institucional têm implicações para o direito penal. Paul Butler defendeu que afro-americanos servindo como jurados têm a obrigação moral de não condenarem companheiros afro-americanos que apenas violaram leis sobre posse de drogas – um ato que significa a "anulação do júri" ou a recusa em aplicar a lei tal como instruído pela corte. Segundo Butler, porque o desemprego causado pelo racismo institucional força jovens negros citadinos para a atividade criminosa ligadas às drogas, tais leis são racialmente tendenciosas contra comunidades afro-americanas. Ademais, Butler observa que as condenações por drogas privam essas comunidades de poder econômico e de representação política, uma vez que muitos Estados negam aos criminosos condenados o direito de votar (Butler, 1995, p. 677; 679). Butler consequentemente recomenda que os Estados privilegiem os tratamentos para drogas e reformas econômicas, em vez de encarceramento, como a melhor política para lidar com os crimes urbanos relacionados às drogas.

Malgrado a razoabilidade dessa recomendação política, o apoio de Butler à "anulação do júri" parece claramente em desacordo com o estado de direito. Ele não apenas conclama jurados a desconsiderarem leis que foram elaboradas por meios democráticos, mas lhes pede que se abstenham de considerar as pessoas responsáveis por seus comportamentos criminosos. De fato, embora sua recomendação seja antirracista na intenção, ela perigosamente repete o conselho dado pelos defensores da supremacia branca aos jurados brancos do sul durante a luta dos direitos civis nos anos 1960 de não condenarem membros de sua própria raça por crimes de ódio, "em defesa da comunidade branca".

Os feministas, não menos que os teóricos raciais, discordam da legitimidade de leis penais e sociais sensíveis ao gênero e à cor. Feministas liberais, por exemplo, defendem o direito ao aborto porque instancia um direito mais básico, neutro com respeito ao gênero, de privacidade e planejamento familiar, ao passo que feministas radicais defendem o aborto porque libera a mulher de seu confinamento na esfera doméstica privada do cuidado materno e de sua dependência econômica. Feministas liberais argumentam que, com a extinção da discriminação sexual legalizada, mulheres que escolhem não formar uma família entrarão no mercado de trabalho e alcançarão o que os homens alcançam, com base apenas em seus méritos. Os feministas radicais, pelo contrário, apontam que as mulheres não podem competir com os homens a menos que recebam tratamento diferenciado, uma vez que foram consignadas ao papel de criar os filhos e cuidar da família. Esse tratamento diferenciado pode compreender remunerar as mulheres pela criação dos filhos e pelo cuidado com a família. Pode exigir compensá-las com um pagamento maior por aceitarem empregos de tempo parcial, menos rendosos e menos valorizados no mercado, mas compatíveis com suas atividades domésticas – empregos que, no entanto, compreendem riscos, nível de instrução e graus de esforço comparáveis aos empregos em tempo integral, mais valorizados no mercado e melhor remunerados, ocupados pelos homens.

Numa análise final, o debate entre feministas radicais e feministas liberais frequentemente se resume na questão relacionada a se a emancipação das mulheres da discriminação sexual e da opressão patriarcal deve ser procurada enfatizando a humanidade comum de homens e mulheres e tratando ambos os sexos da mesma maneira ou enfatizando as diferenças entre eles. Tratar homens e mulheres da mesma maneira tem suas desvantagens, pois negligencia o fato de as mulheres em nossa sociedade serem posicionadas diferentemente em relação à criação dos filhos e ao cuidado da família. No entanto, tratar homens e mulheres diferentemente, por conta de seus diferentes papéis sociais, pode ter o resultado inverso ao esperado, dado que são exatamente esses papeis que perpetuam o patriarcado. As antigas leis que proibiam as mulheres de exercer atividades profissionais perigosas ou com jornadas extensas visavam protegê-las, mas também as discriminavam.

Muitos críticos do patriarcado (liberais e radicais) concluem que a questão sobre se as mulheres devem ser tratadas igual ou diferentemente não pode ser respondida filosoficamente e em abstrato (Habermas, 1996, p. 419-427). Eles argumentam que as próprias mulheres devem responder essa questão, de acordo com suas próprias compreensões coletivas de suas necessidades. Essas necessidades reclamam a proteção dos direitos civis das mulheres, como os liberais corretamente sublinham, mas a proteção dos direitos civis é impensável sem radicalmente acomodar as diferenças de gênero.

Leis sobre necessidades especiais fornecem uma boa analogia para compreender essa conexão. O *Americans with Disabilities Act* (Estatuto dos Americanos com Incapacidades) (1990) reconhece que deficiência não é apenas um problema médico que se encontra unicamente na pessoa portadora de necessidades especiais, mas é um problema social que reflete a indiferença discriminatória da sociedade ao planejar empregos, serviços e espaços públicos, não contemplando as necessidades especiais. Sendo assim, o ADA* vincula a não discriminação à reconfiguração razoável dos espaços de trabalho e horários flexíveis, à garantia de acesso aos estabelecimentos públicos e banheiros, e ao fornecimento pelo governo de recursos diferenciados e de serviços médicos e de cuidados que permitam às pessoas portadoras de necessidades especiais gozarem os mesmos níveis de saúde e de qualidade de vida que pessoas sem tais necessidades. Esse último ponto é especialmente importante porque, sem suficiente bem-estar, as pessoas com deficiência não podem usufruir das comodidades que lhes são garantidas pela legislação sobre direitos civis.

O mesmo se dá com as mulheres que cuidam de suas famílias. A lei deveria obrigar os estabelecimentos comerciais e públicos a acomodarem, dentro do razoável, as diferentes necessidades das mulheres que cuidam da família. Como no caso das leis acerca das necessidades especiais, mulheres individuais e seus (possíveis) empregadores e fornecedores de serviços devem negociar os termos de uma acomodação razoável caso a caso. Ademais, sem subsídios adequados pelo cuidado da família, as mulheres não serão capazes de participar integralmente na vida pública. No entanto, para evitar o paternalismo patriarcal que afeta as leis sobre o bem-estar familiar, as mulheres devem ter o direito de controlar como os recursos e os serviços são fornecidos. Do contrário, o mesmo paternalismo, que outrora definia os portadores de necessidades especiais como medicamente deficientes e sujeitava-os ao poder dos estabelecimentos médicos, continuaria a se repetir aqui, fazendo com que mães solteiras fossem estereotipadas como irresponsáveis e necessitando de supervisão terapêutica e disciplina.

PROTEÇÃO EQUÂNIME *VERSUS* LIBERDADE DE EXPRESSÃO: A LEI DE MACKINNON CONTRA A PORNOGRAFIA

Parece haver uma questão sobre a qual feministas radicais e liberais não podem concordar, porque envolve maneiras fundamentalmente opostas de considerar os valores da privacidade, da liberdade de expressão e

---

* N de T.: Sigla comum para o *American with Disabilities Act*.

da proteção equânime. Essa questão, para a qual nos voltamos agora, é a criminalização da pornografia.

Feministas liberais afirmam que o mesmo direito à privacidade que protege o direito da mulher de promover o aborto também permite a venda e o consumo de pornografia, retratando mulheres em graus variados de degradação. Argumentam que o dano feito a uma mulher pela pornografia é mais bem tratado pela educação e por manifestações, em resumo, pelo livre exercício do discurso. Feministas radicais, ao contrário, afirmam que a pornografia é o verdadeiro fulcro sublinhando a dominação patriarcal e deve, portanto, ser suprimida, mesmo se implicar enfraquecer o direito a privacidade.

Talvez a defensora mais conhecida da posição radical seja Catherine MacKinnon, que juntamente a Andrea Dworkin foi autora de um regulamento contra a pornografia adotado pela cidade de Indianápolis, de 1984 até 1985, quando foi declarado inconstitucional. O regulamento proibia pessoas de

a) comercializarem intencionalmente pornografia;
b) coagirem pessoas a se envolver em pornografia;
c) forçar pessoas a ficar expostas à pornografia.

Além disso, qualquer um prejudicado por alguém que tivesse sido exposto à pornografia poderia apresentar ao Escritório de Igualdade de Oportunidades de Indianápolis uma ação de direitos civis. De modo importante, a regulamentação tratava ações segundo esses quatro títulos como violações de direitos civis, para as quais se poderiam procurar perdas e danos, mas não como crimes puníveis com a prisão.

A defesa de MacKinnon da regulamentação apoia-se na distinção crucial e sutil entre obscenidade e pornografia. As leis sobre obscenidade, às quais se opõe, são formas de legislação moral visando a preservação de padrões de decência da comunidade; a lei antipornografia, pelo contrário, é uma espécie de legislação sobre direitos civis que protege contra a discriminação sexual (MacKinnon, 1989, p. 196). Sob outros aspectos, no entanto, a lei sobre pornografia vai além da legislação sobre direitos civis porquanto não visa atos específicos, mas a estrutura subjacente ao domínio patriarcal, que desumaniza a mulher e a transforma numa cidadã de segunda classe, vulnerável ao estupro, ao assédio e ao desprezo como meros objetos do desejo masculino.

Na opinião de MacKinnon, as leis sobre obscenidade de fato refletem e justificam essa estrutura; tal como outras formas de legislação moral, devem ser expressas em termos gerais que invariavelmente recorrem antes aos preconceitos subjetivos que à razão. Essa característica da legislação moral – salientada por Devlin – é exemplificada na definição jurídica de obscenidade. Empregando um critério triplo, o direito define obscenidade como

> (a) o que a pessoa comum empregando padrões [comunitários] contemporâneos acharia que, tomada em conjunto, apela para os interesses lascivos; (b) que retrata ou descreve, de um modo manifestamente ofensivo, a conduta sexual como definida pela lei estadual aplicável; (c) que tomado como um todo carece de sério valor literário, artístico, político ou científico. (*Miller v. Califórnia*, 1973)

MacKinnon argumenta contra todos os três pontos da definição. O apelo a padrões comunitários na definição de obscenidade elide a questão crucial de porquê esses padrões devem ter algum peso. Devlin e outros que apelam para os padrões da comunidade supõem que a tradição costumeira é uma autoridade inatacável na determinação da verdade moral, mas essa suposição carece de confirmação histórica. Pelo contrário, como MacKinnon observa, a imposição jurídica de padrões comunitários da moralidade – independentemente de qual comunidade esteja sendo designada – quase sempre privilegia uma concepção patriarcal dos costumes sexuais que prejudica mulheres e *gays* (MacKinnon, 1989, p. 202).

MacKinnon igualmente se opõe à invocação pelo direito daquilo que uma pessoa comum, razoável, consideraria obsceno. Essa invocação parece favorecer antes a espécie de apelo neutro a uma razão imparcial patrocinado por liberais como Rawls, que os preconceitos paroquiais, estreitos defendidos por conservadores como Devlin. Mas MacKinnon afirma que a aparência aqui é enganadora. "O feminismo duvida da existência de uma 'pessoa comum', neutra com respeito ao gênero" (ibid.). Em outros termos, a própria noção de um ponto de vista imparcial, objetivo e racional é pura ficção. Todos os julgamentos morais estão situados: qualquer ética reflete uma perspectiva tendenciosa. Portanto, assim como o apelo aos padrões comunitários, a invocação de um juízo razoável e mediano não é senão outro apelo ao preconceito, outro subterfúgio para violar a proteção equânime de pessoas cuja moral privada está fora da perspectiva patriarcal dominante.

Em terceiro lugar, MacKinnon questiona se a vontade do direito em proteger a expressão que possui valor literário, artístico, político ou científico reconhece suficientemente o dano que tal expressão inflige às mulheres. De fato, ela observa que essa defesa clássica da livre expressão, baseada como está na compreensão de Mill da sociedade liberal como um "mercado de ideias", esconde a verdadeira natureza do discurso e da expressão. Mill afirma que a livre expressão de ideias entre pessoas que têm oportunidades iguais para se expressar e serem ouvidas era a única maneira de filtrar a verdade da falsidade. MacKinnon, no entanto, defende que a expressão, mesmo em contextos científicos, é constrangida e desigual. Tal como Nietzsche e Foucault, MacKinnon afirma que a fala e a expressão refletem relações de poder (ibid., p. 203). Assim concebida, o que passa como verdade na sociedade civil e na ciência não é o produto de uma razão imparcial, não maculada pelos efeitos da censura e do poder políticos, mas é, antes, exatamente o oposto: uma ficção formada pelo discurso dominante. Mais precisamente, a "verdade" como a moralidade popular e a ciência social compreendem é constituída por uma cosmovisão patriarcal ubíqua que apresenta as mulheres como inferiores, corpos submissos a serem objetificados, explorados e dominados. Nas palavras de MacKinnon, "enquanto defensores da pornografia afirmam que permitir todos os discursos, inclusive a pornografia, libera a mente para satisfazer a si mesma, a pornografia livremente escraviza as mentes e os corpos das mulheres inseparavelmente, tornando normal o terror que silencia forçosamente o ponto de vista da mulher" (ibid., p. 203)

Enquanto os conservadores se preocupam com a obscenidade corrompendo a moral e os liberais inquietam-se com a censura restringindo a busca sem inibições pela verdade, apenas as feministas radicais preocupam-se com a pornografia institucionalizando a dominação das mulheres. Segundo MacKinnon, ainda que a ciência social não possa estabelecer uma conexão causal entre pornografia e violência contra mulheres determinadas ou contra as mulheres tomadas como um grupo, é manifesto que a pornografia contribui para a discriminação patriarcal contra as mulheres, por sua representação delas como objetos passivos e subordinados do desejo masculino. Ao denegrir sua personalidade jurídica como igualmente portadora de direitos civis, a pornografia promove a discriminação das mulheres não menos que a segregação racial promove a das minorias. Permitir a expressão livre e equânime da pornografia acarreta desautorizar a expressão livre e equânime das mulheres cujas vozes são silenciadas ou ignoradas. Como ela afirma, "o mandamento da

Primeira Emenda não pode compreender que o discurso de alguém silencie o de outros de um modo que não seja simplesmente uma questão de competição pelo tempo de transmissão" (ibid., p. 206).

A réplica liberal a MacKinnon: avaliação final

O juiz Frank Easterbrook rejeitou esse dilema flagrante ao decidir contra o regulamento antipornografia de MacKinnon (*American Booksellers Association v. Hudnut*). Ao argumentar que o regulamento estendia demasiadamente a restrição da liberdade de expressão, ele pressupôs que a pornografia, assim como os discursos racistas ou antissemitas, veicula significados e ideias que propriamente caem no domínio da argumentação política.* Ideias como essas são protegidas pela Primeira Emenda, a menos que possa ser mostrado que causam dano a pessoas específicas, caso em que o Estado pode ter um interesse compulsório na supressão de suas expressões. Na opinião de Easterbrook, persuadir as pessoas a verem mulheres e minorias como inferiores e subalternos constitui um dano litigável tão pequeno quanto persuadi-las a verem os homens como porcos chauvinistas (Adams, 2005, p. 239).

MacKinnon, porém, nega que o poder da pornografia consista no discurso persuasivo. Alinhada à visão própria de Foucault, segundo a qual a linguagem consiste de atos de fala, MacKinnon afirma que a pornografia é mais "semelhante a atos que a pensamentos", a saber, é mais sobre ações que têm um efeito discriminatório que sobre ideias afirmadas como verdadeiras; "a pornografia não é uma ideia mais que segregar e linchar sejam ideias, embora ambas institucionalizem a ideia de inferioridade de um grupo em relação a outro" (MacKinnon, 1989, p. 204). A pornografia, em outras palavras, é uma forma de condicionamento comportamental que socializa os homens na percepção das mulheres como inferiores. Com seu efeito violento, ela se assemelha a insultos e outras "provocações verbais" – formas de "discurso" que não gozam da mesma proteção jurídica que o debate político.

Segundo MacKinnon, a abordagem liberal defendida por Easterbrook tacitamente privilegia uma perspectiva patriarcal. Porque o patriarcado

---

* N. de R.T.: Há o entendimento, no direito americano, de que a veiculação de ideias racistas e/ou antissemitas não constitui crime, a não ser que provoque dano a pessoas específicas (e não a um grupo genérico de pessoas), dado o entendimento acerca da liberdade de expressão. No Brasil, a veiculação de tais ideias é crime inafiançável, segundo o art. 140, § 3º do Código Penal.

estrutura a maneira como compreendemos o conhecimento objetivo e a realidade, "o dano [produzido pela pornografia] não pode ser discernido da perspectiva objetiva" (ibid., p. 204). Em outras palavras, a pornografia só é visível para aqueles que sofreram sua violência. Assim, o que parece ser uma defesa neutra (objetiva) da livre expressão e da razão discursiva parece, para o feminista radical, uma defesa tendenciosa da violência misógina.

Dada a flagrante contradição entre a maneira feminista liberal e a maneira feminista radical de ver a pornografia, parece que nos confrontamos com o que o filósofo Frances Jean-Lyotard chama a *differend*, ou uma situação em que "um reclamante é privado dos meios de defesa e torna-se, por essa razão, uma vítima" (Lyotard, 1988, p. 9). Os feministas radicais não podem afirmar efetivamente que a pornografia deve ser banida, a menos que seja definida como uma forma de violência dirigida contra as mulheres; e os liberais (feministas ou não) não podem afirmar efetivamente que a pornografia seja tolerada, a menos que seja definida como uma expressão significativa. Não importa como o ponto em discussão seja formulado, alguém será vitimado.

Assumindo que exista de fato uma flagrante contradição entre as maneiras feministas liberal e radical de ver a pornografia, a proposta de MacKinnon para ter sua compreensão incorporada no direito pode ainda ser justificada como uma tentativa de oferecer um equilíbrio de gênero no que de resto é um discurso liberal – dominado principalmente pelos homens – sobre o valor da livre expressão. Esse argumento segue exatamente as linhas do argumento apresentado 40 anos antes pelos manifestantes contrários à guerra do Vietnã, que procuravam desmascarar a "liberdade de expressão" e a "imprensa livre", regulamentadas pelo governo, como o que realmente eram: uma espécie de "tolerância repressora" que, como afirmou Herbert Marcuse, tolerava a dissidência dentro dos limites de uma opinião pública moldada pela propaganda governamental. Interromper a "fala livre" de recrutadores militares nos *campi* universitários parecia, assim, uma maneira lógica para os manifestantes tornarem pública a "não liberdade" de uma imprensa manipulada.

Trazer novamente equilíbrio ao discurso, não era como Easterbrook via o regulamento de MacKinnon contra a pornografia. Embora reconhecesse que a proposta de MacKinnon refletia uma tendenciosidade feminista que se opunha ao ponto de vista liberal predominante, não concordou que o ponto de vista predominante era também tendencioso. Na verdade, Easterbrook insistiu que esse ponto de vista era o único a fornecer uma perspectiva neutra a partir da qual julgar a questão. Em outras palavras, adotar um ponto de vista não neutro, como a perspectiva radical feminista de MacKinnon, resultaria em converter o direito no "grande censor e diretor de quais pensamentos são bons para nós" (Adams, 2005, p. 240).

Easterbrook prosseguiu afirmando que o regulamento contra a pornografia era demasiadamente unilateral em sua definição de pornografia e, portanto, era demasiadamente amplo em sua aplicação. Se a pornografia é violência dirigida contra as mulheres, então o mesmo pode ser dito de propagandas, entretenimentos e cultura. De fato, a Bíblia pode ter contribuído mais para denegrir a mulher do que a pornografia. Aliás, MacKinnon poderia também facilmente ter atacado a instituição do casamento heterossexual como o fulcro da dominação patriarcal, como muitas outras feministas radicais fazem. Ademais, muitas das coisas que MacKinnon incluía em sua lista de atos pornográficos, tais como a representação de mulheres sendo penetradas por objetos ou animais, eram precisamente as espécies de coisas que moralistas conservadores dominantes achavam ser obsceno na sexualidade lésbica.

MacKinnon pode estar correta ao afirmar que a pornografia produz um dano sério para as mulheres. Easterbrook reconhece isso, mas ele nunca explicou por que esse dano não era juridicamente contestável, ao contrário do dano causado pela difamação. Dito isso, uma decisão favorável à perspectiva de MacKinnon, baseada na asserção controversa que a pornografia reproduz os efeitos danosos do patriarcado, daria origem a um sério dilema para qualquer sistema jurídico. Como Easterbrook corretamente observou, os danos causados pelo patriarcado não são transmitidos exclusivamente, nem mesmo principalmente, pela pornografia, mas se estendem até a instituição do matrimônio. Nenhum sistema jurídico, no entanto, está preparado para descartar uma instituição tão estabelecida. MacKinnon pode também ter razão quanto a não existir uma perspectiva "neutra" a partir da qual avaliar o dano que a pornografia causa às mulheres. Podem ser necessárias estatísticas para avaliar o impacto desigual que estruturas sociais têm em mulheres e outros grupos "de risco", mas elas podem ser interpretadas de diferentes maneiras, dependendo do ponto de vista. No entanto, ao deixar de lado os dados estatísticos da ciência social em favor da percepção subjetiva fornecida por uma perspectiva feminista, MacKinnon ironicamente se alia a Devlin e àqueles que igualmente privilegiam uma perspectiva subjetiva "heterossexista". Na essência, ambos abandonam o que mais próximo temos de uma autoridade imparcial para avaliar os danos díspares que instituições sociais impõem a diferentes grupos. Sem a aceitação comum dessa autoridade, seria sem fundamento o ônus da prova que liberais impõem ao governo em seu esforço de restringir a fala e a ação.

NOTA

1. Os negros constituem apenas 12% da população, mas 44% de todos os prisioneiros estaduais ou federais (http://www.ojp.usdoj.gov/bjs).

6
Direito privado e os limites da racionalidade econômica

O estado de direito define a estrutura moral básica subjacente ao exercício legítimo do poder. Essa estrutura supõe que as pessoas sejam agentes responsáveis, que agem no quadro de leis claramente compreendidas e aceitas em comum. A essa concepção da personalidade jurídica corresponde uma visão especificamente liberal, ou *preservadora da liberdade*, do direito constitucional e penal. A propriedade, o contrato e a responsabilidade civil – as três principais divisões que constituem o direito privado – também refletem uma visão liberal?

A CONTROVÉRSIA EM TORNO DA *DESAPROPRIAÇÃO*

Um caso recente, envolvendo o direito do governo de tomar uma propriedade privada para "uso público" – chamado *desapropriação* – ilustra quão difícil é responder essa questão. O caso envolve uma ação movida por diversos proprietários de casas contra a cidade de New London, Connecticut, cujo conselho municipal* aprovara, no ano de 2000, um plano para desenvolver 90 acres da orla, incluindo as propriedades dos litigantes. A principal autora, Susan Kola, acabara de remodelar sua casa; outra autora, Wilhelmina Dery, de 72 anos, vivia em sua casa desde o dia

---

* N. de R.T.: O conselho municipal, *city counsil* no original, é um órgão municipal semilegislativo muito semelhante a nossa Câmara dos Vereadores. As principais diferenças dizem respeito ao número de conselheiros, que em certas cidades chega a 50 (dependendo do tamanho), e ao fato de que, dependendo das leis municipais, o prefeito pode ser parte do conselho (o que no Brasil seria considerado violação da separação de poderes).

em que nascera. Por outro lado, a cidade de 24 mil habitantes perdera 1.500 postos de emprego após o fechamento, em 1996, do *Naval Undersea Warfare Center* (Centro de Guerra Submarina). No desespero de atrair um centro de pesquisa de 300 milhões de dólares, construído pela empresa farmacêutica Pfizer em terras adjacentes, a cidade decidiu construir prédios de escritório, casas de luxo e uma marina na costa. Além de criar novos empregos, a cidade defendia que a comunidade seria beneficiada por um aumento de 680 milhões de dólares na receita anual dos impostos sobre a propriedade.

Auxiliados pelo libertário *Institute for Justice* ("Instituto para a Justiça"),[*] os autores argumentaram que a Quinta Emenda permite ao governo exercer a *desapropriação* apenas para a construção de pontes, rodovias e outros usos *públicos,* não para o desenvolvimento *privado*. Porém, a Suprema Corte de *Connecticut* discordou e o mesmo fez a Suprema Corte dos Estados Unidos, numa decisão apertada de 5 a 4. Redigindo pela maioria em *Kelo v. City of New London* (2005), o juiz John Paul Stevens afirmou que decisões anteriores haviam interpretado "uso público" de modo a incluir a erradicação de cortiços e o desenvolvimento econômico. Observando que "promover o desenvolvimento econômico é uma tradicional e aceita função do governo", defendeu os direitos da cidade de criar empregos, subsidiando o desenvolvimento privado. Redigindo pela minoria, a juíza Sandra Day O´Connor afirmou que a decisão favoreceria aqueles que possuíam "influência e poder desproporcionais sobre o processo político, inclusive grandes corporações e empresas de desenvolvimento". O juiz Clarence Thomas concordou, ecoando a preocupação da *National Association for the Advancement of Colored People* ("Associação Nacional para a Promoção de Pessoas de Cor") de que a decisão levaria à "remoção de minorias", os mais velhos e os de baixa renda.

O caso *Kelo* suscita importantes questões sobre a relação entre os direitos à propriedade privada e as concepções liberais de liberdade e igualdade. Os libertários argumentam que o direito à propriedade privada é necessário para o exercício da responsabilidade pessoal pela própria vida, livre da interferência governamental. Nessa interpretação, o governo estaria autorizado a exercer a *desapropriação* apenas para projetos públicos que beneficiem a todos igualmente. Projetos que franqueiam o

---

[*] N. de T.: Organização não governamental que se autodefine como "aquilo que uma firma de advocacia das liberdades civis deveria ser", ou seja, procura defender interesses de indivíduos cujos direitos básicos estão sendo negados pelo governo (ver http://www.ij.org).

acesso público a empresas comerciais ou a residências privadas, mas não a construção delas.

Outros, no entanto, afirmam que os direitos à propriedade privada não são os únicos meios para promover a liberdade e a igualdade. Afirmam que a liberdade significa mais que agir sem interferência, uma vez que as oportunidades de agir dependem da prévia aquisição de recursos materiais, tal como a renda. Ademais, capacidade de escolher e de agir deve ser desenvolvida. Todavia, os recursos necessários para isso – como educação, saúde e bem-estar – são financiados em grande parte pelas receitas dos impostos. Consequentemente, exercer a *desapropriação* para criar empregos e aumentar a arrecadação de impostos territoriais não é uma violação da liberdade e da igualdade. Pelo contrário, é a maneira *economicamente* mais *eficiente* de distribuir recursos públicos de modo a todos terem as mesmas oportunidades de desenvolver suas capacidades e de competir com outros em pé de igualdade por uma "fatia justa do bolo".

Vista dessa perspectiva favorável, a decisão de Stevens é muito coerente com o pensamento que levou à criação do *Estado de bem-estar social*. Ainda assim, parece paradoxal, porque justifica interferir na liberdade de alguns com vistas a promover a liberdade de outros. Pior, permite que o governo se alinhe aos ricos e poderosos para desenraizar as pessoas de suas comunidades. Portanto, não é claro se o caso *Kelo* fortalece ou enfraquece a atuação liberal que subscreve o estado de direito.

Essa dúvida nos conduz novamente a minha questão inicial: o direito privado, tal como existe atualmente, promove o estado de direito? Se for assim, que espécie de liberdade ele promove? Libertários como Friedrich von Hayek respondem negativamente à primeira questão. Afirmam que o estado de direito acarreta uma concepção capitalista *laissez-faire* da propriedade privada, do contrato e das obrigações pessoais. Segundo eles, o Estado de bem-estar social estar viola a liberdade de mercado básica que corresponde aos direitos de propriedade privada e, assim, mina o estado de direito.

Hayek teria razão sobre esse ponto? Uma escola de pensamento jurídico, o *formalismo*, concorda com Hayek e outra escola, vinculada à abordagem conhecida como *Law and Economics* (*Direito e Economia*), é tida comumente como também concordando, embora por razões distintas das de Hayek. Mas duas outras escolas – o Realismo Jurídico e os Estudos Jurídicos Críticos (*Critical Legal Studies* ou CLS) – claramente discordam de Hayek. Talvez a resposta correta esteja no meio termo entre essas posições opostas. Talvez a contradição entre direitos de propriedade privados e públicos, liberdade como ausência de interferências e liberdade para agir, seja passível de resolução num sistema de direito privado diferente daquele atualmente em vigor. Se for assim, o forte dilema posto pelo caso *Kelo** poderia representar uma nova instrução para a reforma democrática.

DIREITO PRIVADO E RAZÃO CIENTÍFICA: ALGUMAS OBSERVAÇÕES PRELIMINARES

Para compreender essas diferentes posições, lembremos a distinção entre direito privado e direito público, mencionada no início do Capítulo 4. Nos litígios de direito privado, as partes privadas são compensadas pelos prejuízos oriundos da quebra de contratos ou de condutas faltosas, ao passo que nos litígios do direito público, os cidadãos são protegidos contra prejuízos coletivos através de políticas sociais e leis penais. Isso não significa que direito público e privado não estejam relacionados. O *common law*, que é uma fonte do direito privado na jurisprudência americana, contém provisões contra o assassinato, o roubo, o assalto e o estupro. Com efeito, atos que caem sob essas rubricas podem ser tratados tanto no direito privado quanto no penal (o leitor se lembrará que o regulamento antipornografia de MacKinnon previa soluções civis em vez de penais). Por último, o direito privado tem efeitos sobre o comportamento criminoso e indiretamente sobre o direito penal, ao impor regras que influenciam a distribuição de riquezas na sociedade.

Embora o direito privado e o público possam ser conceitualmente distintos, de fato são semelhantes. Como veremos, o grau de sobreposição factual que há (ou deveria haver) entre direito privado e direito público é o principal ponto de discórdia entre as várias escolas jurídicas. No entanto, o direito privado que veio a ser aceito como uma fonte autorizada comum entre as distintas divisões políticas na Inglaterra – o que chamamos de *common law* – foi em grande parte criado por juízes e não por atos públicos de legislação. Originalmente, o *common law* refletia a miscelâ-

---

* N. de R.T.: Apenas a fim de informação complementar, é interessante notar que no desenrolar da questão *Kelo* após o julgamento do caso, não se verificou o crescimento econômico esperado pelo conselho municipal. As casas desapropriadas foram destruídas, sendo no local construídos prédios que, desde então, permanecem abandonados, visto que a farmacêutica Pfizer fechou sua fábrica na cidade.

nea de decisões judiciais informais. No entanto, porque frequentemente expressava as considerações pessoais dos juízes sobre equidade moral, foi criticado por sua tendenciosidade política e por sua falta de coerência teórica; isso até o século XIX, quando uma escola jurídica conhecida como formalismo procurou lhe dar uma fundamentação racional, científica.

Durante os anos de 1870, o professor de direito de Harvard, Christopher C. Langdell, usou argumentos similares àqueles que se encontram em Kant e Hegel para mostrar como os arrazoados jurídicos poderiam ser compreendidos como uma ciência dedutiva. Mas seu propósito não era meramente explanatório – fornecer um modelo melhor para a compreensão de como juízes chegam a suas decisões. Era também normativo, encorajar os juízes a deliberar de maneiras mais previsíveis e menos sujeitas às incertezas do antigo método de mandados judiciais (*writs*).* Tanto para os críticos quanto para os defensores, esse projeto normativo parecia servir a outro fim, *não* exposto por Kant, nem por Hegel: a justificação do modelo capitalista *laissez-faire* do direito privado como o único modelo compatível com o estado de direito.

Embora o formalismo tenha fracassado em realizar seu objetivo de transformar o direito privado em uma ciência dedutiva, racional, outra linha de jurisprudência, associada ao movimento *Law and Economics* (*Direito e Economia*), liderada pelo juiz federal Richard Posner, recentemente procurou fundamentar o *common law* em teorias da eficiência econômica, central para a escolha racional, e na razão instrumental. Alguns defensores e críticos desse projeto afirmam que serve ao mesmo propósito ideológico de seu predecessor formalista: a justificação do capitalismo *laissez-faire*. Outros, incluindo Posner e o fundador do movimento *Law and Economics*, Ronald Coase, afirmam que o pensamento econômico algumas vezes dá apoio à regulamentação e à redistribuição econômicas por parte do governo.

Os críticos do formalismo e do *Law and Economics* são geralmente agrupados em dois contramovimentos: realismo jurídico e Estudos Jurídicos Críticos (CLS). Os dois movimentos contestam os fundamentos científicos do direito privado como um domínio do raciocínio jurídico distinto do raciocínio francamente político que subjaz à legislação pública.

---

* N. de R.T.: *Writs* são documentos escritos emitidos por uma autoridade judicial, em geral uma corte ou um juízo, que contém uma ordem, sendo equivalentes aos mandados do direito pátrio. Não se confundem com o que no direito brasileiro se chama de *writ*, que é um termo que significa especificamente o mandado de segurança.

Postergarei minha discussão dos CLS para a conclusão. O realismo jurídico surgiu como uma força durante os anos de 1920 e 1930, quando desafiava a capacidade da razão formal-analítica em isolar o direito privado das incertezas da tradição do *common law* e da política. Seus proponentes se distribuem em dois campos distintos. Realistas radicais sustentam que o pensamento jurídico deve ser moldado pelas descobertas da ciência social e da opinião pública. Mais importante, acreditavam que a democracia participativa era o método mais eficiente de solução de problemas sociais e deveria, portanto, ser implementada em toda a sociedade, tanto nos tribunais quanto nos locais de trabalho.

Realistas moderados, pelo contrário, advogavam uma concepção mais restrita de pensamento pragmático. Embora concordassem com os radicais que a opinião pública deveria jogar um papel na elaboração das políticas que visassem maximizar o bem-estar, geralmente mantinham que a democracia era um método de manejo por demais complexo e por demais desagregador para plasmar os cálculos econômicos eficientes. Portanto, crescentemente viam as deliberações judiciais e administrativas como um cálculo econômico a ser conduzido por elites tecnológicas e científicas e executadas de cima para baixo.

Embora os realistas moderados fossem, em grande parte, céticos sobre a racionalidade inerente ao capitalismo sem regulamentação e, portanto, aprovassem a regulamentação governamental da economia como o meio mais eficiente para promover o bem-estar social geral, eles inadvertidamente pavimentaram o caminho para o movimento jurídico que viria a reverter essa posição. Ao privilegiarem o cálculo econômico como o modo proeminente do raciocínio jurídico, os realistas moderados armariam posteriormente o cenário para o surgimento do movimento *Law and Economics*, dentre cujos autores muitos partilham da defesa do capitalismo *laissez-faire* empreendida pelos formalistas, embora por razões muito diferentes.

PENSAMENTO JURÍDICO FORMALISTA E O CAPITALISMO

Para avaliar os prós e os contras dessas várias escolas de pensamento, devemos primeiro compreender a escola de pensamento jurídico contra a qual elas estão reagindo: o formalismo. O formalismo designa uma teoria sobre o raciocínio jurídico que era expressamente aplicada ao campo do direito privado. Contêm três elementos principais.

Em primeiro lugar, pressupõe que as categorias do direito são *logicamente distintas* umas das outras. A distinção mais importante é entre direito público e privado. Conforme essa distinção, o direito público concerne ao bem social e é inerentemente político, porque a única maneira de conhecer o que maximiza a felicidade da maioria é consultar a voz democrática do povo como refletida nos embates entre grupos de interesses que competem para influenciar os legisladores. O direito privado, pelo contrário, é sobre princípios eternos e imutáveis de direitos "naturais" e é inerentemente apolítico (ou neutro com respeito a interesses conflitantes) porque os direitos nele prescritos estão engastados na razão.

Concebido dessa maneira, o direito privado parece apropriado a uma economia capitalista *laissez-faire*, pois um dos principais argumentos a favor de tal economia (acompanhando o raciocínio de John Locke) supõe que as pessoas devem ser livres para adquirirem, acumularem e (contratualmente) trocarem propriedades privadas. Esse pensamento favorece ostensivamente o direito individual – inviolável frente aos desejos coletivos de uma maioria democrática – de acumular riquezas privadas com a mínima interferência governamental, desde que aqueles que sejam ricos forneçam aos pobres a oportunidade de trabalharem para seu sustento básico.

O formalismo advoga que as subcategorias do direito privado também são logicamente distintas umas das outras. Aqui, também, parece haver um inconsútil acordo entre formalismo e capitalismo *laissez-faire*. O *common law* mais antigo tendia a borrar a distinção entre propriedade, contrato e direito civil. Por exemplo, via contratos como meros veículos para a troca de propriedade, segundo princípios morais de equidade, nos quais era pressuposto que coisas de igual valor eram cambiadas. Uma troca voluntária que deixasse uma das partes em considerável desvantagem poderia ser invalidada como não equitativa.

Isso mudou com o advento do capitalismo *laissez-faire*. No quadro das transações de mercado, trocas são investimentos de risco em que alguns ganham e outros perdem. Mais importante, o que as pessoas *esperam* receber de um contrato é frequentemente mais que do que inicialmente transferiram como *pagamento* (isto é, qualquer sinal de boa fé, tal como adiantamento, que sela seu comprometimento de se dar bem nas futuras obrigações). Por exemplo, a quebra de contrato de compra no atacado de milho custa ao varejista o seu investimento inicial, o que pagara adiantado, bem como qualquer lucro futuro que *esperava* obter com a venda no varejo do milho a um preço maior. Os formalistas afirmam que o conceito de *expectativa* invocado nesse exemplo deve ser deduzido da noção formal de contrato como um "encontro de mentes" no qual as partes voluntariamente impõem-se obrigações mútuas com base em uma clara compreensão do que cada um deles espera ganhar do outro.

O que está em questão aqui, portanto, não é a justiça do contrato, mas ter sido *voluntariamente aceito* e *autoimposto* na presença da outra parte. Evidentemente, partes num contrato poderiam ter diferentes compreensões sobre o que cada uma consente realizar. Juízes como Learned Hand solucionaram esse problema afirmando que os termos acordados não dependem das intenções ou das compreensões dos contratantes, mas dos usos geralmente aceitos.

As necessidades funcionais do capitalismo parecem, novamente, ser bem servidas aqui. Qualquer sistema de mercado depende da disposição dos investidores em entrar em contratos mutuamente proveitosos. O incentivo para fazer isso é consideravelmente reduzido, no entanto, se os riscos associados ao cumprimento incerto forem muito altos. Isso ocorre sempre que a vaguidão dos termos contratuais permitir múltiplas e imprevisíveis interpretações.

A insistência no significado padrão não altera fundamentalmente o fato de que, segundo a chamada *teoria da vontade*, contratos refletem o encontro de mentes que as partes – não os juízes – impõem. Com efeito, isso é o que formalmente distingue o direito contratual da responsabilidade civil. Ao contrário de quebras contratuais, que os formalistas veem como violações deliberadas de obrigações autoimpostas, ilícitos civis são compreendidos como violações de deveres *socialmente impostos,* especificamente com respeito ao exercício do cuidado devido no trato com outros. Portanto, a regra formal para as indenizações na responsabilidade civil não é baseada em expectativas, mas em prejuízos.

Malgrado essa diferença, o formalismo pressupõe que o direito contratual e a responsabilidade civil inscrevem-se, ambos, em uma racionalidade formal comum, que é resumida na ideia segundo a qual indivíduos são habilitados pela natureza à máxima liberdade de mercado possível compatível com uma liberdade igual para todos. Dotar os indivíduos de uma tão extensa liberdade formal, ou ausência de interferência, significa também dotá-los de maior responsabilidade por suas ações. No direito contratual, portanto, a deferência do formalista pela responsabilidade individual tende a favorecer o princípio *laissez-faire* do *caveat emptor* (cautela do comprador). Na responsabilidade civil, deferência para com a responsabilidade individual tende a favorecer o princípio *laissez-faire* da culpa,* ou "cautela do agente". Em ambos os casos, a responsabilidade por assumir os custos de atividades de riscos recai sobre os agentes individuais que as empreendem e não sobre a sociedade.

O segundo aspecto do pensamento jurídico formalista é sua confiança na *lógica dedutiva*. Formalistas supõem que o direito é um corpo logicamente coerente de regras gerais das quais qualquer decisão pode ser deduzida com necessidade lógica, segundo um *raciocínio silogístico*. Um silogismo é um argumento formado por duas premissas: a maior, que geralmente enuncia uma verdade categórica geral, tal como "todos os contratos registrados são contratos obrigatórios", e uma premissa menor enunciando um fato e que contém um dos termos categoriais contidos na premissa maior, tal como "Maria concordou (assinalado nos registros) em ser mãe substituta de Ana e Guilherme". Combinando essas premissas, concluímos que "a concordância de Maria em ser mãe substituta de Ana e Guilherme é um contrato obrigatório".

Formalistas assumem que, para cada caso que exige adjudicação, há

a) uma e apenas uma maneira de formulá-lo corretamente como a premissa menor e
b) uma e apenas uma premissa maior (uma regra jurídica geral) sob a qual o caso pode ser subsumido.

Assim compreendido, o raciocínio jurídico é um processo mecânico que não deixa espaço para a interpretação ou a discrição judiciais. Na medida em que os raciocínios dos juízes se conformam, de fato, a esse modelo, o processo jurídico como um todo é mais certo. Tal alto grau de previsibilidade serve tanto ao estado de direito como ao capitalismo, dando aos calculadores econômicos autônomos um conjunto estável de condições limitantes.

O terceiro aspecto do pensamento formalista jurídico – o uso de *raciocínio analógico* – exemplifica esse último ponto. Ao suporem que um novo caso é sempre análogo ou logicamente equivalente (idêntico) a um e

---

* N. de R.T.: O termo em inglês utilizado aqui é *negligence*. Mas no contexto da responsabilidade civil no direito americano, refere-se não apenas ao que entendemos como negligência, isto é, falta de cuidado ao agir, mas o que chamamos de culpa, a qual envolve não apenas a negligência, mas também a imprudência e a imperícia.

apenas um caso antigo, conduzem apoio para o princípio do *stare decisis*[*] ou a ideia de que o precedente jurídico governa a deliberação. O formalismo distingue entre a *sustentação* (*holding*) de um caso – a razão jurídica fundamental que se estende a casos futuros – e o *dictum* (dito), aquela parte da regra que se aplica apenas ao caso particular considerado. O formalismo supõe que a sustentação do caso é suficientemente geral para compreender novos casos, mesmo se o *dictum* não o for. Se não for assim – se novos casos não pudessem ser logicamente subsumidos a antigos, e se isso não pudesse ser feito de uma maneira logicamente determinada (mecânica) –, então os formalistas concordam que a deliberação jurídica seria sem fim e *ad hoc*, de sorte a depender inteiramente dos caprichos pessoais do juiz. Essa seria uma receita para a tirania judicial e, mais importante, tornaria o direito um empreendimento mais imprevisível e incerto. Portanto, o uso de raciocínios analógicos é essencial para manter o estado de direito (e por decorrência, o capitalismo).

Portanto, o raciocínio analógico é necessário para subsumir tipos de casos aparentemente desiguais a subcategorias jurídicas comuns. Esse método provou-se útil no embate formalista para isolar todas as formas de coisas e atividades da interferência do governo. Uma maneira como fez isso foi categorizá-los como propriedade privada.

Exemplos da jurisprudência formalista ilustram como esses princípios do raciocínio jurídico funcionam. Comecemos pelo princípio do raciocínio analógico. Em 1918, um caso chegou à Suprema Corte (*International New Service v. Associated Press*) envolvendo um mandado contra um competidor recentemente organizado (*International News Service*) proibindo-o de "roubar" notícias da *Associated Press*. O juiz Mahlon Pitney, que redigiu pela maioria, manteve a determinação com base no fato de que notícias eram uma quase-propriedade – ou algo análogo a uma propriedade privada – uma vez que, tal como a propriedade privada, podia ser descoberta e adquirida através de atos privados que estão investidos de valor pes-

---

[*] N. de R.T.: Parte de uma máxima jurídica latina que afirma *stare decisis et non quieta movere* ("manter o que foi decidido e não alterar o que foi estabelecido"). É definido como a política judicial de manter, especialmente nos tribunais e nas cortes superiores, os precedentes judiciais para casos tidos como semelhantes – não quanto à decisão em si (que é sempre particular a cada caso), mas quanto à razão de decidir, isto é, os motivos expressos na argumentação jurídica que justifica a decisão. Também se caracteriza pela hierarquia dos precedentes, isto é, precedentes de cortes superiores são vinculantes para cortes inferiores. É a base do *common law*. Nos Estados Unidos costuma ser interpretado de maneira diferenciada quanto a questões constitucionais, para as quais se admite que a Suprema Corte não se vincule completamente às decisões passadas, o que permite as mudanças interpretativas dos princípios e dos direitos constantes na Constituição.

soal. A lógica aqui imita o *common law* e a teoria lockiana, na qual um pedaço de terra deserta não reclamado era adquirido se a ele se mesclar o trabalho privado de alguém. Os formalistas estenderam essa concepção da aquisição de propriedade material a fim de abranger também coisas imateriais, abstratas, como ganhos futuros no mercado. Era apenas um pequeno passo dessa inferência para a conclusão formalista mais ambiciosa de que qualquer ato governamental que interferisse em ganhos futuros dos negócios – tais como regulamentações das condições de trabalho e de salários (*Lochner v. New York*) ou mesmo impostos sobre rendimentos – significavam uma "apropriação" não compensada da propriedade privada.

O juiz Pitney também figura num caso que ilustra a primeira característica do raciocínio formalista: o uso de *análise* lógica (ou conceitual) para distinguir categorias jurídicas, tais como obrigações civis e contratos. O *common law* mais antigo proibia contratos não equitativos e contratos feitos sob pressão. Em 1915, um caso chegou à Suprema Corte (*Coppage v. Kansas*)* envolvendo o direito de companhias de forçarem seus empregados a assinar contratos "*yellow dog*"** que os proibiam de se filiar a sindicatos. Comprovadamente, tais contratos violavam tanto a equidade do *common law*, impedindo trabalhadores desesperadamente pobres de contrabalançarem o tremendo poder de barganha dos ricos empregadores e assim negociar como iguais, quanto a proibição, pelo *common law*, de ameaças mascaradas como ofertas. Invocando a distinção formalista entre contrato e responsabilidade civil e apoiando-se numa concepção puramente formal de contrato como um encontro formal de mentes (como indicado pela assinatura voluntária entre as partes contratantes), Pitney descartou como irrelevante o fato de empregado e empregador "não estarem igualmente desimpedidos pelas circunstâncias". Além disso, não percebia nada de coercitivo ou de injurioso no contrato, uma vez que os trabalhadores eram "livres" para considerarem ofertas de outras companhias ou simplesmente procurar seus sustentos alhures.

---

* N. de R.T.: Famoso caso julgado pela Suprema Corte americana em 1915, no qual foi decidido pela legalidade dos contratos *yellow dog* (ver nota abaixo), baseando-se no direito constitucional à liberdade contratual.
** N. de R.T.: O termo *yellow dog* é o nome como ficaram popularmente conhecidos os contratos pelos quais os empregados se comprometiam a não se filiar a nenhum sindicato. Esses contratos eram muito comuns nos Estados Unidos até serem declarados ilegais pela lei federal *Noris-La Guardia Act* (1932).

O declínio do formalismo e o colapso da distinção contrato-responsabilidade civil

Embora sobreviva algo de semelhante ao formalismo nos contratos trabalhistas *"at-will"*,[*] o próprio formalismo alcançou seu zênite nas primeiras décadas do século XX. Nessa época, sua pretensão de neutralidade fora já questionada pelos progressistas, que o viam não como um reflexo da razão eterna, mas uma defesa partidária dos grandes negócios nos seus embates com o trabalho. Como veremos na conclusão, realistas jurídicos enfrentaram poucas dificuldades para desconstruir o método de raciocínio dos formalistas. Porém, não fora o sectarismo ou a incoerência filosófica que conduziu à sua morte, mas a incapacidade de se adaptar às mudanças do próprio capitalismo.

A complexidade crescente do capitalismo gerou novas concepções de bens corporativos e de propriedades que produziram mudanças profundas no direito contratual e na responsabilidade civil. No modelo antigo, sócios eram parceiros de negócios, que partilhavam iguais responsabilidades e iguais poderes de decisão; no novo modelo, são investidores cuja responsabilidade e cujo poder de tomar decisões são limitados. No modelo antigo, empregados eram "agentes" ou "serviçais" que presuntivamente realizavam a vontade de seus "mestres"; no novo modelo, são massas de trabalhadores fabris, cujos vínculos com os gestores são frequentemente impessoais e indiretos. No modelo antigo, os termos e os efeitos de transações simples, face a face, entre proprietários locais de pequenas fazendas e negócios familiares eram relativamente transparentes e determinados; no novo modelo, os termos e os efeitos de transações complexas e impessoais são tudo menos transparentes e determinados, envolvem múltiplas partes (acionistas, gestores, financiadores, intermediários, subcontratados, empregados, etc.) operando empresas gigantescas com escritórios, mercados e fornecedores que se espalham pelo globo.

Essas mudanças no capitalismo significam que a transparência dos termos e a natureza determinada dos efeitos de acordos jurídicos, que

---

[*] N. de R.T.: Contratos trabalhistas *"at-will"* (*"at-will" employee contracts*) são, no direito americano, contratos pelos quais tanto empregador como empregado possuem o direito de demissão, isto é, o empregador pode demitir o empregado a qualquer momento e o empregado pode se demitir a qualquer momento, e ambos devem arcar com o ônus correspondente – para o empregador, perder o trabalhador; para o empregado, não ter direito a indenização pela perda do emprego. Tais contratos não existem no direito brasileiro.

foram ingenuamente pressupostas pelos formalistas clássicos, tornavam-se ainda menos representativas da realidade social do que antes haviam sido. O surgimento de trustes e monopólios ameaçava restringir a liberdade de consumidores e de negociantes de uma maneira jamais imaginada; a capacidade de grandes empresas de empregar *at will* e por qualquer salário (e oferecendo quaisquer condições de trabalho) massas de trabalhadores desesperados (muitos dos quais imigrantes recém-chegados) ameaçava restringir a liberdade dos trabalhadores de estabelecer contratos reciprocamente vantajosos. Por último, a enorme riqueza gerada pelo capital corporativo criou novas iniquidades entre ricos e pobres, poderosos e sem poder, que ameaçavam explodir a base democrático-liberal que fundamentava a própria legitimidade do direito.

O que os formalistas negavam – e os realistas afirmavam – era o surgimento de um novo paradigma jurídico que agora competia com o antigo. Com seus pressupostos individualistas e jusnaturalistas, o velho *paradigma liberal* estava sendo superado, pelo menos parcialmente, por um mais novo *paradigma do bem-estar corporativo*. O recurso liberal clássico a uma distinção nítida entre o direito privado e o público era abandonado, juntamente com a concepção de que o direito privado repousa sobre razões que eram intuitiva ou dedutivamente certas.

Nada exemplifica melhor o colapso da distinção entre direito público e privado que o colapso da distinção contrato-responsabilidade civil. Segundo os formalistas, a regra para compensar perdas na esfera contratual é a *expectativa*; o autor é compensado por uma soma que seja equivalente àquela que esperava obter com o contrato. Assim, se o parceiro recusa cumprir a promessa contratual de comprar minha casa de US$ 100.000,00 por US$ 200.000,00 – por conseguinte, negando-me o lucro de US$ 200.000,00 que esperava obter com a transação – ele me deve pagar US$ 100.000,00 – a diferença entre o valor acordado contratualmente e o valor inferior pelo qual posteriormente terminei por vender minha casa. Se, além dessa perda, eu não puder reinvestir meu lucro de US$ 100.0000,00 na compra de uma nova casa que espero revender com um lucro adicional, posso pleitear essa perda também.

O problema no uso de expectativa como base para calcular perdas é que ganhos contratuais esperados nem sempre podem ser precisamente calculados. A quebra contratual terminou por me custar US$ 200.0000,00 menos o preço final de venda de minha casa. Mas, dadas as flutuações no mercado imobiliário, é certo que eu poderia revender a minha nova casa pelo que esperava vender?

Suponha que não seja certo. Nesse caso, um juiz poderia impor um método diferente, baseado na confiança, para compensar as perdas. Enquanto prejuízos segundo expectativas colocam-me na posição em que eu teria estado se não *tivesse havido a quebra contratual*, prejuízos baseados segundo a confiança colocam-me na posição em que eu estava *antes do acordo*. Segundo a regra da confiança, teria recebido uma compensação por quaisquer custos especiais (taxas de transmissão, reparos, etc.) que tivesse enfrentado para preparar minha casa para a venda para o comprador original. Essas eram despesas que tivera após a venda ter sido fechada e a indenização que me cabe, segundo o método da confiança, anula-as, restaurando a posição que eu tinha antes do acordo. Esses custos podem ser consideravelmente menores que os US$ 100.000,00 que eu esperava, no mínimo, auferir com a venda de minha casa.

O que importa nesse exemplo é que a indenização segundo a confiança é calculada da mesma maneira que a indenização baseada na responsabilidade civil. Ela não se baseia em obrigações mútuas autoimpostas, que nesse caso limitam-se a comprar e vender a propriedade, mas nas obrigações que a sociedade impõe às pessoas de não causarem sérios danos graves a outros.

O direito do trabalho ilustra perfeitamente a ruptura da distinção formalista contrato-responsabilidade civil. Durante o final do século XIX e começo do século XX, a incapacidade dos trabalhadores de honrarem seus contratos de trabalho pela greve era vista não apenas como uma ruptura do contrato, mas era considerada também uma violação do direito do proprietário de controlar sua propriedade. Os tribunais exaravam decisões trabalhistas obrigando os trabalhadores a retornarem ao trabalho *e* proprietários abriam processos contra os trabalhadores por quebra contratual, reclamando indenizações em valores equivalentes a suas perdas esperadas de receita.

Com a aprovação do *Norris-LaGuardia Act* em 1932, que restringiu o poder dos tribunais de emitirem mandados trabalhistas,[*] e o *Wagner Act* de 1935, que sustentou o direito dos trabalhadores de organizarem sindicatos, os contratos de trabalho não mais exigiam de trabalhadores e empregados apenas as obrigações autoimpostas. O próprio direito dos trabalhadores de formar sindicatos sem temor de represálias por parte

---

[*] N. de R.T.: Mandados trabalhistas (*labor injunctions*), no contexto, se refere aos mandados judiciais que, antes de 1932, obrigavam os trabalhadores em greve a voltar ao trabalho, decisões essas baseadas na alegação de quebra de contrato.

dos proprietários acarreta que a espécie de encontro das mentes subscrevendo os contratos *"yellow dog"* seria doravante considerada coercitiva. Trabalhadores cujos contratos foram encerrados ou que foram ameaçados de demissão por se sindicalizarem poderiam agora reclamar indenizações que, em casos raros, até mesmo excediam o que haviam perdido com a demissão. Essas normas jurídicas também impunham às duas partes – frequentemente sua vontade – a obrigação social (pública) de transacionarem com boa fé. Essa obrigação era imposta especialmente nos setores industriais mais importantes, como mineração, siderurgia e transportes públicos, que tinham um peso direto no bem-estar público.

Em resumo, à medida que o *New Deal* avançava, os casos envolvendo ameaças e negócios de má-fé foram crescentemente interpretados como danos – se não contra uma das partes contratantes, contra o público. Acordos intermediados pelo governo entre a grande massa obreira e os grandes negócios estavam muito distantes das obrigações puramente autoconcernentes e autoimpostas que os formalistas concebiam como sendo os contratos. Mas tais violações do que outrora fora visto como distinções racionais entre contrato e responsabilidade civil, direito privado e direito público, suscitam uma nova questão: essas violações poderiam ser compreendidas como razoáveis segundo outro modelo de raciocínio jurídico?

RACIOCÍNIO JURÍDICO INSTRUMENTAL: O MOVIMENTO *LAW AND ECONOMICS*

Em meados dos anos de 1930, o realismo jurídico havia substituído o formalismo como o paradigma dominante do raciocínio jurídico. Realistas jurídicos rejeitavam universalmente o raciocínio formal como sendo não realista (não operacional) e filosoficamente incoerente. No entanto, discordavam sobre o que deveria substituí-lo. Radicais como John Dewey aceitavam uma concepção democrática do raciocínio jurídico, que recorria a valores morais populares, como igualdade e comunidade, em vez da ideia racional de liberdade individual, defendida pelos formalistas. Sua concepção populista do raciocínio jurídico, portanto, não tinha a pretensão de ser estritamente científica; realistas moderados, como Karl Llewelyn, defendiam uma concepção instrumental do raciocínio jurídico estritamente científica. Inspirados na interpretação antimoralista pioneira da responsabilidade civil de Oliver Wendell Holmes Jr., em *The Common Law* (1981), os realistas moderados defendiam que o raciocínio jurídico era uma técnica científica que fornecia meios eficientes para realizar qualquer valor. Em especial, pensavam que a tecnologia jurídica, *livre de moralidade*, forneceria exatamente a flexibilidade necessitada pelos administradores do *New Deal* para regulamentar uma economia complexa.

Embora tanto a forma radical quanto a moderada do raciocínio jurídico realista gradualmente tenham aberto espaço para formas baseadas no direito natural ou em procedimentos, a partir da Segunda Guerra Mundial, a popularidade delas ressurgiu, ainda que de forma alterada. Uma forma de realismo, nova e mais radical, insinuou-se no movimento CLS. Enquanto isso, o realismo moderado, com sua identificação do raciocínio jurídico à escolha racional guiada por cálculos de custo e benefício, encontrou um novo abrigo no movimento *Law and Economics*. Como observei antes, muitos proponentes desse movimento são mais predispostos que seus predecessores realistas a aceitar a eficiência racional dos mercados não regulamentados. No entanto, contrariamente aos formalistas, rejeitam muitas das distinções formais e categoriais separando diferentes ramos do direito privado. De fato, enfraquecem a distinção categorial entre direito privado e público, sugerindo que o direito pode ser explicado em termos de utilidade pública ou eficiência econômica. Para citarmos Posner,

> a riqueza doutrinal do *common law* parece ser superficial uma vez que a natureza essencialmente econômica do *common law* seja compreendida. Uns poucos princípios, tais como a análise de custo-benefício, a prevenção do *free-riding*,[*] a decisão em condição de incerteza, a aversão ao risco e a promoção de trocas mutuamente benéficas, podem explicar a maioria das doutrinas e decisões. (Posner, 1990, p. 361)

Eficiência e racionalidade econômica

De acordo com a principal corrente neoclássica da economia, as pessoas agem a fim de maximizar o próprio bem-estar, da maneira mais eficiente ou econômica possível. Os indivíduos são considerados os melhores juízes de seu próprio bem, de modo que concepções sobre a felicidade variarão de pessoa para pessoa. Malgrado essas diferenças, economistas neoclássicos presumem que todo fator que compõe o bem-estar de uma pessoa – uma forte crença religiosa ou mesmo a própria vida – tem um

---

[*] N. de R.T.: Termo econômico que se refere à compra de ações ou outros benefícios sem que o comprador tenha o dinheiro necessário para a compra.

valor para ela, valor que equivale à soma de dinheiro pelo qual essa pessoa ou abriria mão ou compraria esse fator. Essa é a primeira hipótese fundamental da economia neoclássica.

Em segundo lugar, o modelo neoclássico supõe que toda ação vem acompanhada de custos e benefícios. Economistas estão preocupados com custos e benefícios *marginais*, ou os custos e os benefícios que são acrescidos ou subtraídos ao que uma pessoa já tem. Parte do custo marginal de qualquer atividade é o *custo da oportunidade* de abrir mão de outra atividade benéfica. Em geral, benefícios marginais que acompanham o fazer algo ou o ter algo diminui com cada acréscimo feito.

Presumamos que uma única fatia de pão pode significar a diferença entre a vida e a morte para uma pessoa faminta e que cada fatia adicional até a vigésima continuará a trazer benefício, mas de maneira decrescente. A vigésima fatia não lhe traz nenhum benefício adicional e a vigésima primeira, que o faz se sentir desconfortavelmente empanzinado, resulta num benefício marginal inferior a zero. O benefício marginal é, portanto, maximizado na vigésima fatia. Mas suponha que comer pão compreende não exercitar-se, e isso seja necessário para conseguir uma digestão saudável. Imagine, além disso, que o custo marginal de não exercitar-se cresce após o consumo de cada fatia de pão até se tornar igual ao benefício marginal de comer dez fatias. A fim de maximizar o benefício alimentar de alguém, nossa pessoa faminta deve parar de comer e exercitar-se após ter comido a décima fatia.

Em terceiro lugar, atores racionais calculam a probabilidade dos custos envolvidos e dos benefícios acrescidos. O benefício *esperado* pela ação é a totalidade do benefício multiplicado por sua probabilidade. Se tiver 50% de chances de ganhar US$ 100,00 fazendo X, então o meu ganho esperado fazendo X é US$ 50,00.

Formuladores de políticas públicas, guiados por essas três hipóteses, calculam o benefício líquido esperado que a alocação de recursos tem sobre uma determinada sociedade. O cálculo utilitarista de Bentham realiza isso comparando os prazeres e as dores que cada membro da sociedade teria se uma determinada alocação fosse adotada. O problema com esse método é que não há maneira científica de comparar prazeres e dores que uma pessoa obtém de uma determinada alocação com os prazeres e dores que outrem obtém dela.

Os economistas se desviam desse problema usando um padrão de eficiência desenvolvido por Vilfredo Pareto. A alocação X é dita ser *superior de Pareto* à alocação Y se ao menos uma pessoa é beneficiada mais com a alocação X do que com a Y, e nenhuma fica em situação pior com X que com Y. Uma alocação é dita *ótimo de Pareto* se, e apenas se, nenhuma outra alocação for tal que ao menos uma pessoa fique melhor, sem que ninguém fique pior.

Não é a psicologia subjetiva, mas o intercâmbio comportamental que determina se alocações são eficientes segundo Pareto. Para ilustrar o superior de Pareto usando comportamentos de intercâmbio, imagine uma sociedade constituída de duas pessoas, cada uma possuindo algo que a outra quer (alocação Y). Se voluntariamente trocarem os itens que cada um quer (alocação X), então pelo menos um deles deve considerar que estará melhor que antes, enquanto o outro deve reconhecer que não estará pior que antes. Assim, X é superior de Pareto a Y. Y é ótimo de Pareto se não trocarem nada, porque cada um está satisfeito com o que obteve.

O problema no uso do intercâmbio como base para aplicar padrões de eficiência de Pareto ocorre assim que o intercâmbio afetar terceiros. Uma vez que estes não são parte do intercâmbio, não há como saber – salvo por investigação psicológica – se ficaram em situação pior. Além disso, quase todas as políticas sociais afetam contrariamente pelo menos uma pessoa. A eficiência de Pareto não oferece um critério para avaliar tais políticas. Empregando o que é conhecido como o critério de Kaldor-Hicks, os economistas procuram evitar essa dificuldade, afirmando que os beneficiários de uma alocação superior poderiam em princípio compensar os prejudicados por suas perdas, ainda que não escolham fazê-lo. Suponha que haja duas possíveis realocações de recursos X e Y. Mudar para Y melhora a situação da pessoa P em US$ 300,00, e a da pessoa Q em US$ 200,00. Mudar para X melhora a situação de P em US$ 1000,00, e piora a de Q em US$ 300,00. X é mais eficiente que Y porque, adotando X, P poderia compensar Q pela perda combinada de US$ 500,00 (200 +300) e ainda ficar com US$200,00 a mais que teria se adotasse Y. Portanto, X maximiza a utilidade global, agora interpretando utilidade em termos de soma agregada de dinheiro e não em termos de soma agregada de felicidade pessoal.

Empregando o critério de Kaldor-Hicks de eficiência, Posner prossegue afirmando que alocações baseadas no mercado são, em geral, mais eficientes que alocações não baseadas no mercado. Para mostrar isso, ele supõe o axioma neoclássico segundo o qual o valor que algo tem para alguém é a soma monetária que esse alguém está disposto a pagar por aquilo. Recorrendo ao critério de Kaldor-Hicks, o qual afirma que maximizar a riqueza social maximiza o valor social (portanto, em princípio, melhora a situação de todos), Posner conclui, então, que as transações de mercado maximizam a riqueza social. Como chama a atenção, aqueles que valorizam algo ao máximo – e estão dispostos a demonstrar a sua valorização pagando ou trocando pelo máximo – estão em melhor posição para fazer um uso lucrativo disso; de outro modo deferiram a um concorrente, que faria um uso mais lucrativo disso.

Economia e contratos

Posner afirma que o direito regulamentando contratos e responsabilidade civil – de fato, o grosso do direito em geral – pode ser explicado em termos de racionalidade econômica. Por exemplo, assegurar que os contratos sejam honrados, prevendo indenizações em caso de quebra, é eficiente porque contratos em geral promovem as transações de mercado que maximizam a riqueza. Conceder compensações baseadas em expectativa é eficiente porque as pessoas serão encorajadas a quebrar contratos apenas se isso acarretar um proveito líquido para si mesmo (e para a sociedade) maior do que o esperado proveito que teria sido acrescido aos dois contratantes, caso o contrato fosse honrado. Sob tal regra, tais pessoas poderiam mais que compensar pelas perdas oriundas da quebra. Anular contratos feitos sob pressão é eficiente porque contratos coercitivos não são aqueles que a parte coagida possivelmente crê que melhor atendem seus interesses. Por último, a doutrina do sinal (arras) é eficiente porque encoraja os contratantes a oficialmente se comprometerem pela transferência inicial de uma soma monetária. O comprometimento oficial economiza o tempo dos tribunais e o dinheiro de ter de fazer cumprir promessas vazias.

Economia e responsabilidade civil

Uma das características marcantes da abordagem *Law and Economics* é sua rejeição de certos pressupostos morais implícitos na interpretação formalista da responsabilidade civil. Segundo os formalistas, o objetivo da responsabilidade civil é a justiça: tornar as pessoas moralmente responsáveis pelos prejuízos causados a outrem. Na responsabilidade civil, alguém sofre uma perda e procura transferir os custos de sua reparação para outrem. Segundo os formalistas, esse "outrem" é a pessoa que o reclamante alega ter *causado* a perda ao agir de maneira negligente.

O movimento *Law and Economics* vê o objetivo da responsabilidade civil de maneira diferente, através de lentes prospectivas ou utilitaristas: a minimização dos custos que recaem sob a sociedade por danos e acidentes. Dessa perspectiva, avaliar a responsabilidade nem sempre é mais eficiente do que não avaliar a responsabilidade. Evidentemente, às vezes isso ocorre porque não podemos saber quem é o responsável pelo dano. Como veremos, a responsabilidade civil desenvolveu diversas teorias de causalidade, nenhuma das quais é inteiramente isenta de problemas. Mas segundo o ponto de vista mais radical, desenvolvido por alguns proponentes do *Law and Economics*, as atribuições de causa, culpa e responsabilidade são, algumas vezes, irrelevantes em si mesmas, como no direito a respeito da perturbação (*nuisance*)* ou do uso incompatível da propriedade, e esse modelo de uso incompatível da propriedade pode, argumentam esses defensores, ser estendido para interpretar praticamente qualquer ilícito civil. Além disso, afirmam que qualquer ação – mesmo uma ação judicial – produz custos (danos) e benefícios, de modo que emendar um ilícito civil é custoso (e danoso). Dada a natureza recíproca de danos e atos jurídicos que visam mitigá-los, concluem que nem sempre é economicamente vantajoso (em termos de custo-benefício) definir um ato danoso como um ilícito civil. De fato, concluem adicionalmente, na ausência de responsabilidade atribuída para alguns desses atos, as partes que estariam envolvidas em uma disputa cível, provavelmente conciliariam suas diferenças de uma maneira economicamente vantajosa para eles *e* para a sociedade.

A culpa e o declínio da causa

Antes de discutir mais a abordagem prospectiva do *Law and Economics*, precisamos examinar os conceitos retrospectivos de culpa, responsabilidade e causa que estão na base da abordagem clássica, do *common law*, da responsabilidade civil. A abordagem do *Law and Economics* não afirma que juízes devem parar de raciocinar em termos dessas categorias. No entanto, explica o uso delas antes em termos de utilidade econômica que (digamos) de merecimento moral. Além disso, o tratamento *Law and Economics* dirá, algumas vezes, que juízes devem substituir o raciocínio

---

* N. de R.T.: *Nuisance* refere-se a um ilícito civil, parte da responsabilidade civil (*tort law*) no direito anglo-americano, que diz respeito a interferências, aborrecimentos, ofensas e perturbações em geral, tanto de pessoas em particular quanto da ordem pública mais ampla, exigindo-se indenização financeira por parte dos perpetrantes de tais atos.

clássico pelo econômico, ao menos naqueles casos nos quais a determinação judicial da responsabilidade é menos relevante (como aquela no direito a respeito da perturbação) ou simplesmente incognoscível.

Como observei no Capítulo 4, a responsabilidade desempenha um papel importante no direito penal. Em especial, os tribunais paulatinamente vêm determinando que aquele que se envolve em atividades perigosas ou que vende produtos perigosos deve ser considerado objetivamente responsável pelos danos que suas ações causarem, sem importar se estas advêm da culpa. Embora possa haver boas razões econômicas para defender essa posição, ela desconsidera o pressuposto – que integra o estado de direito – de que pessoas devem ser consideradas responsáveis apenas pelas consequências previsíveis de atos negligentes.

Contrariamente à abordagem objetiva da responsabilidade, o direito casuístico *common law* defende genericamente que as pessoas são responsáveis pelos danos que nascem da culpa. Define a culpa como a falha em exercer o cuidado razoável pelos outros. O padrão de razoabilidade na responsabilidade civil é o razoável para uma pessoa mediana, porém exceções são feitas no tocante a crianças e aos incapacitados (aos cegos, surdos ou mentalmente incapacitados).

O conceito de causa é enganoso. Tomemos o caso *Lynch v. Fisher* (1949). Fisher, o acusado, estacionou negligentemente seu caminhão numa rua, após ter acabado o combustível. Enquanto Fisher estava procurando um posto de gasolina, um carro em alta velocidade, dirigido pelo Sr. Gunter, chocou-se contra o seu caminhão, resultando em ferimentos na Sra. Gunter. O queixoso, Lynch, parou seu carro e prestou assistência aos Gunter e descobriu uma arma carregada no carro deles, a qual ele passa às mãos do temporariamente perturbado Sr. Gunter que, então, atira em seus pés.

Lynch afirmou – e a Corte de Apelação da Louisiana concordou – que Fisher deveria ser considerado responsável por seu pé ferido, uma vez que

a) Gunter estava atrapalhado e não poderia ser considerado como respondendo pela causa direta ou "próxima" do ferimento;
b) se Fisher não tivesse inicialmente agido de forma negligente, nenhum dos eventos que conduziram ao tiro teria ocorrido.

Consequentemente, Fisher foi considerado responsável porque, embora sua ação não fora a causa imediata do ferimento, fora uma *condição necessária* (ou uma *causa de fato*) do ferimento em Lynch.

Pode-se objetar que o ato negligente de Fisher não fora o ato que propriamente iniciou a cadeia causal. Para o ferimento do Sr. Lynch também foi necessária a velocidade do Sr. Gunter. A corte poderia ter argumentado que Gunter, dirigindo numa "velocidade excessiva, não razoável e ilegal", superou o ato negligente de Fisher e, assim, dera origem ao acidente. Nesse caso, Gunter teria sido responsabilizado pelos eventos subsequentes.

Porque a corte escolheu estender a cadeia causal até a culpa de Fisher – "afirmando ser a cadeia (ligando a culpa de Fisher ao ferimento de Lynch) completa e integral, elo a elo" (Adams, 2005, p. 583) –, ela escolheu minimizar a contribuição de Gunter para a causa "próxima" do ferimento de Lynch. Mas se a corte estava procurando a condição inicial, que tornara o ferimento de Lynch possível, poderia ter estendido a cadeia causal ainda mais para trás. Por exemplo, a emissão pelo Estado da Louisiana da carteira de motorista de Fisher era igualmente necessária para iniciar a cadeia causal que levou ao ferimento de Lynch. Mas a corte não viu como adequado responsabilizar Louisiana pelo ferimento de Lynch, portanto deveria estar buscando alguma outra coisa que não uma condição necessária, quando estabeleceu a culpa de Fisher como a causa que iniciou o ferimento.

O que procurava era a *causa próxima* do ferimento. Segundo esse conceito, não é simplesmente qualquer condição necessária que vale como uma causa, mas apenas uma que seja suficiente. Ora, o tiro de Gunter isoladamente era suficiente – excetuando-se qualquer outro fator interveniente – para causar o ferimento em Lynch. Assim, por que a corte não entendeu que Gunter era causalmente responsável?

A razão é o fato de Gunter ter sido julgado perturbado. Em resumo, os tribunais definem a causalidade próxima em termos da responsabilidade causal do agente pelas consequências decorrentes de sua ação (ibid., p. 557). Em primeiro lugar, os tribunais sustentam que um dano causado por um réu deve ser exatamente o tipo de dano que o réu poderia ter previsto como podendo decorrer da espécie de atividade na qual estava envolvido. Um acidente de carro – não um acidente com uma arma – é o tipo de dano que Fisher poderia ter previsto como decorrência possível de estacionar negligentemente. Portanto, seguindo tal linha de raciocínio, Fisher não deveria ter sido responsabilizado pelo ferimento de Lynch.

Em segundo lugar, os tribunais têm sustentado que um tipo de dano pode ser previsível sem que o ator preveja a exata cadeia de eventos que o produz. No entanto, também têm sustentado que a cadeia causal vinculando um tipo previsível de dano a uma ação negligente pode ser quebrada por causas intervenientes. Embora Fisher pudesse não ter previsto a exata cadeia de eventos que levou ao acidente e ao tiro, poderia ter previsto a possibilidade de um acidente ocorrer de um modo ou outro. Esse fato isolado parece ter persuadido a Corte de que o ato de Fisher era uma causa próxima "concorrente" do ferimento de Lynch. Ainda assim, pode-se argumentar que a cadeia causal levando ao ferimento de Lynch, iniciada por estacionar negligentemente, fora quebrada pelas causas intervenientes, oriundas da imprudência do Sr. Gunter ao dirigir e de este ter guardado descuidadamente a arma em seu carro, caso em que pareceria que Gunter, e não Lynch, deveria ser responsabilizado pelo ferimento de Lynch. (Estranhamente, a corte considerou apenas o tiro de Gunter e não sua direção imprudente, como um candidato potencial a uma causa interveniente.)

Em terceiro lugar, os tribunais têm sustentado que um ato negligente pode ser a causa próxima de um ferimento em alguém apenas se o agente causal pudesse ter previsto a presença desse alguém na zona de risco criada pela ação do agente. Gunter, sua esposa e outros motoristas estavam na zona de risco criada pelo estacionamento negligente de Fisher, mas Lynch estava? A corte pensou que sim. Acompanhando essa linha de raciocínio, Fisher devia ter sido responsabilizado pelo ferimento de Lynch.

Por último, os tribunais têm sustentado a responsabilidade dos réus por danos anormais ou danos que normalmente não teriam sido causados por suas ações. Sob a proteção da doutrina chamada de "crânio casca de ovo",* um réu que negligentemente causar um tropeção em outrem pode ser responsabilizado por todos os danos provocados no queixoso como resultado do tropeço, inclusive (por exemplo) o estilhaçar de seu crânio anormalmente fino. No entanto, os tribunais nem sempre são coerentes na manutenção desse princípio, especialmente quando o dano em questão se desenvolve muito tempo depois do acidente ou (novamente) tem múltiplas causas (como quando um ciclista andando sem o capacete legalmente exigido colide contra um espectador desatento e, como resultado, posteriormente vem a desenvolver um coágulo no cérebro, inesperadamente debilitante). Suponha que um ano após o tiro, como

---

* N. de R.T.: A *"eggshell skull" doctrine* é uma doutrina jurídica já estabelecida no *common law* a respeito da responsabilidade civil, pela qual quaisquer resultados de um ilícito civil (*tort*) são de responsabilidade do agente que o praticou, se o fez por culpa ou dolo, ainda que a vítima sofra de alguma característica que a torne particularmente sucessível a sofrer tal tipo de dano. O texto explica essa doutrina com alguns exemplos.

resultado da ferida produzida pelo tiro, Lynch tenha que amputar a sua perna. Suponha, ademais, que a amputação não teria sido necessária se Lynch não tivesse contraído anteriormente uma doença na perna, doença que o levaria a ter que amputar sua perna no prazo de alguns anos, mesmo que não tivesse levado um tiro. A corte que responsabilizar Fisher pelo tiro pode razoavelmente limitar a responsabilidade de Fisher apenas ao dano causado a seu pé.

O conceito de normalidade usado pelos tribunais para avaliar a responsabilidade causal por danos desempenha um papel importante também para distinguir causas próximas de outras condições necessárias. Segundo uma teoria da causalidade jurídica, desenvolvida por H.L.A. Hart e A.M. Honoré, o evento A é dito causar o evento B se, e apenas se, A não for parte da situação de fundo normal de condições necessárias para B, *e* A for suficiente para resultar B, sem a intervenção de qualquer outra circunstância *anormal*. Empregando esse conceito de normalidade, Fisher poderia não ter sido responsabilizado pelo ferimento em Lynch. Certamente, Fisher ter negligentemente estacionado ao lado da rodovia não faz parte da condição de fundo que motoristas poderiam esperar encontrar. Assim, o estacionar de Fisher era certamente um candidato a ser considerado como uma causa próxima do acidente (juntamente com a direção imprudente de Gunter). Mas segundo a teoria de Hart e Honoré, o estacionar não era obviamente a única causa próxima do ferimento em Lynch, uma vez que poderia não ter causado aquele ferimento sem a intervenção subsequente de pelo menos três outras condições anormais: a direção imprudente de Gunter, sua perturbação subsequente e o gesto inusitado de Lynch de passar-lhe uma arma.

A análise de Hart e Honoré da causalidade jurídica não elimina toda arbitrariedade da atribuição de responsabilidade causal. Muito depende de como são descritas as condições de fundo e as consequências previsíveis de ações negligentes. Suponha que, na vizinhança de onde ocorreu o acidente, os motoristas costumeiramente portam armas e que as pessoas normalmente respondem ao estresse de acidentes comportando-se de maneira anormal. Se a consequência previsível do estacionar negligente de Fischer é um acidente nessas vizinhanças, então talvez uma consequência previsível dessa ação seja um incidente anormal envolvendo uma arma, no qual alguém é ferido.

Os tribunais algumas vezes também qualificam o uso do princípio causal no estabelecimento de responsabilidade por outras razões. Por exemplo, em casos de erro médico, a prova de causa é algumas vezes dispensada, bastando a prova de flagrante culpa para estabelecer a responsabilidade pelo dano. Obviamente, a culpa em questão não pode estar totalmente desvinculada do dano. No entanto, por conta da intervenção subsequente de tantos fatores anormais oriundos da condição do paciente, os tribunais podem estabelecer apenas que a culpa médica poderia ter causado o dano.

As indústrias de substâncias perigosas têm sido também responsabilizadas por danos a pessoas mesmo na falta de uma forte conexão causal vinculando o uso de seu produto ao dano em pauta. Os efeitos do tabagismo excessivo podem não ser distinguíveis de outras condições de fundo normais, tais como poluição do ar e suscetibilidade herdada ao câncer e à pressão alta, a serem confirmadas como a causa exata do câncer de pulmão que muitos fumantes sofrem. Ainda assim, a decisão dos fabricantes de cigarro de suprimir dados mostrando riscos carcinogênicos associados ao tabagismo, juntamente com a decisão de adicionar ou conservar elementos aditivos em seus produtos, eram excessivamente negligentes e isso basta para estabelecer a responsabilidade delas.

Ações coletivas contra a indústria do tabaco ilustram outro problema com a causalidade. Mesmo se fosse provado que o tabagismo era a causa provável do câncer de pulmão que um grupo específico de reclamantes sofre, como saber quais produtos da indústria de cigarros causaram o dano e em que medida? Esse problema foi resolvido em dois casos antigos notórios. Em *Summers v. Tice* (1948), não podia ser estabelecido qual dos dois tiros simultâneos de dois caçadores de codorna havia atingido o olho do reclamante. A Suprema Corte da Califórnia declarou que o ônus normal da prova, recaindo no autor (Summers), cabendo-lhe identificar qual réu (Tice ou Simonson) cujo tiro negligente causara o dano, teria que ser invertido nesse caso. Consequentemente, cada um dos acusados teve que provar que não fora ele que atirara em Summer, do contrário, ambos seriam responsabilizados.

A chamada *doutrina da responsabilidade alternativa* ressurgiu em outro caso notório, *Sindel v. Abbot Labs et al.* (1980), envolvendo a produção de dietilestilbestrol (DES), um tratamento para enjôos da gravidez. Judith Sindell afirmou que contraíra câncer por conta de uma condição pré-natal oriunda do uso de DES por sua mãe, mas que ela não podia estabelecer qual, dentre os onze fabricantes de DES que haviam produzido a droga que sua mãe tomara. Anulando a decisão de uma corte inferior, a Suprema Corte sustentou que cada um dos acusados era responsável na proporção de fatia de mercado de venda de DES na época em que a mãe havia comprado a droga, salvo se pudesse provar que a droga comprada pela mãe da reclamante não havia sido produzida por ela (um dos acusados enfrentou esse ônus da prova e mostrou que seu produto só era vendido após o nascimento de Sindell).

Responsabilidade e eficiência econômica: a fórmula de Hand e o teorema de Coase

Como os defensores da abordagem *Law and Economics* veem o declínio da culpa (como no caso da responsabilidade objetiva) e da causa (como no caso da responsabilidade alternativa)? Como veremos, alguns deles (como Posner) não necessariamente lamentam esses desenvolvimentos. Outros que de fato lamentam, no entanto, não o fazem porque violariam nossas intuições morais de que aqueles que causam dano por culpa devem compensar de maneira justa aqueles a quem causaram dano. Pelo contrário, lamentam porque creem que os conceitos de culpa e causalidade são partes integrantes do objetivo próprio da responsabilidade civil, que é alocar recursos sociais de uma maneira vantajosa em termos de custo e benefício.

Isso não é negar que o cálculo custo-benefício não desempenhe um papel mesmo na antiga teoria da responsabilidade civil (baseada na justiça ou no merecimento). Tais cálculos podem nos ajudar a determinar quem é (mais) culpado. Nos casos envolvendo perturbação ou uso indevido da propriedade, a culpa acarreta o fracasso no cálculo de custos e benefícios sociais.

Segundo uma regra formulada pelo juiz Learned Hand, um réu age com culpa se o custo de evitar um dano ao autor é menor do que o custo do dano como tal. Suponha que haja 1% de chance de fagulhas dos trens que possuo virem a iniciar um fogo e destruir a safra do fazendeiro Y, avaliada em US$ 100.000,00. O dano esperado na colheita de Y é, portanto, US$ 1.000,00. As fagulhas poderiam ser evitadas, se gastasse mais US$ 800,00 construindo barreiras contra o fogo em ambos os lados de minha ferrovia. Portanto, se não tomo tal medida preventiva e fagulhas de meus trens queimam a safra de Y, eu sou culpado.

Economistas contemporâneos discutiriam a eficiência da fórmula de Hand, porque ela considera apenas custos e benefícios de construir completamente a barreira contra o fogo e não os custos e benefícios de construí-la parcialmente. Suponha que eu deva gastar pelo menos US$

500,00 na construção da barreira contra o fogo, antes de reduzir o dano esperado às plantações de meus vizinhos. Suponha que se fizer assim, o dano esperado diminui de US$ 1.000,00 para US$ 50,00. Nesse ponto, o custo *social* esperado total (combinando os meus custos de reparação e o dano esperado na plantação de meu vizinho) é US$ 550, ou seja, US$ 250 a menos do que os US$ 800 que custariam construir uma barreira completa. Construir uma barreira até esse ponto é, portanto, mais eficiente que completá-la. Se assumirmos que o próximo dólar que gastar para completar a barreira reduz o dano esperado na plantação em não mais que um dólar, construir a barreira apenas até essa altura é maximamente eficiente. Portanto, a coisa mais eficiente a fazer é gastar apenas US$ 500 para construir parcialmente a barreira. Se fizer isso, e as fagulhas de meu trem causarem mais danos do que era esperado, eu não deverei ser considerado culpado, pois agi de maneira eficiente.

O exemplo acima explica como concepções *common law* a respeito de culpa e causalidade podem ser justificadas em termos de eficiência social. No entanto, alguns proponentes do *Law and Economics* defenderam um teorema mais radical. Conhecido como Teorema de Coase (o nome que o economista de Chicago George Stigler deu às ideias revolucionárias contidas no artigo inovador de Ronald Coase, *The Problem of Social Cost* [O problema do custo social], de 1960), esse teorema afirma que as concepções do *common law* a respeito da culpa e da responsabilidade apenas algumas vezes são eficientes e podem ser dispensados inteiramente, sem perda de eficiência, em certas circunstâncias.

A maneira clássica de formular o problema da responsabilidade é ver a parte culpada (digamos, um produtor de gases poluentes) como impondo custos sociais que poderiam ser reduzidos multando-a, taxando-a ou proibindo-a. Porém, Coase afirma que isso é a maneira errada de ver o problema. Em suas palavras, "o custo de exercer um direito (de usar um fator de produção) é a perda sofrida alhures em consequência do exercício desse direito – a impossibilidade de atravessar o terreno, de estacionar um carro, de construir uma casa, de gozar da vista, de ter paz e sossego ou de respirar ar puro" (Coase, 1960, p. 22-23). Em outras palavras, a imposição de custos sociais é sempre *recíproca*, porque reduzir qualquer atividade prejudicial sempre impõe outros danos (custos sociais), tais como a redução nos serviços oferecidos pela atividade prejudicial e custos associados à administração de multas, taxas e mandados judiciais. Em alguns casos, os custos sociais totais associados à regulamentação governamental serão mais eficientes (menos que os custos sociais totais de permitir a continuidade da atividade prejudicial e deixar as partes afetadas resolverem o problema por conta própria). Em outros casos, não será. E, mais importante, ao considerar casos civis, atribuir responsabilidades em alguns casos será eficiente, em outros, não, porque as partes afetadas resolverão suas disputas por conta própria.

Nosso exemplo de risco de incêndio ilustra tanto a natureza recíproca dos custos *sociais* quanto a eficiência potencial que se ganha ao não se atribuir responsabilidade. Se não construo uma barreira contra fogo em torno de minha ferrovia, imponho a Y uma perda esperada com a plantação de US$ 10.000,00; mas construir a barreira me custa US$ 800,00. Segundo a fórmula de Hand, sou responsável porque Y se expõe a uma perda maior que eu (construir a barreira impõe menos custos à sociedade do que deixar as coisas como estão). Mas suponha que a corte decida não me considerar responsável. O problema agora está com Y. Y pode me pagar para construir a barreira ou pode investir o dinheiro que teria gastado na atividade agrícola em sua segunda melhor oportunidade, a criação de cachorros. Suponha que espera um resultado de US$ 100.000,00 do investimento de US$ 90.000 na agricultura, dando um lucro de US$ 10.000. E espera uma receita de US$ 98.000,00 do investimento de US$ 90.000,00 na criação de cachorros dando-lhe um lucro de US$ 8.900,00 (US$ 100,00 a menos que os US$ 9000,00 que espera obter da atividade agrícola, após descontar a perda esperada de US$ 1000, devido a minha operação da ferrovia).

Portanto, Y me pagará para construir a barreira contra o fogo (que suponho deva ser construída em minha propriedade) e eu aceitarei a oferta. Eu posso ser indiferente à oferta de US$ 800,00 para construir a barreira. Mas eu não serei indiferente a qualquer oferta maior que US$ 800,00, uma vez que qualquer valor acima desse aumentaria meu lucro total. De fato, Y pode me oferecer até US$ 1.000,00 para construir a barreira, a soma equivalente à perda esperada na safra. Em qualquer caso, Y e eu iremos nos acertar numa oferta entre 800,00 e 1.000,00, visto que ambos ganharemos com isso.

Mas nesse ponto Coase lança uma nota de advertência. O exemplo acima não levou em conta os custos sociais associados às transações de mercado.

> Para levar a termo uma transação mercantil é necessário descobrir com quem se quer negociar, informar às pessoas que se quer negociar e em quais termos, conduzir as negociações que levem ao acordo, redigir o contrato, empreender as inspeções necessárias para se certificar que os termos do contrato estão sendo cumpridos, e assim por diante. (ibid., p. 7)

Suponha que Y deve pagar US$ 400,00 a um advogado para negociar a construção da barreira contra fogo em minha propriedade. O seu custo total para construir a barreira será agora de pelo menos US$ 1.200,00, rebaixando seu lucro esperado para US$ 8.800,00 (US$ 200,00 a menos do que teria ganhado, se admitisse os US$1.000,00 com a perda esperada da colheita). Esse resultado é menos eficiente socialmente do que se eu tivesse sido considerado responsável. Pois, nesse caso, eu teria sido obrigado a construir uma barreira contra fogo ao custo (social) de US$ 800,00, portanto, US$ 200,00 a menos que o custo da perda da lavoura de Y. Assim, a sociedade ganha US$ 9.200,00, se a barreira for construída, e US$ 9.000,00, se não for.

Todavia, não se segue que a sociedade sempre ganhe considerando as ferrovias responsáveis por risco de incêndio. Considerando nosso exemplo, suponhamos que não há custos de transação. Se as ferrovias não fossem sempre responsabilizadas pelos danos do fogo, então Y cultivaria as terras próximas à minha ferrovia apenas se o lucro por fazê-lo excedesse a perda esperada na safra de US$ 1.000,00 e fosse maior que a segunda melhor oportunidade (que lhe daria uma renda de US$ 8.900,00). No entanto, se ferrovias são sempre responsáveis pelos danos do fogo e Y sabe que eu terei que indenizá-lo por qualquer perda que de fato sofra, ele pode decidir investir outros US$ 90.000,00 cultivando uma parcela adicional de terras próximas de minha ferrovia, nas quais a perda de safra esperada será de US$ 2.200,00. Ora, se assumirmos adicionalmente que eu poderia prevenir essa perda apenas construindo uma barreira contra o fogo ao custo de US$ 2.200,00 e que esse custo equivale inteiramente à renda que esperava auferir com minha ferrovia, então aparentemente não haveria razão para eu continuar operando. Eu poderia, então, investir meu dinheiro na segunda melhor oportunidade, mas suponha que não haja essa segunda possibilidade. Isso seria lastimável para a sociedade, porque a perda da ferrovia é maior do que o ganho com o cultivo da parcela extra de terra. Com a minha ferrovia fora dos negócios, Y pode esperar ganhar US$ 20.000,00 do cultivo de seus dois campos, sem temer perdas esperadas de safra. Com minha ferrovia em operação – um cenário fundado na premissa de que eu não posso ser responsabilizado por danos de incêndio na plantação de Y –, Y não será tentado a investir esses US$ 90.000,00 extras em uma plantação adicional; ao contrário, investirá na sua segunda melhor opção. No entanto, ele continuará investindo US$ 90.000,00 na sua plantação original e pagará entre US$ 800,00 e US$ 1.000,00 para que eu construa a barreira de proteção contra o fogo. Em resumo, segundo esse cenário, a sociedade ganha entre US$ 20.100,00 e US$ 20.300,00 (entre US$ 100,00 e US$ 300,00 mais que se eu fechasse a minha ferrovia); ou seja, ela ganha US$ 2.200,00 (a renda de minha ferrovia) mais US$10.000,00 (a renda de Y ao cultivar o seu campo original), mais US$ 8.900,00 (a renda da segunda melhor oportunidade de investimento de Y), menos um valor entre US$ 800,00 e US$ 1.000,00 (o custo, arcado por Y, com a construção da barreira).

Portanto, custos de transação têm um peso real na determinação sobre se é bom (eficiente) ou não atribuir responsabilidade. Sempre que os custos de transação são muito altos, a melhor maneira de alocar custos e benefícios sociais pode ser através da atribuição de responsabilidade. Mas como mostra nosso último exemplo, isso não é sempre o caso.

Coase também nota que o próprio processo que torna a incorporação de diversos fatores produtivos em uma única empresa às vezes eficiente, a saber, evitar os custos de transação associados à subcontratação desses fatores isoladamente, em algumas ocasiões torna eficiente a regulamentação governamental dos mercados econômicos. Esse é especialmente o caso, sempre que um fator produtivo particular envolver muitas pessoas. Frequentemente é mais eficiente considerar indústrias poluentes responsáveis pelos danos ambientais, mesmo se isso significar fechá-las ou reduzir drasticamente seus serviços sociais; pois os custos de transações de negociar direitos de poluir com outras partes afetadas nesses casos são quase sempre proibitivamente altos. O mesmo tipo de argumento explica por que, nas mesmas condições, um pagador único nacional do sistema de saúde é mais eficaz do que o sistema de múltiplos pagadores privados do seguro de saúde

Se considerado como um adendo à fórmula de Hand, o Teorema de Coase funciona da mesma maneira que na análise de políticas públicas: exige que os juízes vejam os custos *sociais totais* (incluindo custos de transação e de oportunidades) ao atribuírem responsabilidade. Considerando minha primeira ilustração, se tiver que pagar US$ 600,00 adicionais para registrar os documentos jurídicos e contratar inspetores para erigir minha barreira parcial contra o fogo que me custa US$ 500,00 (e reduz a perda com a colheita esperada de US$ 1.000,00 para US$ 500,00), o custo total para mitigar a perda de Y excede essa perda em US$ 100,00. O custo social total esperado de construir uma barreira parcial contra o fogo (1100 + 50) excede, assim, o custo social de nada fazer (US$ 1.000,00) em US$ 150,00. Nesse caso, um tribunal guiado pelo Teorema de Coase poderia razoavelmente concluir que não é socialmente rentável (em termos de custo benefício) me considerar responsável pelos danos esperados na plantação de Y.

Avaliando o movimento *Law and Economics*

Defensores do *Law and Economics* afirmam que é a racionalidade econômica, e não a moralidade social, que melhor explica o *common law* ou que, se não o explica inteiramente – mais notoriamente aquelas intuições morais sobre culpa e causa – tanto pior para o *common law*, uma vez que o objetivo próprio do direito privado deveria ser a eficiência econômica.

A alegação de que a racionalidade econômica fornece a melhor explicação do *common law* é difícil de confirmar. Expressando fatualmente, os juízes que aplicam o *common law* geralmente não calculam custos e benefícios. Evidentemente, suas aplicações do *common law* poderiam ser, não obstante, maximizadoras da riqueza, pretendam isso ou não. Suponha que esse fosse o caso. Poderia significar que a moralidade social explica a racionalidade econômica, e não o inverso. Vale dizer, seria possível que hipóteses morais sobre o valor supremo da liberdade individual, da felicidade pessoal e da responsabilidade pessoal que correspondem a uma sociedade moderna, pluralista, dirigida pelo mercado, acabem por promover instituições e comportamentos que favoreçam a racionalidade econômica. Ou poderia ser o caso de que raciocínios econômicos sejam necessários às vezes para determinar quando alguém agiu culposamente. Nas palavras de Max Weber, pode haver uma "afinidade eletiva" entre a ética protestante do trabalho e o espírito do capitalismo.

A alegação de que a eficiência deve ser o objetivo próprio da legislação também é igualmente discutível, mas não pelas razões que alguns críticos dão. Esses críticos argumentam que a alegação equivale a exigir que as formas de alocação econômica se conformem às leis de oferta e procura. Mas isso é errado. Posner, por exemplo, afirma que as leis de impostos progressivos, que redistribuem a riqueza dos ricos para os pobres, podem ser economicamente eficazes, malgrado antes corrigirem que preservarem as alocações do mercado. Tais políticas de bem-estar diminuem os custos sociais associados a pobreza, sofrimento humano e crime. Fazem isso de maneira mais eficiente que a caridade privada, a qual encoraja oportunistas não altruístas a não contribuírem, visto que outros estariam contribuindo por eles (Posner, 1990, p. 381).

Leis que redistribuam a riqueza algumas vezes promovem a eficiência. Decisões judiciais que têm o mesmo objetivo seriam igualmente eficientes? Posner pensa que juízes que buscam redistribuir a riqueza dos ricos para os pobres, ignorando o *common law*, fracassarão em maximizar a eficiência social e a justiça distributiva. Suponha um juiz simpático às dificuldades dos inquilinos pobres de obter uma autorização que lhes permita romper uma locação de longo prazo economicamente desvantajosa. Seria isso justo e eficaz? Posner pensa que não: "uma decisão que facilite aos inquilinos pobres romper a locação com ricos proprietários, por exemplo, levará os proprietários a aumentar os aluguéis a fim de compensar os custos que a decisão impõe e os inquilinos terão que arcar com esses custos mais altos" (ibid., p. 359).

Todavia, os defensores de *Law and Economics* não estão em inteiro acordo sobre a importância da eficiência econômica relativamente a outros valores. Conservadores tendem a crer que a eficiência econômica é o único valor social sobre o qual todos podem concordar, e que, portanto, é mais prioritária que a justiça e outros valores sobre os quais o público discorda. Liberais, como Posner, por outro lado, veem a eficiência apenas como um meio para alcançar a justiça. Embora "maximizar a riqueza possa ser o caminho mais direto para uma variedade de fins morais", Posner concede que "dadas as realidades da natureza humana" e o fato de os direitos civis não serem sempre vantajosos (da perspectiva custo-benefício), uma "sociedade dedicada ao utilitarismo exige regras que impõem restrições ao comportamento maximizador da utilidade" (ibid., p. 378 e 382).

Como observado antes, liberais e conservadores também discordam sobre como maximizar a eficiência econômica. Conservadores insistem que qualquer redistribuição da riqueza que não esteja baseada nas alocações do mercado é ineficiente. Liberais, como Posner, pensam que as desigualdades sociais geradas por alocações incorretas do mercado também podem ser, algumas vezes, ineficientes. Simplesmente aumentar a riqueza social pode realmente exacerbar essas ineficácias, uma vez que aqueles que já são ricos exercerão sua influência econômica, por exemplo, comprando influência política, para assegurar que mais riquezas se derramem no caminho deles.

Ao lado da ineficácia associada à pobreza, a monopolização da riqueza nas mãos de poucos ameaça minar a eficiência competitiva de um mercado livre. Ademais, economistas marxistas assinalam que empresas capitalistas competem introduzindo tecnologias mais "eficientes" ("produtivas") que acabam por substituir trabalhadores, exacerbando assim a superprodução. De sua parte, neokeynesianos afirmam que a concentração da riqueza no topo gera investimentos insuficientes relativamente à poupança, conduzindo à falta de demanda efetiva. Como a Grande Depressão exemplifica, tais crises podem conduzir à ineficácia última, ao fechamento das fábricas e ao ócio dos trabalhadores improdutivos. A maximização da riqueza não é, portanto, intrinsecamente produtiva. Por último, mas não menos importante, há custos associados às alocações do mercado aos quais não se pode atribuir um valor de mercado, por conseguinte, não figuram nos cálculos de eficiência. Esses fatores externos, ou efeitos colaterais das alocações do mercado, incluem coisas como crescimento econômico descontrolado, que produz devastação ambiental (inclusive aquecimento global), poluição, superpopulação das cidades e subutilização de recursos e espaços menos negociáveis.

Em resumo, os conservadores estão errados em sua avaliação de que a maximização da riqueza é um valor politicamente neutro, partilhado por todos os cidadãos, e que deve ter precedência sobre outros valores, como justiça e compaixão. Portanto, estão errados na sua compreensão de que um mercado guiado pelo dinheiro é o único mecanismo para medir o valor. Os liberais, apropriadamente, dirigem seu olhar ao governo para equilibrar diferentes valores na formação de uma noção mais rica de bem-estar social. Mas a economia de bem-estar é não é bem o cálculo racional que muitos liberais querem que seja. Para citar Coase: "o efeito total de arranjos [sociais diferentes] em todas as esferas da vida deve ser levado em conta" na avaliação da "estética e moral" do bem-estar econômico (Coase, 1960, p. 21). No restante deste capítulo, veremos se a "estética e a moral" da economia do bem-estar não exigem a complementação de um paradigma jurídico *democrático* que opere segundo um método de raciocínio diferente, *comunicativo*.

O REALISMO JURÍDICO MODERADO: O DIREITO COMO UMA FERRAMENTA ECONÔMICA DA ADMINISTRAÇÃO

Até o momento, dissemos muito pouco sobre o ramo moderado do realismo jurídico que antecedera o movimento *Law and Economics*. O exame desse ramo fornecerá novas ideias sobre os perigos de se basear o direito privado inteiramente na racionalidade econômica. Em especial, capacita-nos a ver como um tratamento democrático do direito privado poderia ter solucionado o caso *Kelo* de maneira mais justa e humana. Antes de podermos avaliar essa alternativa, precisamos examinar os limites da racionalidade econômica.

O melhor lugar para começar é com o realismo moderado. O realismo moderado deu suporte à tendência pós-*New Deal* de suplementar ou substituir o *common law*, visto como uma relíquia de uma era passada, que sobrevivera à sua utilidade. Realistas moderados pretendiam basear o direito privado numa legislação que refletisse uma política pública séria. Ao mesmo tempo, punham em dúvida que um sistema político democrático, assolado por um conflito de classes profundo, pudesse fornecer uma orientação coerente para gerar tal política. Os realistas moderados respondiam a esse fato político de duas maneiras. Alguns se reconciliavam com o *common law* como uma retirada provisória até que surgisse um consenso político democrático mais forte; outros substituíram sua fé na opinião pública pela fé no que tomavam como sendo uma ditadura mais imparcial e benevolente da engenharia social científica. Regular uma economia capitalista pós *laissez-faire* segundo uma política social séria exige que administradores e juízes tenham uma grande liberdade para interpretar flexivelmente leis vagas, segundo suas competências técnicas.

Para muitos críticos, conceder a administradores e aos juízes essa liberdade de interpretação significava abandonar a consagrada distinção entre legislação e decisão judicial. Uma violação de tal monta da separação de poderes incomodava até mesmo os realistas radicais, que pelo menos queriam que administradores, juízes e comissões regulamentadoras fossem democraticamente responsáveis. Mas as comissões regulamentadoras, então estabelecidas, estavam longe de ser democráticas. Do mesmo modo como o presidente do *Federal Reserve Board*,* os ocupantes de cargos nessas agências eram indicados, e não eleitos. Embora fossem encarregados de balancear imparcialmente valores conflitantes – como o crescimento não inflacionário sob condições de relativamente pleno emprego – o pensamento econômico deles dificilmente era imparcial. De fato, os especialistas dessas comissões eram frequentemente recrutados das próprias indústrias que presumidamente deveriam regular e às quais inevitavelmente retornariam.

---

* N de T.: *Grosso modo*, um equivalente de Banco Central.

HABERMAS SOBRE OS LIMITES DA RACIONALIDADE ECONÔMICA NO DIREITO PRIVADO

A tentativa de basear as políticas públicas e o direito privado em cálculos de maximização do bem-estar suscita diversas questões sobre os limites da racionalidade econômica como um dispositivo para compreender o direito em geral. Uma delas diz respeito à compatibilidade da abordagem pela maximização do bem-estar com o estado de direito. Essas abordagens conferem poder considerável – ilimitado, diriam alguns – a juízes indicados para desconsiderar *common law* como um fundamento estável e previsível dos direitos individuais de propriedade. Tendo descartado o *common law*, os juízes interpretarão os direitos individuais de propriedade pelas lentes da legislação positiva que vise promover o bem geral. Nesse ponto, a jurisprudência realista parece entrar em conflito com o estado de direito. Não apenas tal legislação está sujeita a mudanças extremas, que minam a previsibilidade jurídica necessária para os sujeitos de direito planejarem racionalmente suas vidas, mas frequentemente também é formulada de maneira deliberadamente vaga a fim de permitir aos administradores a máxima flexibilidade em sua interpretação e sua aplicação. Assim, o que significa direito "privado" passa a depender da discrição de administradores e juízes. Mas permitir essa discrição parece obliterar a separação de poderes, por conseguinte, transformar juízes em ditadores legislativos. Nas palavras de Habermas: "não se pode mais distinguir claramente o direito da política [...] porque os juízes, assim como os políticos orientados para o futuro, tomam suas decisões com base em orientações de valores que consideram razoáveis [...] [ou] justificadas em termos utilitaristas ou de bem-estar econômico" (1996, p. 201).

Esse último ponto origina outra questão sobre a compatibilidade das abordagens de maximização do bem-estar com a legitimação democrática. Afirmei que a legitimidade democrática do direito é parte integrante da forma mais plenamente desenvolvida do direito. Mas a "legislação" administrativa e jurídica de políticas sociais de cima para baixo põe em risco a responsabilidade democrática. Os direitos individuais de propriedade são, assim, tornados duplamente inseguros, pois sua interpretação torna-se unilateral, em vez de multilateral e coletiva.

A primeira questão, sobre a compatibilidade do direito privado mutável com o estado de direito, é importante e devemos retomá-la na conclusão. A segunda questão, sobre a compatibilidade entre, por um lado, a elaboração de políticas sociais judiciais e administrativas e, por outro, a legitimação democrática será o tema que nos ocupará a seguir. Argumentarei que esses dois lados entram em conflito. Em minha opinião, esse conflito reflete, por sua vez, um conflito entre dois tipos de coordenação social e suas correlativas noções de racionalidade: *coordenação democrática*, guiada pela *racionalidade comunicativa* e coordenação funcional, ou seja, baseada no mercado ou na administração, guiada pela *racionalidade econômica*. Realistas moderados, formalistas jurídicos e defensores do *Law and Economics* não percebem a incompatibilidade, porque para eles importa apenas uma espécie de coordenação: a *coordenação funcional* (nas palavras de Posner, "'razão não instrumental' é um oxímoro" [Posner, 1990, p. 379]).

Habermas discorda e desenvolve sua própria concepção de coordenação democrática guiada pela racionalidade comunicativa como um tipo complementar. Discuti as vantagens da racionalidade comunicativa sobre os modelos monológicos de raciocínio jurídico no Capítulo 3. Porque a racionalidade econômica é um modo monológico de raciocinar – ela considera ou indivíduos isolados ou Estados individuais (que imaginamos como indivíduos racionais) –, ela carece de pelo menos uma dimensão da racionalidade. Essa dimensão é a crítica mútua e a transformação harmonizadora de preferências pessoais conflitantes ou mantidas irrefletidamente, sem a consideração de concepções mais abrangentes e mais duradoras de bem-estar.

O chamado dilema do prisioneiro exemplifica bem os limites da racionalidade econômica. Suponhamos que tenha sido oferecido aos comparsas de conspiração A e B, em celas separadas, o seguinte acordo: se confessar e seu comparsa não, você pegará 5 anos e seu comparsa 15 (opção 1); se ele confessar e você não, ele pegará 5 anos e você 15 (opção 2); se ambos confessarem, cada um de vocês pegará 10 anos (opção 3); e se nenhum de vocês confessar, os dois ficarão livres (opção 4). Supondo que ambos, A e B, têm interesse racional em evitar a pior situação (opção 1 para B e opção 2 para A), ambos confessarão e pegarão 10 anos (opção 3). Paradoxalmente, essa é a segunda pior opção para ambos. No entanto, se tivessem se comunicado entre si e coordenado suas ações coletivamente, teriam acordado em permanecer ambos em silêncio, a melhor opção.

Segundo Habermas, a ineficiência associada aos mercados também surge da falha em coordenar as ações através da comunicação cooperativa. O efeito agregado de cada um fazendo o que é economicamente mais eficiente no micronível não é o mais eficiente economicamente no macronível, como demonstrado pela poluição, pelo aquecimento global, pela degradação ambiental, pelo desenvolvimento desigual, pelo desperdício no consumo, pela pobreza, pela desigualdade excessiva e pela desintegração social. A regulamentação governamental de cima para baixo da economia falha em estancar esses efeitos colaterais, em parte porque deve respeitar os direitos de propriedade privada e, em parte, porque as análises baseadas em custo-benefício são, isoladamente, incapazes de fornecer orientação no balanceamento e na priorização de demandas sociais conflitantes.

Na opinião de Habermas, a única alternativa para a engenharia econômica de cima para baixo é o planejamento democrático segundo a racionalidade comunicativa. De acordo com Habermas, a realização dessa espécie de democracia exigiria a discussão coletiva entre os cidadãos de como suas demandas conflitantes influenciam adversamente as vidas uns dos outros e as vidas de outras pessoas que vivem no mundo, para que possam modificar essas demandas de modo a maximizar suas satisfações mútuas. A coordenação democrática seria eficiente na medida em que conflitos destrutivos – tais como aqueles em torno do caso *Kelo* – fossem resolvidos através da negociação pública, sem ter de recorrer a litígios custosos; e seria "justa" na medida em que os debates de políticas públicas e de tomadas de decisão judicial fossem inclusivos e equânimes.

A prioridade do agir moral sobre o agir econômico: ação comunicativa e o mundo da vida

A discussão precedente mostra que a racionalidade econômica é um modelo imperfeito para resolver problemas de ineficiência e, ademais, que traz consigo notáveis riscos se aplicado monoliticamente às decisões judiciais de direito privado e às políticas públicas. Mas, evidentemente, a racionalidade comunicativa não é menos ineficiente. Democracia é um assunto emaranhado e moroso que raramente resulta em consenso racional. Decisões devem ser tomadas, porém a tomada de decisão inclusiva – que afeta igualmente os participantes – é impraticável. Assim, sistemas econômicos conduzidos pelo dinheiro e sistemas administrativos conduzidos pelo direito nos aliviam da responsabilidade de coordenar *todas* as nossas interações através de negociações face a face *ad hoc*.

Assim, segundo Habermas, as formas de racionalidade econômica e comunicativa são complementares. Burocracias administrativas e mercadológicas devem ter algum peso em como a propriedade é juridicamente distribuída e definida. Mas qual peso?

Habermas afirma que qualquer peso a ter nessa questão deve ser moldado por nossas visões coletivas da justiça, pois nossa autocompreensão como agente moral, livre e igual, é mais profundamente baseada em nossa humanidade básica que em nossa autocompreensão como agente econômico. Mais precisamente, a comunicação orientada para a compreensão mútua torna possível a socialização, o agir moral e o consenso sobre normas e metas da ação, e por isso *ela* é anterior aos cálculos econômicos que pressupõem todos esses outros aspectos. Pois, antes de aprender a adotar a perspectiva de um calculador econômico que vê outras pessoas como meros meios ou obstáculos para a maximização do interesse próprio, devo primeiramente aprender a adotar a perspectiva de falante e ouvinte que empaticamente se identificam com outros.

Acompanhando Habermas, designemos as atividades da vida, coordenadas pela ação comunicativa – atividades familiares e educacionais em torno da socialização, atividades cívicas em torno da organização política, e assim por diante – o *mundo da vida*.* A questão que devemos observar agora é: como a racionalidade econômica surge no mundo da vida? Ou, dizendo de maneira ligeiramente diferente: como um *sistema* de mercado, apoiado pelo direito privado, emerge dentro do mundo da vida?

Juridicização e colonização do mundo da vida pelos sistemas jurídico e econômico

A questão anterior pode ser reformulada como uma pergunta sobre a ação: como as concepções modernas da ação moral e da ação econômica estão relacionadas entre si? A ação econômica – pelo que quero referir a busca eficiente de um indivíduo por seu bem-estar – não se tornou a principal forma de ação humana até o surgimento do capitalismo. Antes do capitalismo, a principal forma de ação humana era moral, ou baseada na fé, ação arraigada nas relações sociais que estabeleciam direitos e obrigações mútuas baseadas no papel herdado como membros de uma classe social específica (nobre, servo, homem livre, artesão independente, aprendiz, etc.).

---

* N de T.: Esse é um conceito que Habermas toma da tradição intelectual germânica do século XIX, conceito que foi promovido para designar um tema filosófico importante no século XX, principalmente a partir dos trabalhos do filósofo alemão Edmund Husserl, tido por fundador da chamada fenomenologia.

Assim como as relações morais, essas relações baseadas na fé eram fundamentadas essencialmente na interação *comunicativa*. O novo tipo de ação econômica, criada pelo capitalismo, transformou essas relações nas modernas relações jurídicas que giram em torno dos direitos *individuais* e, mais especificamente, dos direitos à *propriedade privada*. A ação moral agora implica uma noção negativa de liberdade, ou "livre de interferências" (liberdade de consciência e liberdade de comprar e vender).

Segundo Habermas, essa modificação individualista da noção tradicional de ação moral pode ser compreendida como desenvolvendo um potencial liberal e igualitário, que estava implícito na interação comunicativa *desde o início*. Tendo sido modificado e institucionalizado na forma de direitos individuais, esse novo conceito de ação moral fornece uma legitimação *retrospectiva* da propriedade privada. A ancoragem do direito privado e da racionalidade econômica, numa concepção moral peculiar da racionalidade comunicativa, é claramente exposta nas teorias do contrato social dos séculos XVII e XVIII, ocasião em que se diz que o estado de direito facilita tanto a busca econômica racional do bem-estar pessoal quanto o reconhecimento racional dos outros como agentes morais, livres e iguais, merecedores de respeito.

Apesar da complementaridade original, Habermas afirma que os conceitos modernos de ação moral e de ação econômica entram, por fim, em conflito mútuo. A trajetória desse conflito segue a própria expansão do direito – que Habermas, seguindo Oto Kirchheimer, chama de juridicização – e começa com o estabelecimento dos direitos à propriedade privada e continua com o estabelecimento de direitos democráticos e de bem-estar social. O estágio intermediário dessa expansão dos direitos subordina os sistemas econômico-administrativos à comunidade do mundo da vida; o estágio inicial e o estágio final invertem essa hierarquia.

Estágio 1: A fim de deslanchar, o capitalismo necessitava de noções do direito privado que dotassem os indivíduos de novos direitos à propriedade privada. Visto que o poder exercido pelos monarcas sobre os territórios era amplo, os primeiros Estados modernos foram capazes de criar moedas estáveis e regras padronizadas que governavam as transações econômicas.

Estágio 2: Ao mesmo tempo, esses monarcas absolutos não agiam sob o estado de direito, de modo que a nova liberdade fruída pelos detentores dos direitos de propriedade nessa *primeira* leva de justificação não era segura. A fase seguinte, que legitimou e limitou constitucionalmente o poder do Estado, facilitou o surgimento de uma coletividade de cidadãos livres e uma sociedade economicamente eficiente baseada no mercado.

Estágio 3 A *terceira* fase da juridicização, que estendeu os direitos de voto aos cidadãos, expandiu o conteúdo jurídico da liberdade para além da não interferência econômica. Exercendo o controle coletivo sobre a definição jurídica de suas liberdades, os cidadãos podiam agora determinar quanto e de que maneira suas vidas seriam reguladas pelas forças do mercado.

Estágio 4: A *última* fase da juridicização, que conduziu ao estado de bem-estar, presuntivamente completava esse processo. Os direitos sociais habilitam os cidadãos a exercerem efetivamente todo o espectro de seus direitos. Enquanto isso, negociações coletivas e seguridade social, aliadas à regulamentação governamental da economia, ajudavam a dispersar a concentração de riqueza, criando, desse modo, um ambiente mais estável para a produtividade eficiente e o crescimento.

Como Habermas observou, os direitos sociais não são inequivocamente emancipadores. É por isso que as burocracias administrativas implementam tais direitos de acordo com a lógica da eficiência econômica, e não com a lógica da reciprocidade comunicativa. Sob esse aspecto, seus efeitos sociais correspondem àqueles que acompanhavam a primeira leva de juridicização.

A privatização da propriedade permitia aos proprietários rurais remover os camponeses das terras comunais sobre as quais eles – e não seus senhores – tinham o título tradicional de posse (Habermas, 1987, p. 363). A remoção e a transferência de pessoas em nome da maximização da riqueza se repetiriam 400 anos depois – em *New London* – graças à nova ascensão do cálculo econômico frio. Obviamente, o mero fato de que o uso da *desapropriação* para promover o bem-estar social nesse caso envolveu uma imposição de coordenação econômica que foi percebida pelos que foram retirados de suas casas como uma violação de suas liberdades não significa que o direito social (*social law*) seja sempre percebido dessa forma toda vez que é imposto. Por exemplo, o direito das negociações coletivas impõe restrições administrativas às partes contratantes baseadas em cálculos de custo e benefício, mas isso não é percebido como uma violação da liberdade ou da igualdade pelas partes envolvidas, uma vez que sua relação é essencialmente contratual, envolvendo o uso de poder econômico e jurídico para se sair bem em certas ameaças estratégicas. O mesmo, no entanto, não pode ser dito de outros tipos de direito social, tais como o direito de família ou o direito do bem-estar social. Aqui, as relações do mundo da vida, submetidas à regulamentação administrativa, são centrais para a socialização normativa e para a integração social e, portanto, são essencialmente estruturadas pela interação comunicativa (ibid., p. 367). Citando Habermas: "ora, o verdadeiro meio de garantir a liberdade [...] põe em risco a liberdade [363]. Embora as garantias de bem-estar visem servir à meta da integração social, no entanto, promovem a desintegração das relações da vida ao separá-las dos mecanismos consensuais que coordenam a ação" (p. 364).

Segundo Habermas, a *colonização do mundo da vida* pelo Estado de bem-estar social não é impulsionada pela existência do mercado e de sistemas administrativos como tais, mas pelos imperativos de uma economia capitalista. Esses imperativos giram em torno da manutenção de rígidas estruturas de classe que resistem a qualquer dispersão significativa da riqueza e do poder. Visto que a "relação entre capitalismo e democracia é repleta de tensão", Habermas insiste que terminar com a colonização do mundo da vida exigirá perseguir o "projeto de bem-estar social num nível mais alto de reflexão" compreendendo a reestruturação maciça do "sistema econômico capitalista (Habermas, 1996, p. 410 e 501). Como nota Habermas: "apenas num público igualitário de cidadãos, que emergiram do confinamento de classe e libertaram-se dos grilhões milenares da estratificação social e da exploração", os ideais liberais de liberdade, igualdade, solidariedade e pluralidade podem "se desenvolver integralmente" (p. 308).

Habermas espera que as ideias democrático-liberais, implícitas na ação comunicativa e incorporadas na "democracia constitucional", possam servir como "o catalisador acelerador da racionalização do mundo da vida para além da política" (p. 489). A esse respeito, sua crítica do formalismo jurídico e do "economicismo" jurídico aponta para um novo ideal corporativo: "na medida em que nos tornarmos cônscios da constituição intersubjetiva da liberdade, a ilusão individualista possessiva de autonomia como autodomínio se desintegra" (p. 490).

Parafraseando esse último ponto: sistemas de mercado não são mais autorreguladores que contratos de trabalho: ambos dependem da intervenção social para serem justos e eficientes. Estender o princípio da participação democrática inclusiva para a corporação, portanto, exige transformá-la numa esfera pública de *acionistas*. Pode exigir também mover-se em direção a uma democracia no local de trabalho e a um socialismo de mercado. Essas instituições, Habermas observa, "recolhem a ideia correta de reter os efeitos e os impulsos diretivos efetivos de uma economia de mercado, sem aceitar, ao mesmo tempo, as consequências negativas de uma distribuição desigual sistematicamente reproduzida (Habermas, 1997, p. 141-142).

OBSERVAÇÕES FINAIS SOBRE A *DESAPROPRIAÇÃO*

O capitalismo fundamenta-se numa concepção peculiar da racionalidade de mercado, cujos efeitos, se generalizados para toda a economia, não são nem perfeitamente justos nem perfeitamente eficientes. Compelido a preservar hierarquias de poder e riqueza, o Estado é obrigado a administrar os direitos ao bem-estar social de um modo tal que reduz direitos de autonomia pessoal e de autodeterminação política. Em vez de usar o direito para promover a democratização dos locais privados de trabalho e os espaços políticos públicos, o Estado usa-o para administrar – de maneira burocrática, de cima para baixo – áreas da vida que são afetadas adversamente pelo crescimento econômico desigual. Isso é o que ocorreu quando a cidade de New London exerceu seu direito de *desapropriação*.

O problema com o exercício da *desapropriação* pela cidade de New London estende-se para além do direito e inclui um sistema econômico inteiro que gera deterioração urbana e subdesenvolvimento. Isso não significa que a *desapropriação* não possa ser um meio legítimo para promover o desenvolvimento e melhorar comunidades. No entanto, ela somente pode sê-lo se aqueles que a empregam distinguirem casas de outras formas de propriedade produtiva. Como observa Habermas, a concepção não econômica, não proprietária, de propriedade privada acarretada por essa distinção realmente "transpõe o direito privado do Estado em um direito público genuíno" (Habermas, 1997, p. 373). Contrariamente ao que os libertários pensam, domicílios não são propriedades privadas separadas do espaço público da comunidade. São meios para promover tanto a privacidade doméstica quanto a associação vicinal. O valor da posse de uma casa é, assim, simultaneamente econômico e *comunicativo*. Portanto, quando se deve usar a *desapropriação*, ela não deve ser aplicada principalmente para promover interesses econômicos à custa de interesses associativos.

Governos que procuram desenvolver novamente áreas residenciais devem se prender à racionalidade comunicativa implícita na liberdade de associação. Que o caso *Kelo* tenha sido decidido de modo a privilegiar o bem-estar social sobre os direitos de propriedade privada é, portanto, irrelevante. *Kelo* era uma má política do ponto de vista *procedimental*. Ignorou o planejamento mais amplo, incluindo a participação democrática dos residentes, os mais afetados pela proposta de revitalização, e erroneamente assumiu que o crescimento das receitas com impostos triunfava sobre os direitos de associação.

7

Conclusão: O estado de direito como ideologia – desafios marxistas, desconstrucionistas e CLS

Comecei esta obra afirmando que o significado do direito é essencialmente vinculado ao estado de direito. O estado de direito é um ideal liberal que sustenta os valores da liberdade individual e da responsabilidade porque fomenta a eficiência econômica bem como a igualdade civil

No último capítulo discutiu-se como eficiência e igualdade estão fundamentadas em noções distintas, ainda que inter-relacionadas, de racionalidade. Mostrou-se também que essas noções de racionalidade conflitam entre si na sociedade capitalista, pondo, portanto, em risco o estado de direito. Ao longo daquela exposição, no entanto, assumi que as noções de racionalidade em pauta eram significativas e válidas, embora de maneira limitada. Ao concluir este livro, gostaria de examinar algumas correntes jurídicas que questionam essa suposição.

AS RAZÕES COMUNICATIVAS E ECONÔMICAS NA BASE DO ESTADO DE DIREITO: DEWEY E OS REALISTAS RADICAIS

Como observei em capítulos anteriores, a crítica realista ao formalismo jurídico reflete uma critica mais ampla às formas analítico-dedutivas de raciocínio. Em *Logical Method and Law* (Método Lógico e Direito) (1993 [1924]), Dewey ecoa aprovativamente a famosa discordância de Holmes no caso *Lochner* de que "proposições gerais não decidem o caso". Essa declaração tornou-se o grito de guerra de realistas no seu ataque a todas as formas de raciocínio jurídico puramente conceitual. Mas Dewey se afasta da interpretação extrema de Holmes, resumida em outra influente frase que se tornou voz corrente: "a vida do direito não tem sido lógica: tem sido experiência" (Holmes, 1963, p. 5). Segundo Dewey, o raciocínio jurídico possui uma lógica *pragmática* ou um procedimento geral que o distingue da lógica formal da exposição jurídica. Enquanto a conclusão de um silogismo formal já está contida nas premissas, a conclusão inferida por um modo pragmático de raciocinar vai além de suas "premissas" – uma situação problemática (ou, no caso ora em consideração, um dilema jurídico) – esclarecendo e resolvendo suas ambiguidades e dissonâncias. O raciocínio silogístico vem depois da solução do problema e meramente resume seu resultado. A formulação maior e menor das premissas no raciocínio silogístico – incluindo o arranjo e a concepção de categorias jurídicas gerais, a descrição dos casos particulares e a subsunção destes àquelas – não é um processo mecânico de inferência lógica fundado em provas indubitáveis. Pelo contrário, é um processo de ajustar (interpretar) categorias gerais para se adaptarem a casos particulares e vice-versa. O processo circular (ou dialógico) de raciocinar visa alcançar um estado de equilíbrio reflexivo (como Rawls formula) no qual a certeza de nossas intuições e a estabilidade de nossas expectativas são continuamente testadas por um amplo espectro de prova, opinião e princípio.

O raciocínio pragmático torna-se mais evidente quando casos "difíceis" são levados ao tribunal. O que torna esses casos "difíceis" é que eles dão origem a problemas sociais aparentemente recalcitrantes às categorias jurídicas fixas e aos precedentes. Problemas sociais designam situações de incerteza prática que aguardam novas soluções, e não resoluções antigas. Resolver tais problemas exige o recurso a uma lógica pragmática da investigação experimental – nos termos de Dewey, "uma lógica relacionada às consequências e não aos antecedentes", uma "visão intelectual de conjunto, análise e discernimento dos fatores da situação com a qual se tem que lidar" – e que vise "ajustar questões disputadas em benefício do interesse permanente e público" (Dewey, 1993, p. 189 e 193).

Para Dewey, a lógica da investigação designa um procedimento geral de raciocínio comum a todas as áreas da conduta prática. Se "caráter coletivo" é determinado pelo principal problema social, a saber, aquele da "justiça social", "inteligência coletiva", a expressão de Dewey para razão, exige a participação de toda a comunidade na formulação e na solução dos problemas sociais: "tudo o que é descoberto pertence à comunidade dos trabalhadores [...]. Toda nova ideia e nova teoria devem ser submetidas a essa comunidade para confirmação e teste" (Dewey, 1962, p. 154-

-155). A remissão à "comunidade de trabalhadores" alude à democracia de trabalhadores que detêm o poder de pensar criativamente sobre sua situação econômica, porque eles próprios exercem o controle democrático de seu próprio local de trabalho. O objetivo é enquadrar a deliberação acerca da eficiência econômica no quadro mais amplo do discurso moral sobre justiça econômica. Como diz Dewey, "o pensamento científico é experimental, bem como *intrinsecamente comunicativo*" (ênfase minha).

A maneira de pensar de Dewey foi endossada por outros realistas em seu apelo por uma "jurisprudência social", pela qual os juízes poderiam consultar as experiências sociais de todas as classes de pessoas, assim como a opinião pública expressa em jornais (Horwitz et al.). Esse clamor por uma jurisprudência "democrática", no entanto, parece fundir o direito na política. Como vimos, Habermas é sensível à ameaça que isso impõe para o estado de direito e, assim, fundamenta sua própria versão da jurisprudência democrática, que examinamos no Capítulo 3, numa ética do discurso, incorporando uma concepção liberal do agir.

Assim como Dworkin e outros liberais, Habermas afirma que o que distingue o raciocínio jurídico do raciocínio político é sua dependência de precedentes jurídicos (*stare decisis*), qualificado por uma deferência prévia a valores e normas liberais que conferem uma validade mais duradoura. Alguns desses valores representam uma moralidade substantiva própria de sociedades democráticas liberais – um recurso cultural partilhado que, juntamente com a ciência, fornece um ponto de referência para a deliberação. Essa cultura política liberal, no entanto, pode entrar em conflito com a religião e com os ensinamentos éticos de algumas pessoas que podem não lhe conceder prioridade em suas deliberações. Ademais, a própria cultura mantém valores de liberdade e de igualdade algumas vezes conflitantes, como mostrou o debate entre MacKinnon e Easterbrook. Portanto, a significância dessa cultura está aberta a interpretações conflitantes.

No entanto, alguns liberais afirmam que, para além desse meio contestado da razão pública, há princípios liberais mais universais, que todas as pessoas racionais e razoáveis deveriam aceitar como tendo autoridade neutra e imparcial. Habermas, como vimos, apela para a existência de normas universais, que transcendem a cultura, de caráter mais abstrato e que regulamentam qualquer processo de discurso racional. Essas normas estão tão integradas à ideia de discurso racional que não se pode tentar racionalmente dissuadir outros de sua força coercitiva sem contradizer o que se está fazendo.

REALISTAS, CRÍTICOS E A CRÍTICA MARXISTA DO DIREITO.

O apelo de Habermas aos princípios liberais do discurso seria bem-sucedido para conciliar a natureza política da jurisprudência democrática com o estado de direito? Uma importante corrente dos *Critical Legal Studies* (CLS) responderia "não", alegando que a razão imparcial não existe. De maneira ainda mais radical, alguns proponentes dessa corrente afirmam que não apenas a razão (racionalidade), mas significado e realidade são simplesmente construtos subjetivos (ou sociais), fundados em pontos de vista arbitrários e/ou relações arbitrárias de poder.

A fim de avaliar essa última crítica ao estado de direito, é forçoso examinar a posição menos extrema avançada pelos CLS. Muitos dos primeiros proponentes dos CLS, como Roberto Unger, foram influenciados pela crítica de Marx ao capitalismo (Unger, 1975). Cedo em sua carreira, Marx afirmara que os ideais liberais de liberdade e igualdade tinham um fundamento racional na natureza humana. Acreditava, no entanto, que esses ideais "emancipadores" não poderiam ser inteiramente realizados no capitalismo, malgrado o fato do capitalismo tê-los primeiramente tornados possíveis. De fato, afirmava que a forma material (jurídica) de "direitos iguais" violava sua significação moral ideal: "os chamados direitos do homem [...] são apenas os direitos do membro de uma sociedade civil, ou seja, do homem egoísta, separado de todos os outros homens e da comunidade [...], essa é a liberdade do homem visto como uma mônada isolada [...] [cuja aplicação] é o direito à propriedade privada" (Marx, 1994, p. 16). Idealmente, tais direitos pressupõem uma comunidade democrática, livre de dominação, na qual cada liberdade individual é harmonizada à liberdade dos outros de acordo com interesses e necessidades comuns (humanas). No entanto, sob o capitalismo, os direitos individuais assumem uma forma proprietária e antagonista: permitem aos indivíduos perseguir seus próprios interesses egoístas sem levar em consideração a humanidade. Nas palavras de um jurista soviético, Evgeny Pashukanis, "o desenvolvimento do direito como um sistema foi [...] baseado nas exigências das transações comerciais com pessoas que ainda não estavam precisamente compreendidas em uma esfera unificada de autoridade" (Pashukanis, 1980, p. 95). Assim, apesar da importante liberdade que tornam possível, Marx concebia os direitos civis – por exemplo, o direito de praticar a sua religião sem interferência do governo – como apenas parcialmente libertadores. Tais direitos isolavam as pessoas umas das outras e encarnavam apenas uma liberdade formal negativa (livre de interferência). Por conta de sua natureza formal, permitiam a desigualdade de poder e riqueza afetar o âmbito da capacidade real de alguém de agir; a economia de mercado que subscreviam é, assim, uma sociedade de infindável escassez e conflito que necessita do mútuo antagonismo (e litígio) entre errados e certos (Max, 1994, p. 15-21).

Embora Marx visasse uma sociedade utópica comunista, na qual o direito coercitivo seria desnecessário – segundo Pashukanis "o problema do definhamento do direito é a pedra de toque pela qual mensuramos o grau de proximidade de um jurista ao marxismo" (Pashukanis, 1980, p. 268) –, há um sentido no qual tal sociedade, ainda assim, empregaria algumas regras técnicas de coordenação que, acompanhando a visão de Hart sobre o assunto, normalmente pensamos como regras jurídicas. Para citar Pashukanis: "as tabelas de horários dos trens regulam o tráfico ferroviário num sentido diferente que a maneira como, digamos, a legislação sobre a responsabilidade das ferrovias regula relações destas com os expedidores de fretes. O primeiro tipo de regulamentação é predominantemente técnico, o segundo, predominantemente jurídico" (ibid., p. 79). Observemos que Pashukanis não nega o caráter semelhante ao direito das regras coordenadoras técnicas. Talvez seja enganador pensar em tais regras como simplesmente técnicas, como se não afetassem diferentes grupos de pessoas diferentemente. Na medida em que afetam diferentemente diferentes pessoas, elas são políticas e sujeitas à discussão. Sua imposição e seu cumprimento podem ser, portanto, vistos como juridicamente coercitivos no sentido de Pashukanis.

No entanto, há outro sentido, ignorado por Pashukanis, no qual a sociedade utópica de Marx seria dita incorporar o espírito, se não a letra, do estado de direito: pois seria uma sociedade de indivíduos livremente assumindo inteira responsabilidade por suas ações, sem serem obrigados a se preocupar com restrições imprevisíveis e incontroláveis impostas por um poder *arbitrário*, seja o de pessoas, seja o de mecanismos impessoais do mercado. Esse "ideal moderado", de uma sociedade democrática livre de dominação, funcionando com um mínimo de coerção jurídica, molda também a crítica moderada dos CLS à sociedade capitalista contemporânea. Segundo essa crítica, o capitalismo viola o estado de direito ao por em oposição os ideais liberais de liberdade individual e igualdade social (democrática), de liberdade de interferências arbitrárias e liberdade de agir, e de proprietário privado e cidadão público. Ao fazer isso, o capitalismo se opõe ao ideal liberal do estado de direito.

DESCONSTRUÇÃO E A CRÍTICA RADICAL DO DIREITO

Variantes radicais dos CLS vão além dessa crítica moderada do estado de direito. Afirmam que o estado de direito é impossível em qualquer sociedade concebível, porque o acordo irrestrito entre os significados das palavras e as realidades a que elas se referem é impossível. Alguns proponentes radicais dos CLS seguem o pensamento de Foucault afirmando que toda a interação, inclusive o discurso racional, é constituída inevitavelmente por "relações de poder", fundamentadas em diferentes atitudes, em vocabulários privilegiados (termos do discurso) e em hierarquias de competências que conferem autoridade. Outros proponentes acompanham a crítica "desconstrutiva" de Jacques Derrida que, como a entendem, mina nossa expectativa partilhada de, sempre que falamos, estarmos dizendo algo significativo sobre uma realidade que existe objetivamente. O ponto desses autores parece ser que a sociedade está atomizada em culturas linguísticas e em cosmovisões distintas que não se sobrepõem de nenhuma maneira significativa, e que essas culturas e cosmovisões significam diferentes coisas para aqueles que a elas dão sua adesão, dependendo de suas perspectivas pessoais e de seus contextos de compreensão.

Em certa medida, essas visões céticas do significado e da realidade podem ser encontradas na literatura realista. Derridianos gostam de apontar que os significados das palavras são relativos a indefinidamente muitos sistemas de significação e contextos de uso. Essa visão pode ser encontrada já nos comentários de Holmes – posteriormente ecoados por realistas – sobre a vacuidade e a indeterminação de termos jurídicos abstratos tais como "propriedade privada", "negligência", "razoabilidade", e assim por diante. Segundo essa compreensão, palavras assumem significado apenas quando situadas num sistema específico de significação ou num contexto de uso.

O caso Bobbit (ver Capítulo 4) ilustra bem esse ponto. Ao discutir esse caso, observei que o significado de "razoabilidade" varia dependendo de se o universo geral do discurso para pensar a razoabilidade é o da autodefesa ou o da escusa por insanidade temporária. "Razoabilidade", enquadrada em termos de um ou outro desses dois discursos, retira significado adicional do contexto específico ao qual é aplicado, que nesse caso é o da agressão marital e, mais precisamente, a agressão marital específica vivida por Bobbit.

Uma vez concedida a natureza contextual do significado, estamos a um pequeno passo de deslegitimar (desconstruir) o raciocínio jurídico baseado em distinções categoriais e analogias gerais. Essas noções, que são centrais para o princípio jurídico do *stare decisis,* pressupõem que os significados das categorias gerais permanecem idênticos e imutáveis através de todas suas possíveis aplicações. Mas, como vimos no caso do *International New Service,* o princípio da generalização categorial por meio do raciocínio analógico parece não ter limites racionais. Generalizar dessa maneira sempre violenta o caso particular; na medida em que definimos o significado de propriedade privada de maneira suficientemente abstrata, qualquer coisa pode valer como uma instância dela. Os críticos radicais dos CLS, no entanto, vão muito além dos realistas em sua crítica semântica ao raciocínio jurídico. Realistas nunca levaram seus princípios de desconstrução até suas conclusões lógicas. Nunca abraçaram o ceticismo sobre significado ou sobre a realidade como tal. Enunciando de maneira diferente, os realistas concentram-se principalmente no *hiato* lógico entre regras jurídicas gerais e os casos particulares que deveriam ser subsumidos a elas. Lembrando a posição de Dewey, creem que a formulação de regras gerais, a descrição dos casos e a subsunção destes àquelas compreende um processo de interpretação experimental que seria moldado por valores e fatos escolhidos pelos juízes. (Nos termos de Holmes: "por trás da forma lógica repousa um juízo sobre o valor relativo e a importância de fundamentos legislativos que competem entre si" [Holmes, 1897, in Adams, p. 93-94].) Os realistas supõem que essa escolha (ou juízo de valor) estaria ainda restringida por um conjunto limitado de possíveis princípios e precedentes diretivos.

Ao contrário desse ataque ao raciocínio formalista, que se concentra na liberdade *relativamente restrita* dos juízes de decidir casos em termos de um conjunto determinado de princípios e precedentes, competindo entre si, os críticos dos CLS concentram-se na indeterminação do significado que afeta *todas* as premissas do raciocínio jurídico, desde os princípios gerais até os casos particulares. Essa indeterminação abre a possibilidade da discrição judicial *ilimitada*.

Por exemplo, um realista perguntar-se-ia se uma lei que permite a pena capital em casos envolvendo a morte de testemunhas aplica-se a todos os assassinatos (uma vez que qualquer um, morto por um assassino condenado, teria sido uma testemunha potencial, caso não tivesse sido morto). Essa vaguidão no significado da legislação poderia ser esclarecida compulsando a intenção precisa dos legisladores que a elaboraram e/ou a ratificaram. Ou, talvez, a prática jurídica ao longo do tempo estabelecesse a questão. Obviamente, nada garante que essas intenções serão claras e coerentes; mas ao menos há um número finito e, em qualquer caso, a confusão persistente poderia ser suprimida por atos legislativos subsequentes.

Um estudioso dos CLS, pelo contrário, perguntar-se-ia se seria possível, de uma maneira *filosoficamente consistente*, definir "testemunha" da maneira ampla (para incluir aquele que foi assassinado) ou de maneira estrita (a se aplicar apenas aqueles convocados a testemunhar no tribunal) (Kelman 1987, p. 11-13; 45-49). A resposta para a questão – a saber, "por que considerar o assassinato de uma testemunha convocada a testemunhar num tribunal como um homicídio agravado distinto de outros homicídios não agravados?" – é prontamente dada: porque agir assim ameaça minar o processo de julgar suspeitos de assassinato. Todavia – pergunta-se o crítico dos CLS –, por que definir "testemunha" tão estreitamente? A maioria daqueles que matam alguém, durante a execução de algum outro crime grave, não imagina que está eliminando uma testemunha potencial? Se a lei for, então, modificada para se conformar a crítica dos CLS de que muitos (talvez todos?) os homicídios deveriam ser vistos como homicídio de testemunha, ficaremos às voltas com o problema, que causa perplexidade, de responder à questão por que assassinar uma testemunha, programada para comparecer ao tribunal, deveria ainda ser classificado como uma forma especificamente agravada de assassinato, distinto do matar uma testemunha, que ocorre sempre que alguém é morto.

Porque creem que a indeterminação da justificação afeta todos os estágios do raciocínio jurídico, muitos defensores contemporâneos dos CLS rompem com o realismo, rejeitando qualquer reforma jurídica construtiva. Realistas radicais aconselhavam os juízes a equilibrar os valores conflitantes de liberdade e igualdade de maneiras correspondentes ao sentimento popular democrático. Defensores radicais dos CLS não dispõem mais de uma visão construtiva para oferecer, uma vez que o raciocínio jurídico é, na compreensão esposada por eles, "negativamente" dialético, ou é dilacerado em princípios contraditórios. Tomadas separadamente, nem regras amplas nem regras estritas sobre o assassinato de testemunhas são satisfatórias para todos os casos, e assim ansiamos por um princípio que de algum modo incorpore ambas simultaneamente. Mas tal princípio seria essencialmente contraditório e indeterminado, deixando-nos sem uma boa razão por que uma instância de assassinato seria classificada como assassinato de testemunha e outra não.

Hegel, que como vimos não é estranho à dialética, também acreditava que a única maneira de diminuir a indeterminação semântica de categorias gerais, abstratas, seria defini-las em termos de seus opostos categoriais. No entanto, pensava que levar essa tarefa completamente adiante de uma maneira compreensiva eliminaria a aparência de contradição lógica ao mostrar que as categorias opostas eram na verdade complementares e compatíveis.

Defensores radicais dos CLS não alimentam tal ilusão. Assim como Derrida, creem que a indeterminação radical do direito, que gera decisões contraditórias, não pode ser eliminada. Dada essa indeterminação, o julgamento deixa de aplicar o direito e, pelo contrário, "inventa [-o] em cada caso" (Derrida, 1992, p. 23). O julgamento inventa o direito sempre que reinterpreta o caso para que se conforme às categorias jurídicas ou reinterpreta as categorias jurídicas para que se conformem ao caso. Citando Derrida:

> se a regra assegura [a decisão] em termos seguros, de sorte que o juíz seja uma máquina de calcular [...], não diremos que é justo, livre e responsável. Mas também não diríamos isso, se não remeter a nenhuma lei, a nenhuma regra, além de sua própria interpretação ou se improvisa e deixa de lado todas as regras, todos os princípios (ibid.).

Defensores desconstrutivos dos CLS afirmam que o raciocínio jurídico está preso num dilema: se tal raciocínio for guiado por regras determinadas, permanece um exercício de poder irrestrito (violência), porquanto subsumir casos particulares a regras gerais violenta suas unicidades indissolúveis; e se não for guiado por tais regras, permanece um exercício de poder irrestrito, porquanto inventa o direito para servir ao caso – ou, antes, sua interpretação do caso.

Defensores mais moderados dos CLS admitem que a escolha de princípios jurídicos é limitada, mas prosseguem afirmando que não é suficientemente limitada, uma vez que princípios conflitantes são igualmente aplicáveis a qualquer caso determinado. Duncan Kennedy, por exemplo, afirma que, "embora não haja princípios globais unificadores do direito que confiram ao tema uma necessidade interna", há um "nível profundo de ordem e estrutura para as oposições entre concepções doutrinais e diretivas em competição" (Kennedy, 1989, p. 16). Essa ordem e essa estrutura movimentam-se em torno de um "núcleo" dominante, caracterizado por tipos *formalistas* de raciocínio, que privilegiam a responsabilidade e a liberdade individuais, e uma "periferia", algo menos dominante, caracterizada por tipos *substantivos* de raciocínio, que privilegia a distribuição altruísta dos ônus (riscos) e dos benefícios sociais.

Obviamente, o mero fato de os julgamentos no direito privado poderem acompanhar ou o modelo formal ou o modelo substantivo do raciocínio jurídico não é prova de contradição interna, uma vez que esses modelos podem não se aplicar aos *mesmos* casos. Mas Kennedy diz que cada modelo de raciocínio é "potencialmente relevante em todas as questões" (46). Por exemplo, como observa Allan Hutchinson, na responsabilidade civil, tipos formalistas de raciocínio irão tipicamente se submeter à rígida regra do *common law* segundo a qual os indivíduos são responsáveis pelos danos previsíveis que causarem. Ou eles poderiam submeter-se aos princípios da responsabilidade objetiva. Tipos substantivos de raciocínio, ao contrário, irão tipicamente se submeter a padrões frouxos, tais como o Teorema de Coase, que reza serem os indivíduos responsáveis apenas por aqueles danos que não são benéficos (em termos de custo-benefício) para a sociedade em longo prazo. Ou eles irão aceitar uma noção mais fraca de causalidade (como na teoria da responsabilidade alternativa) e redistribuirão a responsabilidade entre diferentes agentes negligentes.

Considerando outro exemplo, o *common law* geralmente sustenta que as pessoas não têm nenhuma obrigação de ajudar outros na aflição, a menos que tenham voluntariamente contratado agir assim ou de alguma outra maneira tenham assumido a responsabilidade por eles (por exemplo, como tutores). Forçar as pessoas a não errar (cumprirem inadequadamente suas obrigações) é uma coisa, mas forçá-las a se proteger do mal – mesmo quando não são a causa próxima do mal – parece uma violação de suas liberdades individuais. No entanto, em oposição a essa maneira formalista de ver a responsabilidade, alguns Estados aprovaram leis que exigem que as pessoas informem imediatamente os crimes dos quais forem testemunhas ou que defendam crianças sob ataque, quando isso não envolver risco pessoal significativo. Nesses casos, não é implausível conceber um ato de omissão (não cumprir suas obrigações) como um ato de transgressão (ir contra suas obrigações), embora determinar se é ou não é assim exija o recurso a formas substantivas ou contextuais de raciocínio baseadas em padrões vagos. De qualquer modo, a restrição imposta à liberdade das testemunhas ou de adultos nesses casos parece justificada em bases altruístas. Para nosso bem-estar pessoal, dependemos dos outros, de programas de pensão e seguro socialmente financiados, da benevolência de estranhos – portanto, cada um deve partilhar igualmente os riscos e os ônus da dependência social.

AVALIANDO OS CLS

Quão convincente é a alegação dos CLS que qualquer caso no direito privado pode ser julgado formalmente ou substantivamente? E quão convincente é o argumento de que essas espécies de raciocínio invocam princípios incompatíveis (regras rígidas *versus* padrões flexíveis) e ideais políticos incompatíveis (individualismo *versus* altruísmo)? A alegação de que qualquer caso pode ser julgado formalmente ou substantivamente é difícil de ser mantida. Como observa Dworkin, em sua resposta a Hutchinson, o caso frequentemente dita ao juiz qual modelo de raciocínio e qual o princípio mais apropriados para interpretá-lo (Dworkin, 1986, p. 444). Ainda que Dworkin estivesse errado, de modo que, por exemplo, tanto o raciocínio (formal) que acolhe princípios de culpa quanto o raciocínio (substantivo) que acolhe princípios de utilidade social sejam aplicados ao mesmo caso de erro médico, esses modos de raciocínio não precisam ser intrinsecamente contraditórios, pelo contrário, poderiam ser meramente concorrentes, contrastantes ou complementares. Como vimos no Capítulo 3, um juiz usando a ética do discurso de Habermas irá instruir um júri, num caso como esse, a sopesar e a reconciliar os dois conjuntos de considerações paradigmáticas, um conjunto *formal*, concernente à extensão da responsabilidade individual *passada,* e um *substantivo,* de *bem-estar social,* concernente ao dano *potencial* que clama por uma ação preventiva.

A segunda alegação também é duvidosa. Pode-se questionar se o raciocínio formal, governado por regras, necessariamente favorece resultados individualistas, visto que as leis sobre imposto de renda progressiva, altruísta, são geralmente fixadas por regras, e não por padrões vagos (Altman 1990, cap. 4). O inverso também vale: a determinação – que promove a responsabilidade individual – de se alguém voluntariamente consentiu no contrato poderia ser plausivelmente julgada justa com base em padrões vagos. Por exemplo, em casos envolvendo "confiança", um juiz irá conceder indenização a um autor que sofrera dano significativo em virtude de uma quebra de contrato, independentemente de este ter ou não selado o acordo oferecendo pagamento ao réu. Avaliar a extensão do dano sofrido pelo autor, bem como o grau do comprometimento do réu, envolve aqui um processo de sopesar e não uma determinação de uma simples violação de regra.

Em resumo, defensores dos CLS fracassam em justificar suas afirmativas de que

1. as visões jurídicas altruísta e individualista correspondem estritamente, respectivamente, aos tipos substantivo e formal de raciocínio;
2. esses tipos de raciocínio são incompatíveis;
3. esses tipos de raciocínio são igualmente aplicáveis a qualquer caso.

Sem dúvida existem tensões no direito que minam sua integridade ao lidar com muitos casos, mas os defensores dos CLS tendem a se concentrar nesses casos excepcionais e não naqueles menos problemáticos.

Críticos radicais corretamente instigam os juízes a assumirem a responsabilidade pela parte deles na criação do direito, mas solapam a autoridade moral e jurídica para o fazerem. Embora críticos moderados enfatizem a contradição no direito corrente, ao menos fazem isso do ponto de vista de teorias jurídicas racionalmente defensáveis. Como Habermas, eles instigam os juízes a facilitar um diálogo visando reconciliar essas contradições, mas sob uma importante condição: que o potencial para integrar o direito seja proporcional à integridade da ordem política e econômica que ele molda.

OBSERVAÇÕES FINAIS

Iniciei este livro afirmando que o significado do direito não poderia ser propriamente compreendido separado de certos ideais jurídicos, o mais importante deles sendo o estado de direito. Esse ideal limita o uso arbitrário do poder, vinculando a promulgação e a aplicação do direito a procedimentos constitucionais publicamente reconhecidos, relativamente permanentes e de aplicação previsível. A permanência e a previsibilidade do direito são, no entanto, relativos. Inscrevendo ideais morais vagos, o direito se abre para uma incessante interpretação.

A natureza interpretativa do direito não coloca nenhum risco para a sua estabilidade. Na medida em que o corpo do direito se assemelhe a um texto, juízes assumirão que há uma maneira melhor de interpretá-lo. Mas um teórico jurídico crítico assumirá isso apenas com qualificação.

Embora o princípio de caridade, que guia nossa interpretação de textos, deva ser aplicado também ao direito, ele não pode ser aplicado, a menos que tenhamos razões para crer que o direito possui uma coerência interna e uma integridade essencial. Visto que os sistemas jurídicos modernos incorporam as contradições da sociedade, sua coerência e integridade devem permanecer matéria de grau. Dilacerado por interpretações conflitantes, o direito aguarda sua redenção no discurso solucionador da democracia.

O estado de direito e a democracia designam projetos inacabados cujas perspectivas de completude permanecem incertas. A ameaça sempre presente de situações emergenciais fornece infindáveis oportunidades para justificar privilégios executivos cujo poder excepcional não leva em conta o direito ou a opinião pública. Se esse estado de emergência vier a se tornar permanente, o estado de direito e a democracia podem se tornar o que seus críticos mais severos sempre os acusaram de ser: cascas vazias, em torno de cujo núcleo serpenteia um jogo de força bruta.

Referências

Ackerman, B. (1991). *We the People* – Vol. 1: Foundations. Cambridge, MA: Harvard University Press.

Adams, D. M. (ed.) (2005). *Philosophical Problems in the Law* (4. ed.). Belmont, CA: Wadsworth.

Adorno, T. and Horkheimer, M. (1972). *Dialectic of Enlightenment*. (Trad. John Cumming). New York: Herder & Herder.

Altman, A. (1990). *Critical Legal-Studies*: A Liberal Critique. Princeton, NJ: Princeton University Press.

Altman, A. (2001). *Arguing About Law: An Introduction to Legal Philosophy* (2. ed.). Belmont, CA: Wadsworth.

Arendt, H. (1968). *Totalitarianism: Part Three of the Origins of Totalitarianism*. New York, Harcourt: Brace and World.

Arendt, H. (1972). Civil Disobedience. In *The Crisis of the Republic*, New York: Harcourt Brace.

Arendt, H. (1973). *On Revolution*. New York, Viking Press.

Aristotle, (1941). Rhetoric. In: *The Basic Works of Aristotle* (ed. R. McKeon). New York: Random House.

Arthur, J. (1989). *The Unfinished Constitution: Philosophy and Constitutional Practice*. Belmont, CA: Wadsworth.

Austin, J. (1879). *Lectures on Jurisprudence* [The Philosophy of Positive Law], 4. ed. (ed. R. Campbell). London: John Murray.

Austin, J. (1995). *The Province of Jurisprudence Determined*. Cambridge, UK: Cambridge University Press (excerpted in Culver (1999), p. 99-111).

Augustine, St (1950) *The City of God*. (Trad. Marcus Dods). New York: Random House.

Baldus, D., Woodward, G., and Pulaski, C. (1990). *Equal Justice and the Death Penalty*: A Legal and Empirical Analysis. Boston, MA: Northeastern University Press.

Bedau, H. A. (1969). *Civil Disobedience*: Theory and Practice. Indianapolis, IN: Pegasus.

Bentham, J. (1962 [1843]). Anarchical Fallacies. In: *The Works of Jeremy Bentham*, Vol. 2, (ed. 1. Bowring). New York: Russell and Russell.

Bentham, J. (1962). Principles of Penal Legislation. In: *The Works of Jeremy Bentham*, Vol. I (ed. 1. Bowring). New York: Russell and Russell.

Bentham, J. (1973). *Principles of Morals and Legislation*. Garden City, NY: Anchor.

Bork, R. (1986). *Original Intent and the Constitution*, Humanities (February).

Bush, G. W (2002). *The National Security Strategy of the United States*. The Office of the President, June I, 2002 (ww w.whitehouse.gov/nsc/nss.pdf).

Butler, P. (1995). *Racially Based Jury Nullification: Black Power in the Criminal Justice System*, Yale Law Journal 105, p. 677-725.

Cicero (1998). *Cicero: The Republic; The Laws*. (Trad. Niall Rudd). Oxford: Oxford University Press.

Coase, R. (1960). *The Problem of Social Cost*. Journal of Law and Economics, 3, p. 1-44. (Reimpresso em http://www.sfu.ca-allen/CoaseJLEI960.pdf)

Culver, K. (1999). *Readings in Philosophy of Law*. Toronto, Broadview.

Derrida, J. (1986). *Declarations of Independence*. New Political Science 15(10), p. 7-15.

Derrida, J. (1992). The Force of Law: The Mystical Foundation of Authority. In: Cornell, D., Rosenfield, M., and Carlson, D. G. (eds). *Deconstruction and the Possibility of Justice*. New York: Routledge.

Dewey, J. (1962). *Individualism Old and New*, New York: Capricorn.

Dewey, J. (1993 [1924]). *Logical Method and the Law*, reimpresso em Horwitz et al.

Dworkin, R. (1977). *Taking Rights Seriously*. Cambridge, MA: Harvard University Press.

Dworkin, R. (1986). *Law's Empire*. Cambridge, MA: Harvard University Press.

Dworkin, R. (1987). *From Bork to Kennedy*. New York Review of Books, 17 (December), p. 36-42.

Ely, J.H. (1980). *Democracy and Distrust: A Theory of Judicial Review*. Cambridge, MA: Harvard University Press.

Finnis, J. (1980). *Natural Law and Natural Rights*. Oxford: Clarendon Press.

Foucault, M. (1975). *Discipline and Punish*. New York: Pantheon.

Fuller, L.L. (1969). *The Morality of Law*. New Haven: Yale University Press.

Gadamer, H.-G. (1975). *Truth and Method*. New York: Seabury.

Gorr, M.J. and Harwood, S. (1995). *Crime and Punishment*: Philosophic Explorations. Boston, MA: Jones and Bartlett.

Grotius, H. (1925). *On the Law of War and Peace* (Trad;. Francis Kelsey). Oxford: Clarendon Press.

Habermas, J. (1987). *The Theory of Communicative Action*–Volume Two: Lifeworld and System: A Critique of Functionalist Reason. Boston: Beacon Press.

Habermas, J. (1996). *Between Facts and Norms*: Contributions to a Discourse Theory of Law and Democracy. Cambridge, MA: MIT Press.

Habermas, J. (1997). *A Berlin Republic:* Writings on Germany. Lincoln, NE: University of Nebraska.

Habermas, J. (2001a). *The Postnational Constellation*: Political Essays (ed. and trans. M. Pensky). Cambridge, MA: MIT Press.

Habermas, J. (2001b). *Constitutional Democracy: A Paradoxical Union of Contradictory Principles? Political Theory* 29:6 (December), p. 766-781.

Hart, H.L.A. (1958). *Positivism and the Separation of Laws and Morals*. Harvard Law Review, 71, p. 593-629.

Hart, H.L.A. (1962). *Punishment and Responsibility*. Oxford: Oxford University Press.

Hart, H.L.A. (1963). *Law, Liberty, and Morality*. Palo Alto: Stanford University Press.

Hart, H.L.A. (1991). *The Concept of Law* (2. ed.). Oxford: Clarendon Press.

Hart, H.L.A. and Honore, A. M. (1985). *Causation in the Law*. Oxford: Clarendon Press.

Hayek, F.A. von (1960). *The Constitution of Liberty*. Chicago: University of Chicago Press.

Hegel, G.W.F. (1975). *Natural Law* (Trad.. T.B. Knox). Philadelphia, PA: University of Pennsylvania Press.

Hegel, G.W.F. (1991). *Elements of the Philosophy of Right* (ed. A. Wood, trad. H.B. Nisbit). Cambridge: Cambridge University Press.

Hobbes, T. (1994). *Leviathan* (ed. Edwin Curley). Indianapolis IN: Hackett.

Holmes, Jr, O.W (1963[1881]). *The Common Law*. Cambridge, MA: Harvard University Press.

Holmes, Jr, O.W (1897). *The Path of the Law*. *Harvard Law Review* 10, p. 457-468; reimpresso em Adams, p. 89-94.

Horwitz, M., Fisher, W. W. e Reeds, A.A. (eds.) (1993). *American Legal Realism*. Oxford: Oxford University Press.

Hutchinson, A. (1984). *Of Kings and Dirty Rascals: The Struggle for Democracy*. Queens Law Journal, 9, p. 273-292.

Jackson, R.H. (1947). *Opening Address for the United States, Nuremberg Trials*. IN: Trial of the Major War Criminals Before the International Military Tribunal (Nuremberg, 1947-8). Vol. 2, p. 98-155 (excertos em Adams, p. 22-27).

Kelman, M. (1987). *A Guide to Critical Legal Studies*. Cambridge, MA: Harvard University Press.

Kelsen, H. (1989[1934]). *Pure Theory of Law*. Gloucester, MA: Peter Smith.

Kennedy, D. (1983). *The Political Significance of the Structure of Law School Curriculum*. Seton Hall Law Review, 14, p. 1-16.

Kennedy, D. (1989). *Form and Substance in Private Law Adjudication*. In: *Critical Legal Studies* (ed. A. Hutchinson). Totowa, NJ: Rowman and Littlefield, p. 36-55.

Laden, A. (2002). *Democratic Legitimacy and the 2000 Election*. Law and Philosophy, 21, p. 197-220.

Locke, J. (1980 [1690]). *Second Treatise of Government*. Indianapolis, IN: Hackett.

Luban, D. (2002). *The War on Terrorism and the End of Human Rights*. In: *The Morality of War* (ed. L. May, et al). Upper Saddle River, NJ: Prentice Hall.

Lyotard, J.-F. (1988). *The Differend: Phrases in Dispute* (trad.. G. Van den Abbeele). Minneapolis, MN: University of Minnesota Press.

MacKinnon, C. (1989). *Pornography: On Morality and Politics*. In: Toward a Feminist Theory of the State, Cambridge, MA: Harvard University Press.

Marx, K. (1994). *Karl Marx: Selected Writings*, Indianapolis, IN: Hackett.

McCloskey, J. (1989). *Convicting the Innocent*. Criminal Justice Ethics 8/1 (Winter/ Spring). in Gorr, M.J., and Harwood, S. (eds). *Crime and Punishment* (1995), p. 304-311.

Michelman, F.I. (1998). *Constitutional Authorship, Constitutionalism: Philosophical Foundations* (ed. L. Alexander). Cambridge: Cambridge University Press.

Mill, J. S. (1978 [1859]). *On Liberty*. Indianapolis, IN: Hackett.

Montesquieu, Baron de (1949 [1748]). *The Spirit of the Laws*. London: Hafner.

Nietzsche, F. (1956). *The Birth of Tragedy and the Genealogy of Morals* (trad. F. Golffing). Garden City, NY: Doubleday & Company.

Pashukanis, E. (1980). *Selected Writings on Marxism and Law* (ed. Piers Beirne e Robert Shadet, trad. Peter B. Maggs). London: Academic Press.

Pashukanis, E. (1983). *Law and Marxism: A General Theory*. London: Pluto Press.

Posner, R. (1990). *The Economic Approach to Law. The Problems of Jurisprudence*, Cambridge, MA: Harvard University Press.

Rawls, J. (1997). *The Idea of Public Reason Revisited*. In: John Rawls *Collected Papers*. Cambridge, MA: Harvard University Press.

Rawls, J. (1999). *The Justification of Civil Disobedience*. In: John Rawls: *Collected Papers*, Cambridge, MA: Harvard University Press.

Raz, J. (1979). *The Authority of Law*. Oxford: Clarendon.

Reiss, H. (ed.) (1991). *Kant: Political Writings*. Cambridge, UK: Cambridge University Press.

Rousseau, J.J. (1987). *On the Social Contract*. In: Jean-Jacques Rousseau, *Basic Political Writings*, Indianapolis, IN: Hackett.

Schmitt, C. (1988a). *The Crisis in Parliamentary Democracy*. Cambridge, MA: MIT Press.

Schmitt, C. (1988b). *Political Theology: Four Chapters on the Concept of Sovereignty*. Cambridge, MA: MIT Press.

Schnapp, J. (2000). *A Primer of Italian Fascism*. Lincoln, NE: University of Nebraska Press.

Sigmund, P.E. (trad. and ed.) (1988). *St Thomas Aquinas on Politics and Ethics*. New York: W. W. Norton & Co.

Thoreau, H.D. (1849). *Civil Disobedience*. In: *Civil Disobedience: Theory and Practice* (ed. H. A. Bedau). Indianapolis, IN: Bobbs-Merrill.

Unger, R.M. (1975). *Knowledge and Polities*. New York, The Free Press.

United States Department of Defense Quadrennial Defense Review Report (2001).Washington, DC: GPO, 30 September.

Wyzanski, C.E. (1946). *Nuremberg: A Fair Trial?*. *Atlantic Monthly*, 177 (April), p. 66-70; reimpresso em Adams, p. 31-37.

Índice

A

Aborto 167-168, 174
Ação afirmativa 61-62, 80-84, 107-112
Ação comunicativa. *Ver* racionalidade, comunicativa
Ackerman, Bruce 137
Adorno, Theodor 55-56, 61-62, 88-89, 167-168, 170-173
Agostinho (Santo) 29-33, 115
al-Timimi, Ali 120, 126-127,
Altman, Andrew 237-238
American Bill of Rights 70-71, 104, 111-112
American Booksellers Association v. Hudnut 179
American with Disabilities Act (ADA) 174-175
Antifederalistas. *Ver* federalistas
Anulação do júri 220-223
Aquino, (São) Tomás de 29-31, 34-36, 115
Arendt, Hannah 16-18, 93-97, 100, 113, 115-117
Aristóteles 12, 28-30
Artigos da Confederação 96, 108-110
Ashkenazi, Motti 128
Ativismo jurídico 83-85
Ato do Escravo Fugitivo 64-65
Austin, John 20-21, 35-36, 44-46

B

Baldus, David 154
Beccaria, Cesare di 144-145, 148
Bentham, Jeremy 35-36, 138-140, 142, 152, 158, 198-199
Bobbit, Lorena 129, 134-135, 168-169, 231-232
Bork, Robert 84-88, 90-91, 93
Bowers v. Hardwick 160-161
Brown v. the Board of Education of Topeka 53-55, 59-62
Brown, (juiz) Henry B. 53-54
Bush v. Gore 67-70, 72-77
Bush, George Walker, 15-16, 22-27, 67-71, 118-120
Butler, Paul 172-174

C

Capitalismo 32-33, 37-38, 62-63, 138, 146-147, 172-173, 185-186, 197, 212-215, 220-225, 229-231
Carta das Nações Unidas 22-27, 37-39
Carta de Nuremberg 18-22, 150
Causalidade 179, 201-207, 237
Cícero, 28-29-30
Coase, Ronald 186-187, 209-215
Código Penal Modelo. *Ver* direito penal
Colonização e o mundo da vida 223-224
Common law 21-22, 74-75, 96, 132, 185-190, 192-193, 196-198, 201-202, 209-210, 212-217, 235-237
Configuração racial de distritos 79-81
Constituições 37-40, 65-66, 116-117
   Alemã 14-15, 81-82
   Americana 22-23, 55, 61-65, 68-73, 78, 81-82, 90, 96, 104-106, 108-112, 114-117
Construtivismo estrito 83-85

Convenção das Nações Unidas contra a tortura e outros tratamentos ou castigos degradantes, inumanos e cruéis 23-24
Convenção de Genebra 20-21
  e prisioneiros de guerra 119-120
Convenção de Haia 20-21
Coppage v. Kansas, Lochner 192-193
Corte Penal Internacional (ICC) 21-23, 41
Corte Suprema 68-71, 76, 79-81, 90-91, 111, 133
Crime 118, 134-135
  contra a humanidade 18-23, 25-26
  sem vítimas, 155-157, 161-162.
    Ver também crimes de guerra e crimes de ódio
Crimes de Guerra 18-23
Critical Legal Studies (CLS) 57-58, 185-186, 188, 196-197, 229-238

D

Décima Quarta Emenda
Décima Quarta Emenda 53-55, 60-64, 68-69, 87-88, 90, 108-112, 160-161
Décima Quinta Emenda 109-110
Décima Sexta Emenda 111
Décima Terceira Emenda 109-110
Decisionismo 16-17
Declaração da Independência da América 84-86, 96-99, 105-106
Declaração das Nações Únicas dos Direitos Humanos 22-23, 26-27, 32-33, 39
Declaração de Bangkok 41
Declaração francesa dos direitos do homem e do cidadão 97-98
Democracia 15-16, 25-26, 33-36, 41-42, 46-47, 63-70, 77-84, 93-96, 100-107, 111-117, 188-190, 196-197, 214-219, 221-225, 230-231, 238
Derrida, Jacques 105-107, 231-236
Desapropriação 183-186, 222-225
Desconstrução 62-63, 230-238
Desobediência civil 30-33, 112, 116-118
Devido processo 15-16, 111
  substantivo e procedural 79-81
Devlin, (Lord) Patrick 162-167, 176-178, 182

Dewey, John 196-197, 226-229, 233
Dialética 51-53, 58-59, 62-63, 90-92, 108-109
Dicey, A.V., 45-47
Dilema do prisioneiro, 218
Direito acerca do bem-estar social 175-176, 188, 213-215, 217, 221-225
Direito civil. *Ver também common law*, responsabilidade, direito privado, direito de propriedade, direitos (civis e de propriedade), negligência, perturbação, ilícitos civis.
Direito constitucional
  Estrutura, 14-18, 69-74.
    Ver também separação de poderes
  Fundamentos 93, 106-107
  Interpretação 57-58-64, 83-93
  Revoluções 61-62, 80-84, 100, 107-112
Direito consuetudinário 18-22, 37-39, 96
Direito contratual 84-86, 118, 144-145, 159-160, 170-171, 183, 189-190, 196-197
  e coerção 192-197, 195-196, 200-201
  e confiança 195-196, 237-238
  e equidade 189-193
  e expectativa 190-191, 194-195, 200-201
  e teoria da vontade 190-191, 195-196
Direito cosmopolita 40-41
Direito de propriedade 29-33, 81-82, 183-186, 189-190, 217, 224-225
Direito do trabalho, 195-197, 222-223.
  Ver também Coppage v. Kansas, Lochner v. New York, Lei de Norris LaGuardia, Lei de Wagner
Direito internacional 11, 18-19, 28, 30-31, 37-42. Ver também Convenção de Genebra, Convenção de Haia.
Direito natural 21-22, 26-27, 35-36, 45-46, 50-51, 56-58, 63-64, 90, 97-99, 103, 114-115
Direito nazista 14-19
Direito Penal 13-14, 118-174, 185-187
  Código Penal Modelo 127-128, 133
  defesa por insanidade 132-133

justificação e desculpa 128-135, 151
lei do homicídio decorrente de crime grave 155-156
mens rea 122, 133-135, 168-169
prisão preventiva 155-156
prisões 136-139
  e reincidência 137, 140-144
  e taxas de encarceramento 136-137, 157
punição 42-46, 118-122, 128, 168-169
  concepções modernas e pré-modernas 136-139, 144-147
  e a lei do terceiro delito 142-143
  e a Oitava Emenda 155-156
  e disciplina 136-140, 144
  e dissuasão 144-145, 139-142, 144-146, 149-150, 153-156, 163-164, 168-169, 233-235
  e reabilitação 138-141, 144
  e restituição 144-152, 154
  e retribuição 146-147, 152
  pena de morte 134-135, 139-142, 144-146, 149-150, 153-156, 163-164, 168-169, 233-235
  relatos da vítima sobre o impacto 168-169. *Ver também* inimigos combatentes: *Furman v. Geórgia*, Guantánamo; Prisões militares, *Gregg v. Geórgia*, responsabilidade (penal); direitos (de punir), tortura e dissuasão
  teoria baseada no merecimento 144-151
  teoria consequencialista 139-144, 151-153
  teorias mistas 151-153
Direito privado 46-47, 118, 183, 185-186, 194-198, 217-219, 221-225
Direito Público 46-47, 185-190, 194-198
Direito tribal 37
Direitos 47-48, 65-66, 70-71, 81-83, 88-89, 101, 120, 148, 159-160
  civil 55, 78, 81-82, 91-92, 102, 111-112, 160-161, 169-170, 174-175, 213-214, 229-230
  e punição 146-150
  humanos 21-22, 25-27, 29-33, 41-42, 104

políticos 78-82, 91-92, 102, 111-112, 174, 221-222
privacidade 104, 161-162, 175-176, 224-225
propriedade 78-82, 90, 104, 111-112, 146-147, 183-186, 217-225, 229-230
sociais 221-223
Discriminação 47-49, 53-56, 59-61, 78-81, 167-175, 179
Ditadura 12-19, 64-65, 215-217
Dred Scott v. Sanford 73-74
Durham v. U.S. 133
Durkheim, Emile 35-36
Dworkin, Andrea 175-176
Dworkin, Ronald 53-63-64, 87-93, 106-109, 228-229, 237-238

E

Easterbrook, Frank 179-181, 228-229
Economia marxista 214-215
Economia neokeynesiana 214-215
Educação, 139-141, 168-169, 172-175, 184-185. Ver também Brown v. the Board of Education of Topeka
Eficácia de Pareto 198-201
Eficiência de Kaldor-Hicks 200-201
Eficiência econômica. Ver racionalidade
Ely, John, 77-80-83
Escravidão 29-33, 47-49, 64-65, 78, 84-86, 90, 97, 99, 104, 113, 115, 161-162
Estado de bem-estar social 139-140, 185-186, 222-223
Estado de direito 16-22, 25-27, 34-35, 45-49, 62-64, 77, 104, 125, 174, 183-186, 202-203, 217, 226, 230-231, 238
Estoicismo 28-30
Ética do discurso 90-92, 101-104, 228-229, 237-238

F

Federalistas 86-88
Felony murder rule. Ver direito penal
Feminismo 130, 169-171, 174-182
Finnis, John, 45-49, 56
Formalismo jurídico 185-186, 197-198, 223-227, 233

Formalismo. Ver formalismo jurídico
Foucault, Michel, 136-140, 144-147, 177-179, 231-232
Fuller, Lon, 12, 15-16, 47-49
Furman v. Geórgia 155-156

G

Gadamer, Hans-Georg 57-59, 86-88
Gênero 154, 157, 167-168-182
Gregg v. Georgia 155-156
Griggs v. Duke Power 170-171
Griswold v. Connecticut 160-161
Grotius, Hugo 18-19
Grutter v. Bollinger 172-173
Guerra (justa) 30-33
Guerra (total) 32-33
Guerra contra o terrorismo 15-16, 24-27, 118-121, 136-137, 139
Guerra do Iraque 22-27, 120
Guerra do Vietnam 114-117, 181

H

Habermas, Jürgen 41, 90-93, 101-109, 174-175, 217-225, 228-229, 237-238
Hamilton, Alexander 76
Hand formula 208-210, 212-213
Hand, (juiz) Learned 190-191, 208
Harlan, (juiz) John 54, 59-62
Hart, H.L.A. 37, 46-47, 58-64, 95-103, 151-152, 164-167, 206, 230-231
Hate crimes 167-168, 174
Hate speech 179
Hayek, F.A. (von) 46-47, 185-186
Hegel; G.W.F. 48-53, 62-63, 71-73, 107-109, 144, 148-150, 186-187, 234-235
Hitler, Adolf 14-19
Hobbes, Thomas 14-15, 20-21, 37-38, 43-45
Holmes (Jr.). Oliver Wendell 196-197, 226, 231-233
Homossexualidade. Ver legislação contra a sodomia
Honoré, A.M. 206
Horkheimer, Max 137
Hussein, Saddam 23-26
Hutchinson, Allan 237-238

I

Igualdade 53-56, 60-67, 79-83, 90, 99-103, 107-112, 157, 160-162, 167-168, 182-185, 196-197, 223-224, 226, 228-231
Incapacidade 167-171, 174-176, 202-203
Inimigos combatentes 118-121, 155-156
Integridade 11, 59-63, 88-90, 93, 108-109, 164-165, 237-238
International News Service v. Associated Press 192-193, 231-232
Interpretação (jurídica). Ver direito constitucional

J

Jackson, (juiz) Robert 21-22
Jefferson, Thomas 74-75, 84-87, 97, 106-107
Juízo
 e indeterminação 231-238
Juridicização 174
Justiça 29-34, 42, 46-49, 63-65, 88-92, 101-102, 139-140, 151, 170-171, 201-202, 208, 213-215, 219, 223-224, 227
 indiferente à cor 55-56, 59-62, 79, 157-182

K

Kant, Immanuel, 40-41, 48-51, 71-73, 148-149, 186-187
Kelman, Mark 233
Kelo v. City of New London 183-186, 215-216, 219, 222-225
Kelson, Hans, 39-40, 97, 99-102
Kennedy, (juiz) David, 160-163
Kennedy, Duncun 235-236
King (Jr.). (rev.) Martin Luther 32-33, 114-117
Kirchheimer, Otto 221-222

L

Langdell, Christopher C. 186-187
Lawrence v. Texas 160-163
Legislação antissodomia 160-168
Legislação de direitos civis 170-177
Legislação sobre narcóticos 136-138, 157, 167-168, 172-173

Legitimidade 69-74, 80-84, 91-99, 101-110, 112-117, 217
Lei da negligência 201-202, 209-210, 231-232
Lei de M'Naghten 132-133
Lei de Norris-LaGuardia 195-196
Lei de Wagner 195-196
Lei marcial 14-15
Lei sobre obscenidade 160-161, 176-179
Leis de Nuremberg, 33-34, 64-65
Leis de proteção a sequestros 168-169
Leis do bom samaritano 159-160, 237
Leis retroativas 12, 20-22, 150
Liberdade 78-79, 82-83, 91-92, 98-99, 107-112, 148, 157, 161-167, 175-176, 185-186, 190-191, 212-213, 220-225, 228-231, 237
 de expressão 91-92, 101-102, 114, 175-176-182
Lindh, David Walker 120
Llewelyn, Karl 196-197
Lochner v. New York 73-74, 111, 190-191, 226
Locke, John 30-33, 72-73, 146-150, 188
Loving v. Virginia 161-162
Luban, David 121
Lynch v. Fisher 202-206
Lyotard, Jean-Francois 98-99, 180

M

MacKinnon, Catherine 175-176, 182, 186-187, 228-229
Madison, James 78
Marbury v. Madison 73-74
Marcuse, Herbert 180
Maritain, Jacques 32-35
Marx, Karl 62-63 ,229-231
Michelman, Frank 96, 104-106
Mill, John Stuart 158-161, 177-178
Miller v. California 176-177
Milosovic, Siobodan 22-23
Montesquieu, Baron de 16-17
Moralidade 28, 65-66, 115, 149, 155-156, 161-168, 176-178, 196-197, 212-215, 220-222, 228-229
Movimento *Law and Economics* 185-188, 197-198, 201-202, 208-216

Movimento pelos direitos civis 32-33, 79, 114-117, 174
Mussolini, Benito 17-18

N

Nações Unidas (NU) 23-25, 26-27, 37-39
New Deal 73-74, 80-82, 108-111, 116-117, 196-197, 215-216
Nietzsche, Friedrich 137-140, 144-147, 151, 177-178

O

O'Connor, (juíza) Sandra Day 160-161, 184-185
Originalismo 84-88

P

Padilla, Jose 120
Paradigmas jurídicos 91-93, 194-195, 214-215, 235-238
Pareto, Vilfredo 198-199
Pashukanis, Evgeny 229-231
Patriarcado 169-171, 174-181
Patriot Act 120
Paulo (São) 29-30
Pitney, (juiz) Mahlon 192-197
Platão 112-113
Plessy v. Ferguson 53-62, 108-109
Pornografia 175-176, 182, 186-187
Positivismo jurídico 20-22, 26-28, 32-36, 46-49, 58-64, 93-94
Posner, (juiz) Richard 186-187, 197-198, 200-202, 208, 213-215, 218
Primeira Emenda 114, 160-161, 179
Prisão Militar de Guantánamo 23-24, 120
Prisão preventiva. *Ver* direito penal
Prisões. *Ver* direito criminal
Privacidade. *Ver* direitos
Procedimento para emendas constitucionais 72-73, 82-84, 93, 109-111

Q

Quinta Emenda 81-82, 160-161, 184-185

R

Raça 53-56, 59-61, 78-82, 108-109, 116-117, 154, 157, 161-162, 167-168, 174, 179, 184-185

Raciocínio jurídico 186-197, 196-197, 201-202, 214-215, 226-231, 238
Racionalidade 90-91, 146-147, 162-168, 190-191, 197-198, 201-202, 208, 220-223, 228-229
   Comunicativa 214-215, 218-222, 224-229
Racismo institucional 169-171
Ramsey, Paul 32-33
Rawls, John 116-117, 166-167, 177-178, 227
Raz, Joseph 16-17, 46-49
Realismo jurídico 57-58, 185-186, 188, 196-198, 215-217, 226-229, 231-235
Regents of the University of Califórnia v. Bakke 172-173
Regra de reconhecimento 37-41, 64-65, 93-94
Regras 164-165, 230-231
   constitutivas 102
   e princípios 88-89-90, 235-238
   primárias e secundárias 37-38, 42, 44-45
   técnicas 230-231
República de Weimar 14-15
Responsabilidade 197
   Alternativa 207, 237
   Civil 201-202, 212-213, 230-231
   Penal 122-127
     estrita 123-125, 202-203, 208, 235-237
Responsabilidade civil 118, 183, 189-197, 201-213, 235-237
Revisão judicial 65-66, 68-70, 73-74, 84-85, 114
Revolução 30-31, 113
   americana 32-33, 97-99, 113
   francesa 32-33, 97-99
   inglesa 32-33
Roberts, (juiz) Owen 111
Roosevelt, Franklin Delano 111
Rousseau, Jean-Jacques 32-33, 71-76, 101, 105-106

S

Scalia, (juiz) Antonin, 68-70, 83-84, 160-165

Schmitt, Carl, 14-17, 37-38, 43-44
Segunda Emenda 104
Separação de poderes 44-45, 65-66, 69-70, 73-74, 215-216
   sistema britânico 26-41, 81-82
Sétima Emenda 104
Sindell v. Abbot Labs. et. al. 207
Síndrome da mulher agredida 129-131
Sixth Amendment 104
Skinner, B. F. 139-140
Stare decisis 191-192, 228-232
Stevens, (juiz) John Paul 184-186
Stone, (juiz) Harlan Fiske 78
Story, (juiz) Joseph 64-65
Summers v. Tice 207

T

Teorema de Coase 209-213, 235-237
Teoria do comando 15-16, 20-21, 26-27, 33-34, 45-46
Teoria do contrato social 72-73, 84-85, 146-148, 150, 221-222
Teoria do duplo efeito 126
Teóricos raciais críticos 169-170
Thomas, (juiz) Clarence 184-185
Thoreau, Henry David 113-115
Tolerância repressiva 180
Tortura 22-24, 144-147, 155-156
Totalitarismo 16-17-17-18
Tribunal de Nuremberg 18-22, 28
Tribunal Penal Internacional para a antiga Iugoslávia 21-22

U

Unger, Roberto, 229-230
União Europeia 42
United States v. Carolene Products Co. 78, 80-82, 111-112

V

Valor comparável 174-175

W

Warren, (juiz) Earl 54-55, 60-61
Weber, Max 213-214
White, (juiz) Byron 160-161
Wyzanski (Jr). (juiz) Charles 18-21